Für Uwe

Heidulf Krawolitzki

Und meinem Vater

Evelyn Guevara Lohmann

Spione-C.I.A-Lügen-
Terrorists-Che Guevara.

Bibliografische Information der Deutschen Nationalbibliothek:
Die Deutsche Nationalbibliothek verzeichnet diese Publikation in der Deutschen Nationalbibliografie; detaillierte bibliografische Daten sind im Internet über http://dnb.dnb.de abrufbar.

copyright© 2017 Evelyn G Lohmann

Illustration: Evelyn Lohmann

Herstellung und Verlag: BoD – Books on Demand, Norderstedt

ISBN: 978-3-7431-3404-1

Ciro bustos   Che Guevara

Die Wirklichkeit der Propaganda des Helden Che Guevara kam erst ans Licht, als ich begann, meine Eltern zu suchen. Meine erste Aussage war diese: er war noch am Leben! Ich traf ihn, er war mein Vater, aber jeder muss irgendwann sterben; er starb am 1.1.2017. Nach sechzehn Jahren Forschung und vielen Fragen; die Che Guevara /Ciro Bustos hätte beantworten können; fand ich heraus, wie er zu einem Propaganda-Helden geschaffen wurde. Die familiären Verbindungen sind nicht, wie ich zuerst dachte, dass sie so waren. "Gabriel Garcia Marquez, der Schöpfer von Che Guevara" erklärt, wie er aus einer mexikanischen politischen Familie kam, den "Jurado" und die dunkle Seite von warum! Der visuelle Beweis unterstreicht, wie die Fälschung geschaffen wurde.

Dieses Buch führt Sie durch den Dschungel, wie ich dieses herausgefunden habe, und warum ich suchte. Ich hatte nicht erwartet, eine Welt der Drogen und Waffen zu finden, politische Intrigen, die durch Ereignisse wie J F Kennedys Ermordung, die Contras, Watergate laufen.

Eine Sache ist klar, was auch Che Guevara`s wirklicher Name war, er war ein Master-Spion!

Ich möchte darauf hinweisen, dass dies kein literarisches Kunstwerk ist, sondern ein Bericht darüber, wie die Geschichte irregeführt wurde.

(Diese Deuchsch Übersetzung wurde von einem Computerprogramm gemacht, ich entschuldige mich nicht dafür, ich habe nicht die Ressourcen, um Fachleute zu fragen, um meine geschriebenen Fehler zu korrigieren. Es ist wichtiger für mich zu sehen, dass die Wahrheit über diese Helden-Propaganda aufgedeckt wurde.)

Teil 1

Warum war ich auf der Suche?

Sagt man nicht, Man sollte am Anfang einer Geschichte beginnen? Soll ich in London beginnen, wo ich geboren wurde? Oder starte ich an dem Punkt an dem ich gezeugt wurde oder ich fange mit dem Punkt an, wo ich die seltsamsten Dinge feststellte, welche mich zu 4 Halbschwestern in Neuseeland lenkte und sechs Halbgeschwistern in Cuba finden ließ. Es gibt auch noch andere, ich könnte die Beziehungen erwähnen. Ich wurde 1955 in London kurz vor Weihnachten geboren. Ich wurde von einer englischen Familie adoptiert, welche sich für nobel, adlig hielten.
 Ich habe olivfarbene Haut und dunkles Haar und lustige braune Augen Ich kicherte zu Musik, und musste mit den Worten leben, „Damen benehmen sich so nicht", zu den meisten Dingen in meinem Leben. Mein Problem ist, ich weiß nicht wo zu beginnen, bzw. wo der Anfang ist.

Spione-C.I.A-Lügen-Terrorists-Che Guevara.

Teil Eins-
Warum war ich auf der Suche?
Che, Ernesto Guevara war mein Vater.
und
er ist noch am Leben!

Kapitel eines.
Warum war ich auf der Suche?
Die Biographie, "Che Guevara, ein revolutionäres Leben. Von Jon Lee Anderson
Was nun?
Curtained Informationen!
Das Album.
Die drei Reisegefährten.
Omar Perez Lopez.
Che Guevara de la Serna's children.
Neunte Oktober.
Das Leben und Tod des Che Guevara-
   -Companero. Von Jorge G Castaneda.
Öffnen Sie die Augen reflektiert Licht.
Volles Haar.

Kapitel zwei.
Cuba
Omar in Cuba.
Centro de Estudios Che Guevara.
Gilberto und Halbbruder Camilo.
Abschied von meinem Bruder.

Warten auf die DNA-Ergebnisse.
Ches Bruder Ches Körper identifiziert?

Kapitel drei.
Ebays Che Guevara CD.
Che Guevara CIA- State Dept-
Dept of Defence Files.
Verdrehen Schlange der DNA.
"Der Weg zur Revolution."
Eine Liste der Namen Che ist bekannt, benutzt haben.
Monika Ertl.

Kapitel vier.
Schweden Malmö
Mundane Platz.
Augen.
Die blauen Karten

Kapitel fünf.
Die drei Weisen.
Die DNA erneut.
Wikileaks.
Die Bond-Girl wieder.
Internet Noten.
Che in Verkleidung.
Verband Grundstücke!
Ultimative Opfer
Briefe gesandt.
Chile wollte eine Revolution.

Kapitel sechs.
Elizabath Burgos-Debray und Regis Debray.

Wer weiß, Che wurde Ciro?
Archiv Chile
Christoph Röckerath.

                              Kapitel sieben.
                 Der Film Geschäftigkeit.

Ches Doppel, Cantinflas eine mexikanische Filmstar.
Ana Maria, Che Schwester
Elizabeth Burgos-Debray's news paper cuttings.
Die Biographie von Josef Lawrezki.KGB
World News- Garderen Weekly-
Ciro Rente und Gefängnis **Camiri.**

                                Kapitel acht
                  Ihre Rechtsanwälte!

Der Drehbuchautor!
Warum gibt es so viele von Ches Familie beteiligt?
Elizabeth Burgos-Debray Dateien
Archive Chile Pagina 12.
Der Versuch, Beratung.

                              Kapitel neun.
                 Errol Flynn.

Jorge Ricardo Masetti.
Um Ciro wieder zu sehen.
Armee Advisers überraschen Onkel!
Jon Lee Anderson lebte in der Wohnung über Ciro Bustos.
Warum Ciro mein Foto in seinem Glaskasten?
Mehr Filme zu sehen.

                              Kapitel zehn.
                  Pierre Kalfon

Eine Liste von wer weiß?

Kapitel elf.
Ein brasilianischer Guerilla in Bolivien.
Inty. Eins und zwei.
Luiz Renato Almeida Pires.

Kapitel zwölf.
Auf der Suche nach Beweis
Die DNA ist nicht von Nutzen vor!
Monika Ertl und Ann Wright.

Teil Zwei-
Es gibt mehr zu diesem als ich dachte.

Kapitel dreizehn.
Susan-Monica-Ann.
Gary Hart US-amerikanischer Politiker, Autor, Rechtsanwalt, Professor.

Demokratische Ernennung zum Präsidenten.
Demokratische Daniel Ellsberg.
Christoph Röckerath.
Die Kongo-Tagebücher.
Giangiacomo Feltinelli

Kapitel vierzehn.
Die Gäste des Todes Partei.
Nebenrolle Guerilla warier.
Fünfzig Millionen Dollar
Feltrinelli- Sine Weg in den Terrorismus.
-von Jobst C. Knigge.
Pier Paolo Pasolini.
Nun was! Feltrinelli and Pier Paolo Pasolini.
Feltrinelli und Pier Paolo Pasolini.
Haydee Tamara Bunke/Susan Sontag.
Ulises Estrada Lescaille.

Kapitel fünfzehn.

Die Wahrheit über die Revolution Kuba exportiert.
Juan F Benemelis.
Fidel Castro.
Rafael Munoz Rivero.
Cuban guerrilla group Guerrilleros 17group.
Ricardo Alarcon De Quesada,
  -Kubanische Minister.

Kapitel vierzehn.

Die Gäste des Todes Partei.
Nebenrolle Guerilla warier.
Fünfzig Millionen Dollar

Kapitel siebzehn.

-WATERGATE 1972-
Die Demokratische Nationalpartei.
Castro wurde Geld Inbetriebnahme ihrer politischen Partei.
Slate Magazine.
Felix Rodriguez.
Eduardo- Howard Hunt.
Cuban Museum, Inc.
Otto Reich.
Ein normaler Mensch kann nur einmal sterben.

Kapitel achtzehn.

Es kann nur ein Konto.
Es sollte nur ein Konto.
Es ist bekannt, C.I.A Männer teilten sich die gleiche Code-Namen.

Kapitel neunzehn.

Die Karte.

Kapitel zwanzig.
Briefe gefunden.
Norberto Forgione.
Jorge Denti.
Raul Lynch war Argentiniens Botschafter in Kuba.
Collective Third World Cinema.
Rodolfo Walsh Name auf dieser Liste von denen, die hatte **verloren gegangen-**
Filmindustrie in Lateinamerika
Alfredo Guevara gesteuert Kuba Filmindustrie;
    gesteuert ganz Lateinamerika als Wille.
Mitglieder der Familie Guevara.

Kapitel einundzwanzig.
Buch meines Vaters.
Che Will you.- sehen
    Die unbekannte Geschichte von Che Guevara.
Meine Notizen.
Manuel Pineiro Losada
Tania Bunka.
Che hatte dreißig verschiedene Namen zu reisen
    der ganzen Welt mit.
Alfredo Hellman.
Lenardo Werthein.
Pampero Cordubensis. By Masetti.
Alvaro Vargas Llosa.
Mario Vargas Llosa.
Gabriel Garcia Marquez- war auch ein CIA-Agent.
Ist es meine Fantasie?
Ricardo Rojo Tochter Marta.
Pierre Kalfon verwendet Jorge Alvarez einen Editor!

Kapitel zweiundzwanzig.
Weiter Überraschungen aus Buch meines Vaters.

Celia de la Serna Llosa.
Hilda Gadea.
Julia Urqnidi.
Celia de la Serna Llosa, meine Großmutter
Froilan Gonzalez- Adys M Cupull.
Politische Publisher- 'Unfinished Lied. "
General Jose de la Serna war der letzte Vizekönig von Peru.
Cayetono Cordova Iturbara.

Jorge Edward Valde- Chili-Botschafter.
Julio Cortazar-

Kapitel dreiundzwanzig.
Andere Schriftsteller / Dichter / Journalisten!
Mit Familienmitglieder!

Lucho Loayza.
Raul Porras Barrenehea.
Jorge Luis Borges.
Guillermo Cabrera Infante.
Jose/Pepe Rodriguez Feo.
Nicolas Guillen.
Jorge Edward Volde.
Pablo Neruda.
Romules Gallegos.
Carlos Barral.
Vidadyo Telleboim.
Emir Rodriguez Monegal.
Alberto Szpunberg=Albertito.

Ein Gründungsmitglied 'Brigada Masetti.'
Ciro Algaranaz- Der Bürgermeister von Camiri.
Ricardo Gadea Acosta.
Ricardo Gadea Acosta ist Hilda Gadea Acosta
 Bruder.
Hilda Gadea Acosta war Che erste Frau.
Aurora Camacho Schmidt.
Cata Podesta

Kapitel vierundzwanzig.
Fidel Castros Big Guns und ihre Unterstützer

Fidel Castro.
Manuel Pineiro.
Luis Hernandez Ojeda.
Colonel Roberto Quintanilla
Giangiaccomo Feltrninelli
The Bolivian Minister Antonio Arguedas Mendieta.
Gabriel Garcia Marquez.
Tania Bunke.
Ulises Estrada.
Elizabeth Burgos-Debray.
Daniel Alarcon Ramirez 'Benigno.

Eine kurze Liste der Mitglieder.

Carlos Barral der Leiter des Verlags Seix Barral.
Alfrado Guevara.
Giangiaccomo Feltrninelli.

Kapitel fünfundzwanzig.
Meine Schlussfolgerungen an dieser Stelle.

Der Erlös ging an Revolutionäre, ihre Kämpfe in Südamerika zu finanzieren.

Fussnoten .

Wie schreibt man einen Tod Partei in Bolivien zu organisieren

Teil drei

Kapitel sechsundzwanzig.

Es gibt etwas, was ich nicht erwartet hatte, um herauszufinden!

Kapitel siebenundzwanzig.

Hand schriftliche Anmerkung Bücher und Tagebücher und andere Dinge.

Kapitel achtundzwanzig.

Korda Foto!

Vor Ches Tod.

50 Millionen $

Che Guevara war ein Massenmedien produziert Held.

Manuel Pineiro auch Castros Spion Meister bekannt.

Luis Hernandez Ojeda.

Jan Bühne war ein Komplize bei den Dreharbeiten von Roberto Quintanilla in Hamburg?

Kapitel neunundzwanzig.

Meine Grand Mother.

Cilia de la Serna Llosa.

Clair Sterling.

Anna Magnani.

Pier Pablo Pasolini.

Carlos Barral.

Saverio Tutino.

Kapitel dreißig.
Katy Jurado
Maria Cristina Estela Marcela Jurado.
Luis Jurado Ochoa und Luis Raul Ochoa.
Emilo Portes Gil. Der mexikanische Präsident
Kapitel einunddreißig

Mein großartiger Vater.

Familienmitglieder und Freunde.
Ricardo Gadea Acosta
Pablo Escobar Guviria
Mario Fortino Alfonso Mareno Reyes.
Ciro R Bustos.
Kapitel zweiunddreißig.
Familienangehörige und Verbindungen.

Abschluss

Spione-C.I.A-Lügen-Terrorists-Che Guevara.
Damen tun so etwas nicht, dieser Satz war überall.
Speziell wenn ich nachfragte, warum ich so anders war als die anderen.

Der Ehemann den ich heiratete, hatte kein Interesse an meiner wahren Herkunft, und Damen fragen natürlich nicht nach.

Als er mich nach 25 Jahren Ehe verließ, reiste ich mit meinen neuen Partner nach Kuba, in dem Moment, als ich den Fuß auf kubanischem Boden setzte fühlte ich mich wieder zu Hause, wirklich zu Hause zum ersten Mal in meinem Leben! "Wenn man durch eine schlechte Scheidung geht " so dachte ich!

Einen Platz zu sehen, wo mein Adoptivvater gewesen war, war schon seltsam für mich, aber als wir zu Santa Clara kamen wurden die Ereignisse noch seltsamer. Dort waren Personen mit ähnlichen Augen wie die meinen und der gleichen Hautfarbe. Die Menschen versuchen mit mir zu reden! Und sie versuchen mit mir zu reden, obwohl ich von den anderen Mitreisenden der Jeep Reise umgeben bin. Ich spreche nicht mal genug Spanisch um wenigstens guten Tag zu sagen! Als ein älterer Mann auf mich zukam und fragte, ob ich ihm etwas Geld geben kann, da seine Frau im Krankenhaus ist, hatte ich den nächsten Schock. Der Name des Krankenhauses war Evelyn …

Seltsam, das ist mein Vorname. Ich dachte, der Name wurde mir gegeben, weil es ein Familienname aus der Familie meiner Adoptivmutter war.
 Ich wusste nicht dass es ein Name war der in Kuba oft vorkam.
´Halt eine schwierige Scheidung haben´
Als nächsten interessanten Ort besuchten wir das Mausoleum ihres Nationalhelden. Sein Triumpf in der Revolution ist auch im Bahnhof von Santa Clara allgegenwärtig. Ich habe eine schwierige Scheidung geht mir durch meinen Kopf! Nun gehen wir durch das Mausoleum eines der am besten favorisierten Helden der Revolution. Als jemand zu mir sagte, du siehst wie seine Schwester aus. Das war der Punkt wo ich aufgab zu denken, du hast eine schwierige Scheidung. Ich entschied dass ein kleiner Cuba Libre, das Beste wäre mit den Ereignissen klar zu kommen. Der Ausflug nach Havanna war eines der nächsten Vorkommnisse, welche auf mich zukamen. Die Hemingway Tour durch die Altstadt von Havanna war eine geführte Tour, als ich den Familiennamen meines Adoptivvaters an einer Restauranttür las…Farnes.
Andere sagten sie hat eine schwierige Scheidung. Auf dem Rückweg mit dem Bus zum Hotel, liefen Tränen über mein Gesicht.
Ich bin zurück in der Welt. Ich habe Wurzeln

Alle Personen, welche Puzzleteile Ihres Lebens fehlen werden diese letzte Bemerkung verstehen.
    "Mit einer schwierigen Scheidung 'im Gedächtnis

stieg ich mit klarem Verstand aus dem Bussteigt aus diesen Bus mit klarem Verstand, auch mit einem Glas Cuba Libre in der Hand, welches nie leer wurde, egal wie viel ich daraus trank.

  Dies ist der Zeit, wo ich beschlossen habe, nach meiner leiblichen Mutter zu suchen, denn in der Vergangenheit wurden weitere Versuche von meiner Adoptivmutter und durch die Ablehnung meines ersten Mannes verhindert.

Das sind nicht viele Fakten, die sagen dass meine Gedanken der Realität entsprechen, aber doch gibt es viele Umstände, welche diese bestätigen.

  Mein Adoptivvater lebte in London, sein Tätigkeitsfeld war es, Unternehmen zu finden, und finanziell zu untersuchen, um andere Unternehmen, die ihr Geld dort investieren wollten, vor finanziellen Verlusten zu schützen.

Sein Arbeitsplatz//Büros waren 200m entfernt von den Büros, welche verantwortlich für die Einfuhr von Zucker in England aus Kuba waren.

    Mein Vater war als Kaufmann tätig. Abfertigung von Waren die per Schiff nach London gebracht wurden Zu dieser Zeit wurde der Platz Handelsmarkt genannt.

    Meine Adoptivvater war in Kuba gewesen, ich habe die Bilder nicht mehr in meinem Besitz. Ich fand ein Foto in einer Autobiographie über Che, welches meinen Vater zeigt, wie er einer Rede von Che Guevara in Peru zuhört.

  Meine Adoptiveltern waren beide in Neuseeland gewesen, aber ich weiß nicht, ob sie zusammen dort gewesen sind, aber meine Adoptivmutter verbrachte 1 Jahr in Neuseeland mit ihrem Bruder auf einer Schafsfarm. Neuseeland war das Geburtsland meiner Mutter, wie ich herausfand.

In Neuseeland fand ich 4 Schwestern. Ich verpasste meine Geburtsmutter um 7 Monate, sie starb bevor sie mir alle Geschehnisse über meine Herkunft erzählen konnte Der Widerstand der englische Gerichte, Informationen sofort herauszugeben verhinderte, dass ich sie noch zu Lebzeiten sprechen konnte.

Mit meiner Adoptivmutter konnte ich nicht über meine Geburtsmutter sprechen.

Ich kannte ihren Namen , aber weder ihr Geburtsdatum, noch ihr Geburtsland, woher sie kam, sie ging, dieses machte die Suche schwierig, nahezu an der Grenze zum unmöglichen. Ich fand sie, aber es war ein langer harter Job.

Nach dieser ersten Reise nach Kuba im Jahr 2000, gingen fast zwei Jahre ins Land. Briefe und Telefongespräche überquerten den Ärmelkanal. Ich hatte meine leibliche Mutter gefunden: ihr Name, Beverly Norelle Frost.

    Ein Brief war angekommen mir zu sagen, dass der Richter ermächtigt wurde mir zu sagen: meine Geburtsmutter war 23 Jahre im Jahr 1955, und das sie aus Neuseeland kam.

Es gab eine Email die auf mich wartete, als wir von der Reise zurückkamen.

    Mandy, Joe, Susan und Maree schrieben eine E-Mail an mich.

Ich habe vier Schwestern in Neuseeland!

Wenn Sie allein auf der Welt gewesen sind, und finden Sie nun heraus das sie ein wichtiger Teil des Lebens sind, Teil einer Kette, es gibt andere, wie Sie!
Es gibt nicht genug Worte in der englischen Sprache zu sagen wie Sie sich fühlen!
 Meine leibliche Mutter war Krankenschwester. Ich erfuhr das von meiner jüngsten Schwester. Dass unsere Geburtsmutter beschlossen hatte die Welt zu bereisen, so begann sie die Reise am Ende des Jahres 1954.
 Ich glaubte, dass mein Geburtsmutter in Mexiko-Stadt war um die PAM-Spiele zu sehen, wo ich in diesem Zeitraum auch gezeugt wurde. Wie man sagte, Che zu diesem seine Ausbildung zum Arzt absolvierte, und er war in Fidel Castros militärisches Ausbildungslager beteiligt/tätig.

Briefe auf Spanisch und Englisch wurden an jedes Krankenhaus gesendet, welches ich finden konnte und in dem Ernesto Guevara gearbeitet haben konnte.

Che, Ernesto Guevara war als ein Reporter an den 1955 PAM-Spiele tätig gewesen. Trotz schriftlicher Anfrage an jedem Krankenhaus , welches ich denken konnte, und den Versuchen herauszufinden, ob Hotels noch Aufzeichnungen über ihre Besucher aus dieser Zeit haben, konnte ich diese Informationen nicht bekommen Ich brauchte nichts zu finden. Ich fand nichts über verschiedene Personen heraus, im Rückblick war es seltsam, wie

es auch andere offizielle Fassungen gab als die offizielle Version.
Aber ich wollte nachfragen, ob eine Krankenschwester mit den Namen meiner Mutter dort zusammen mit Che gearbeitet hat, aber da ich in Deutschland lebe, eigentlich eine unmögliche Aufgabe. Ich schickte Briefe an das Che Guevara Zentrum in Havanna, die nicht beantwortet wurden. Nicht überraschend, da diese über den Schreibtisch von Che's zweiter Frau gehen, welche das Museum dort leitet!
Aber es wurde gesagt, das Che Guevara seine Eroberungen/amourösen Abenteuer in Tagebüchern festgehalten hat. Diese sind im Che Center von Havanna gelagert, zusammen mit Fotos von Che, welcher dieser bei den P.A.M American Games 1955 getätigt hat, wo sich die beiden begegnet haben können. Seit meiner Zeit in Santiago de Cuba weiß ich dass diese Fotos existieren, wo wir eine Ausstellung von Kameras besuchten, an denen Che und Fidel interessiert waren. Unser Führer erzählte uns von diesen Fotos und das sich diese in Havanna befinden.
 Diese Fotos, das fühlte ich, waren ein wichtiger Hinweis, möglichweise könnte meine Mutter auf einen dieser Fotos zu sehen sein. Zu diesem Zeitpunkt konnte ich nicht sagen, dass ich so fühlte, es war nur ein vager, ahnungsvoller Verdacht.
Bei unserer nächsten Reise nach Kuba verbrachten wir Stunden durch Havanna laufend, nach Hinweisen. Ich verließ Havanna ohne zu wissen, wo

sich die Fotos befinden. Ich musste warten bis ich Monate später in einem Warteraum den Hinweis fand, das die Fotos sich in einer Ausstellung in Hamburg befinden, salopp gesagt, gerade um die Ecke und nicht in Havanna.
Ich dachte nicht unbedingt daran den Besitzer der Fotos, Camilo zu treffen; möglicherweise aber jemanden zu treffen, der dein Halbbruder ist, was mir hätte helfen können, aber ich verpasste ihn; und wenn ich ihn getroffen hätte, was hätte ich gesagt: hallo, ich denke, ich bin deine Halbschwester? Die Fotos gaben mir das Gefühl, einen Schritt näher gekommen zu sein, aber nicht den Beweis den ich wollte. Was hatte ich erwarte, Fotos von Che's Freundinnen oder Mitarbeitern?
Hätte meine Geburtsurkunde den Namen meines Vaters aufgeführt, müsste ich nicht die ganze Welt mit Emails kontaktieren, um nach den fehlenden Verbindungen zu suchen.
 Es gibt nicht so viele Personen, die sich wundern das Gesicht eines Mannes zu sehen, welches du denkst, das er dein Vater ist, tätowiert auf Muskeln, sieht von Postern herunter, oder ist auf T-Shirt gedruckt!

   Die Biographie, "Che Guevara, ein revolutionäres Leben von Jon Lee Anderson. "Ich habe die Paperback-Version, diese half mir eine weitere Verbindung herzustellen, eine Bestätigung dass sich meine Mutter und mein Adoptivvater getroffen haben!

Der Beruf meines Adoptivvaters führte ihn um die ganze Welt, ermöglichte es ihm diese Kontakte herzustellen. Der Beweis ist ein Foto während einer Pause im August 1961 beim Wirtschaftsgipfel in Punta del Este, Uruguay. Sie konnten nicht wissen, dass ein kleines Mädchen diese Verbindungen sehen, ziehen würde. Es ist kein schlüssiger Beweis. Aber er erklärt warum ich weiter geforscht habe.

    Ich bin nicht in der Lage noch mehr Verbindungen herauszufinden, als den Beruf meines Adoptivvaters zu finden, und wo er geboren wurde, wo er lebte und wo er arbeitete in der City von London. Zweihundertfünfzig Meter von wo die Zuckereinfuhren in der Stadt kontrolliert wurden. Schon sein Vater war als ein Kaufmann tätig gewesen, es ist eine Zeit in der das bedeutete, das er mit Waren von ankommenden Schiffen handelte und Geschäfte abgewickelt hat.

                  Was nun?
Ich hatte nichts anderes als eine gute Geschichte nach dem Abendessen!

Mandy erzählte mir, das ein Fotoalbum mit Fotos von der ersten Reise meiner Mutter nach London existiert, welches sie selbst fotografiert hatte. Ein Foto zeigt sie beim einchecken aufs Schiff, auf der Rückseite des Fotos ein Datum, wann die Reise begann, es war 1949.

Ein Schiff!, ein Foto, ein Album! Dieses muss helfen, es sollte Hinweise enthalten. Ich schickte ein Foto meines Erzeugers zu meinen Schwestern in der Hoffnung, sie würden im besagten Fotoalbum nach ihm suchen, 4 Jahre vergingen seit mein jüngste Schwester zu Besuch war, als wir zusammen saßen und sie mir von dem besagten Fotoalbum erzählte. Es war verlorengegangen, sie dachten darüber nicht weiter nach. Es ist nicht so, dass ich dieses nicht verstehe, ich trat in ihr Leben zu dem Zeitpunkt, als ihre Mutter verstorben war. Welch ein Zeitpunkt, um zu entdecken, dass noch ein unbekanntes Kind aus der Vergangenheit auftaucht. Zwei der fünf Mädchen welche meine Mutter das Leben gab, waren zur Adoption freigeben worden; ich selbst und 2 Jahre später die zweitälteste, Maree in Neuseeland.

Die nächste Überraschung war die negative Stimmung von Weihnachten 2006 zu vertreiben! Eine böse Ironie des Schicksals war dass der SAT-Receiver nicht mehr arbeiten wollte. An dem Tag als dieses passierte war im lokalen Supermarkt ein SAT-Receiver im Angebot, er sah genauso aus wie das alte Gerät, aber er konnte auch kubanisches Fernsehen empfangen. Wunderbar, nun konnte ich englisches, amerikanisches, deutsches Fernsehen sehen und auch ein Auge auf Kuba werfen. Nicht so einfach, wie man denkt; da die meisten Programme in Spanisch gesprochen werden.

Aber ihr Charme, die Musik und Kunst und die Reiseprogramme zeigten Plätze, welche ich kannte, dieses war genug um mich glücklich zu stimmen.
 Ich sah ein Programm, das Fidel Castros 80.Geburtstag feierte, da ich an allem interessiert war, was mit Kuba in Verbindung stand. Zu einem Zeitpunkt hatte ich den Gedanken das Fidel Castro ein Vaterkandidat sein könnte, in den Jahren der damaligen Tagträume.
Ich unterbrach meine Tätigkeit, als ich eine Frau im Fernsehen sprechen hörte. Ich sah mir ihr Gesicht an, es kam mir bekannt vor, sie redete wie ich, wenn ich über Sachen rede die mir sehr am Herzen liegen. Es war als sah ich in mein eigenes Gesicht, ich war so geschockt, als ich ihren Namen hörte-Guevara! Als die Rede beendet war, durchsuchte ich das Internet nach jedem Foto, Artikel, welche ich über Aleida Guevara March finden konnte.
 Ich hatte das gleiche Gefühl, welches ich auch mit allen vier Schwestern in Neuseeland gefühlt habe; den x-Faktor, der Faktor, den Sie nicht mit Ihrer praktischen Seite erklären können, aber er ist so stark, man kann es nicht ignorieren.
Die frühen Monate des Jahres 2007 waren sehr hart für mich, ich bin frustriert, ich weiß die Informationen verbinden mein Gefühl und die Wirklichkeit da draußen! Wo ist das Album von dem meine Schwestern gesprochen haben? Welches Schiff hat meine Mutter genommen?
 Eine junge Frau von 22/23 Jahren würde so begeistert von einer Reise dieser Art sein, sie würde

sich selber eine Aufzeichnung dieser Reise angefertigt haben. Sie hätte das Ticket vielleicht behalten, ein Tagebuch geführt, hatte auch ein Fotoalbum. Die Informationen die ich suchte, welche aus Neuseeland kamen, waren nicht mitteilsam.

Mehr Briefe gingen zu den Krankenhäusern von Mexikos Stadt, zu diesem Zeitpunkt in Spanisch! Ich kannte nicht den Namen des Schiffes, wenn ich den Namen wissen würde, könnte ich mehr über die Schiffsroute erfahren.

Ich kann nur in Passagierlisten, bei Schiffsgesellschaften nach Hinweisen suchen. Ich weiß noch nicht einmal über welchen Überseehafen sie Neuseeland verlassen hat, es kommen 2 Häfen in Frage, Auckland und Wellington. Die Schiffsrouten verliefen über den Panama Kanal, was ein sehr interessanter Hinweis war.

Dies alles passierte vor über 50 Jahren, die Zeit verliert das Interesse an Fakten. Ich habe keine Daten Ihrer genauen Abreise, bzw. den bestätigten Ankunftstag, außer jenem genauen Tag meiner Geburt, wenn man diesem Dokument trauen kann. Ich habe nun alles in Frage zu stellen, was mir je in meinem Leben zu meiner Herkunft erzählt worden ist.

Irgendwo in den Bergen von Emails, von meinen Schwestern aus Neuseeland, und den Büchern und den schwer zu übersetzenden Tagebüchern, den alten Briefen meiner Adoptivmutter, Erinnerungen an alten Fotos von meinem Adoptivvater, und

Fakten aus dem Internet; muss es doch einen Weg vorwärts geben!
Die Schiffe sind der erste Schlüssel zu starten in diesem Moment, drei Schiffe kommen in Frage:

        MS   Rangitoto.
        MS   Ruahine.
        MS   Rangitane.

Diese Schiffe fuhren zur fraglichen Zeit die Route Neuseeland-England.
Die Verbindung zum Internet versuchte mir zu helfen, es erzählte mir, dass Auswanderer von Europa nach der neuen Welt reisen. Diese Schiffe waren populär bis in die Mitte der 60ziger Jahre. Danach übernahmen Flugzeuge den Passagiertransport.

  Das Neuseeland Maritime-Museum.
     www.nzmaritime.org

Über das Maritime Museum kam ich an nützlichen Informationen über die Schifffahrtsrouten von und nach London. Die Zeit welche die Reisen in Anspruch nahmen und der interessante Preis, welcher für die Fahrt in Rechnung gestellt wurde.
   Für zehn Pfund konnte man die halbe Welt bereisen, und um nicht mehr als zwanzig die ganze Welt!

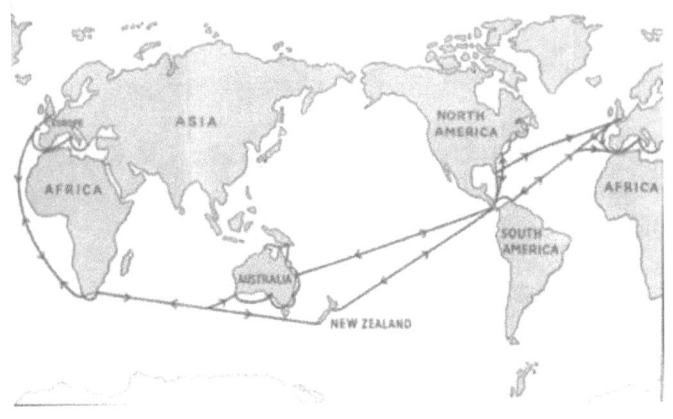

Die Schiffsroute, aus einem alten Katalog .

PASSENGER AND CARGO SERVICES AND PRINCIPAL CARGOES CARRIED

PASSENGER SERVICE BY "RANGITOTO" until mid 1969

London to Auckland or Wellington via Curacao, Panama and Tahiti returning via Tahiti, Panama, Kingston, Port Everglades (for Miami) and Bermuda.

CARGO SERVICES FROM UNITED KINGDOM

London to New Zealand via Curacao and Panama Canal.

London to Fiji and New Zealand via Curacao and Panama Canal.

Continent and Genoa to New Zealand via Curacao and Panama Canal.

Newport, Swansea, Glasgow and Liverpool to New Zealand via Curacao and Panama Canal.

Newport, Swansea and Liverpool to Australia via Cape of Good Hope.

Cargoes. Chemicals, fertilisers, iron and steel, machinery, manufactured goods, motor cars, textiles and whisky.

HOMEWARD SERVICES

New Zealand to United Kingdom via Continental, Mediterranean, South and West African ports.

Discharging in United Kingdom—Hull, London, Southampton, Avonmouth, Cardiff, Liverpool and Glasgow via Panama Canal and Curacao (if direct).

South and West African Ports—Durban, Cape Town, Lagos and Tema thence Continental, United Kingdom ports via Cape of Good Hope and Las Palmas.

Mediterranean—Piraeus, Famagusta, Genoa, Marseilles, Barcelona and Lisbon thence Continental and United Kingdom ports via Panama Canal and Curacao or Cape Horn and Las Palmas.

Cargoes. Butter, casein, cheese, fruit (apples and pears), meat, milk powder, tallow and wool.

Australia to United Kingdom, Continental and Mediterranean Ports via Cape of Good Hope and Las Palmas.

Discharging at Piraeus, Malta, Genoa, Continental Ports, London, Avonmouth, Liverpool, and other occasional ports.

Cargoes. Butter, cheese, eggs, fruit including canned and dried, hides, lead, meat, mineral sands, sugar, tallow, wheat and zinc.

THE NORTH AMERICAN TRADE

Canada and East Coast U.S.A. to Australia and New Zealand Ports via Panama Canal.

Loading at Montreal, Three Rivers, Quebec, Cornerbrook, Philadelphia, New York, Newport News, Savannah and other occasional ports.

Cargoes. Agricultural machinery, chemicals, manufactured goods, motor cars and tobacco.

Australia and New Zealand to East Coast U.S.A. and Canada via Panama Canal.

Discharging at Charleston, Norfolk, Newport News, Philadelphia, New York and Boston in U.S.A. and

Fragen wie blieb meine Geburtsmutter die ganze Zeit auf dem Schiff, auf welchen sie eingeschifft war? Hat sie die Zwischenstopps genutzt um Besichtigungen durchzuführen oder um etwas Geld für den Lebensunterhalt zu verdienen? Krankenschwestern konnten immer Arbeit bekommen, egal ob sie qualifiziert waren oder nicht.

Berge von Kopien von jeder E-Mail waren über meinen Tisch ausgebreitet. Jede Bemerkung die jemand je gemacht hatte wird hinterfragt.

Ich habe nicht jede Email welche in jener Zeit an mich gesendet worden ist, weil jener Computer dieses Zeitraumes an Altersschwäche gestorben ist. In diesen Emails könnte es schriftlich niedergelegt worden sein, dass meine Geburtsmutter die PAM-Spiele besucht hatte wie Mandy angegeben hatte. Es war von Mandy von der ich hörte, dass meine Geburtsmutter sich für Sport interessierte und die PM-Spiele im Jahr 1955 besuchen wollte. Es waren ihren Bemerkungen, die das Interesse in die Fotos von Che erwache ließ.

Ich bin mir nicht sicher, ob das Fotoalbum noch existiert! Es wird gesagt, dass es nur ein Foto gibt das meine Geburtsmutter beim Beginn ihrer Reise zeigt, mit dem Datum vom 26. November auf der Rückseite des Fotos.

Ohne einen konkreten Anhaltspunkt von dem man aus arbeiten kann, stecke ich fest. Man steckt hinter dieser Wand fest.

Der Name Helen O'Conner erscheint in einer E-Mail. Meine Schwester Joe erinnert sich an sie, sie war eine Freundin meiner Geburtsmutter, welche diese auf dieser Reise nach London kennengelernt hatte. War sie aus oder wollte sie nach Irland, kein bekanntes Geburtsdatum, ich hatte dieses Problem zuvor!

Joe erinnerte sich, dass Helens Mann als Hafenmeister in Cork, Irland gearbeitet hatte. Mit nur diesem Informationen war ich wieder im Internet am suchen. Lustig wie das Schicksal funktioniert. Der Hafenmeister welcher für den County Cork Hafen arbeitet, kannte Helens Ehemann Jack, bevor er verstarb, und wie es so ist, Pat wusste das Helen am Leben ist und in Waterford lebt. Er gab mir ihre Adresse. Was für eine Aufregung. Nach 51 Jahren, 12 Tagen fühlte ich, dass ich meiner Geburtsmutter näher komme.

Es gab jemanden, der meine Geburtsmutter zur der Zeit kannte, als ich geboren wurden, Ein Brief wurde in die Post gegeben. Diesen Morgen teilten mein Begleiter und Ich ein Champagnerfruhstück. .Helen antwortete nicht, ich konnte ihre Telefonnummer nicht herausbekommen. Ich checkte ihre Adresse mit Pat und schickte ihr einen weiteren Brief.

 War sie ist weit mehr als hundert, begraben und vergessen, und niemand weiß etwas. Körperlich behindert oder ist ihr Hörgerät zusammen mit ihrer Brille kaputt!

Mandy bietet an, Helen in meinem Namen zu schreiben, vielleicht ist Helen verärgert von den Briefen, die ich geschickt habe!

Ich zeigte die Adresse die Pat mir von Helen gegeben hatte zu meinem Begleiter. Er fragt: Ist es ein kleines Dorf?"

Ich bin bereit in Flugzeug zu springen und an die Tür zu schlagen!

"Handelt es sich um eine kleine Stadt würde die Postbotin Bescheid wissen. « schlug mein lieber Mann vor.

Ich wandte mich an das Internet wieder für die Telefonnummer des Postbüros in Waterford, wie mein lieber Mann vorschlug.

Ja sie kennt Helen, aber sie ist nicht da. Ich war sicher sie meinte Tod, und nicht da

Nein nicht da, sondern weg, verreist. Ich musste erklären was mich bedrückte. Die Postangestellte war so hilfreich, ich sollte wieder anrufen, ich kann nicht sagen, bis wann der Rückruf kam, Sekunden wurden zu Ewigkeiten: Die Postangestellte ging die Straße runter und klopfte an der Haustür von Helens Sohn. ER sagte, ich sollte eine Notiz an Helens Haustür kleben…wie soll man das von Deutschland aus durchführen? Nach der Erläuterung zu ihm, warum die verrückten Dame über dem Kanal etwas von ihm wollte, um mit seiner Mutter zu sprechen, war ich in der Lage, eine Reihe von Telefonnummern zu notieren.

Helen war in Dublin, viel leichter zu erreichen. Sie war bei Ihrer Tochter. Ich rief an und hinterließ Nachrichten auf dem Anrufbeantworter.
Während ich wartete, forschte ich weiter nach dem Schiff, es war interessant zu sehen, das die Schiffsroute der Rückreise über, durchs Mittelmeer ging und einige Schiffe benutzten den Suezkanal. Wenn man eine Beschreibung des Schiffes hat, kann man dieses auch ohne bekannten Namen identifizieren, ich hatte aber beides nicht.

Warum sagten sie mir (die hässlichen Schwestern), da wäre kein Fotoalbum? Da war doch ein Fotoalbum und Fred hatte es. Fred war der Ehemann meiner Geburtsmutter und Vater von 3 meiner Schwestern. Fred hatte wieder geheiratet und war mit seiner neuen Frau weggezogen. Ich konnte nicht verstehen, warum das Album nicht verfügbar war! Ein Brief von Helen erreichte mich. Sie war überrascht von mir zu hören und gleichzeitig verwirrt, woher ich denn wusste, dass ihr Ehemann Pat der Hafenmeister gewesen war.

Helen wusste dass meine Geburtsmutter ein Baby in London zur Welt gebracht hatte. Aber sie wusste nichts von Beverlys zweiter Tochter Maree. Ich hatte versäumt zu erwähnen, was mit mir geschehen war. Ein dicker Brief ging in die Post und liebe Grüße zur der Postangestellten! Ich habe die Hoffnung, dass Helen einige Lücken füllen kann, es sind dort einige Fotos und ein Brief den meine Geburtsmutter geschrieben hat, welches sie in einen Brief zu mir sendet.

Mandy hat mir einen Ring von meiner Geburtsmutter gegeben, irgendwie einen geschriebenen Brief von meiner Geburtsmutter und das beigelegte Weihnachtsfoto von ihr, den drei Schwestern und Fred war tröstlich. Es ist auf November 1979 datiert. Es ist still ein komisches Gefühl, geschriebene Wörter von meiner Geburtsmutter, Beverly zu sehen. Sie ist in Frankreich, Monaco und Italien, Lugano zu sehen, wie es auf den Fotos gezeigt wird, welche Helen mir gesandt hatte.

Dabei ist auch ein Foto, welches Beverly im Hauseingang eines Arbeiterhauses zeigt. (Helen erzählte mir später, es wäre die Haustür des Hauses, wo Perry und Beverly in London gelebt haben.)

This is supposedly the photo taken the day mum left!

26 November 1954

We have a ship name now - M.V. Rangitoto These were postcards in the album.

Der Name des Schiffes ist nun auf dem Bildschirm des Computers, in einer E-Mail bestätigt, worden und das genaue Datum an dem meine Geburtsmutter Neuseeland verließ 'Der 26 Dezember 1954, ist das Datum welches auf der Kopie des Fotos steht, welches am Tag ihrer Abreise getätigt worden ist. Und auf der gleichen Kopie befinden sich auch Postkarten von der Lounge und Bar des Schiffes. Ich habe die Lounge und die Bar schon vorher gesehen, als ich mich fragte ob es dieses Schiff sein könnte. Es war das Schiff! Die Rangitoto.

(Es fuhr von Wellington, seine genaue Route in diesem Jahr war nicht aufgezeichnet worden.)

Da ist ein Foto von Perry Shanks, einem Polizisten. Ist er ein Kandidat als mein Vater? Es kann so nicht sein, das Timing passte nicht, es erlaubt Perry Shanks diesem nicht, es zu sein. Auch nicht seine blauen Augen, meine Augen sind braun.

Meine Geburtsmutter traf ihn in London im Jahr 1956, mein Geburtsjahr ist Ende1955! Als ich sein Foto sah, sagte ich zu meinem Begleiter; ich wünschte er wäre mein Vater, weil er so schön aussah. Von den Fotos die ich gesehen habe, sah er so verliebt aus in Beverly.

Es gibt auch ein Foto von dem Mandy denkt, es ist von Helen, auf der Rückseite des Fotos, sagt Mandy, es steht geschrieben: "Beverly und ich selber, Feb. 1956"

Helen traf Beverly zum ersten Mal im Februar, nach meiner Geburt im Dezember . Helen weiß nichts von Beverly Abenteuern vor dem Treffen mit ihr. Die Bewegungen, Reisen meiner Geburtsmutter waren nicht nachvollziehbar in der Zeit als sie Neuseeland verließ bis zur meiner Geburt.

Helen war schwer zu erreichen; ihre Tochter hat ein neues Enkelkind geboren! Ich verstehe, wenigstens sind sie alle da und nicht weg, als die Postangestellte dieses sagte.

Verschleierte Informationen!

Warum kann ich nur verschleierte Informationen aus dem Album bekommen? Warum muss ich sagen, ich will nur meinen Vater finden? Ich will mich nicht in andere Leben einmischen. Es müssen mehr beunruhigende Lügen versteckt sein!

Beverly hat einen Bruder und Schwestern. Bruder und Schwestern wegen denen sie zurück nach Neuseeland kommen musste, sich um sie zu kümmern, während der Krebserkrankung und nach dem ihre Mutter an Krebs gestorben ist.

Das war die Version wie die Geschichte erzählt wurde. Beverly musste Maree abgeben, um auf ihre Geschwister aufpassen zu können.

Ich hätte nicht gedacht dieses in Frage zu stellen. Aber alles was ich hatte waren ein paar Knochen die mir zugeworfen worden waren, um sie zu kauen. Sie sagten das Album hätte keine Fotos von Mexiko enthalten, es gäbe nichts was mir helfen könnte.

Joy war eine Freundin, aus Beverlys Kindheit. Mandy sagt, sie ist die einzige Person die in Neuseeland von Beverly wusste, dass diese zwei

Kinder hatten, bevor sie Fred heiratete. Und dass sie auf dieser Europareise gezeugt wurden.

Joy war so süß, mit ihr zu sprechen; sie war aufgeregt, dass jemand von so weit weg anrief um mit ihr zu sprechen.

Beverly hatte ihr nicht viel über ihre Zeit in Europa erzählt. Nach Joys Aussage hatte Beverly sich selbst zum Narren mit einem charmanten, schneidigen jungen Mann gemacht, sie beschrieb die Art des Geliebten wie die Beschreibung die ich über Che Guevara gelesen habe.

Der Name Allen White war der Name des Mannes, den Joy verwendete. Er sollte der One-night stand sein.

Allen White war der Name des Mannes, welcher zu Maree gesagt worden war, welcher ihr Vater sein soll, der beste Freund von Perry Shanks und ein Kollege in der Metropolitan Police in London.

Ich berichtete Helen, was Joy zu sagen hatte. Es kommt mir seltsam vor, denn Helen kannte nicht den Namen, noch zu den Fotos, die ich schickte konnte sie ihn nicht erkennen, von jenem Teil der Kopien des Albums, welche ich ihr schickte.

Beverly und Helen waren unter einer Gruppe von Mädchen aus der ganzen Welt. Es gibt Pearl und Audrey Baird, Margaret Hawker. Und eine deutsche Dame; Beverly hatte ihren Aufenthalt in ihrem Haus in London. Alle jobbten in und um London, einige passten auf Kinder in Norwegen auf und in anderen Orten oder jobbten in Restaurants,

Geschäften. Alles, was sie bekommen konnten, so konnten sie es genießen, rund um das Mittelmeer zu leben.

Ich sagte zufällig zu Helen, dass ich nicht verstehen kann, wie Beverly nach Neuseeland zurückfliegen konnte, im Vergleich zu dem Schiff das £ 10 im Jahr 1957 kostete, kam ein Flug £ 1.000! Der Flug dauert bis zu sechs Tagen, und auf dem Seeweg sechs bis acht Wochen.

Beverly und Audrey nahmen ein Schiff; Audrey wollte zurück nach Hause nach Australien gehen! Beverly wollte nicht mit Perry Shanks bleiben, sie so war glücklich, mit ihr zu gehen!

Audreys Name ist in dem Brief den Helen mir geschickt hat, mit einem Weihnachts-Foto aus dem Jahr 1979.

Ich fühle mich nicht wohl; das ist wirklich Maree Privatsphäre, das hat nicht wirklich mit mir zu tun. Aber es gibt Fragen um die sich mein Verstand im Kreis dreht. Ich frage Maree, ob sie wissen wollte, was genau gesagt wurde. Maree bestätigte ihr Interesse mit einer E-Mail.

Wie konnte ich das behalten, was habe ich zu mir selbst gesagt habe? Ich weiß welche Hölle es ist zu versuchen, Mauern niederzuschlagen. Nicht, wenn ich immer noch nachfrage, um das ganze Album zu sehen. Ich höre, es ist bei Fred, Mandy hofft es mitzunehmen beim nächste Mal, wenn sie ihren Vater besucht: der Besuch ist für die kommenden Monate geplant.

Das Album.

Das Album oder jene Fotokopien sind auf meinem Tisch zu ausgebreitet! Die Originale wollen Neuseeland nicht verlassen. Frustrierend, ich will das Papier der Fotos fühlen, im Licht nach Wasserflecken schauen.

Warum bin ich in Sorge? Es gibt einige Fotos die Helen an mich gesandt hat, die zu jenen passen, als sie zusammen in Europa waren.

Das Album zeigt vor allem das Leben mit Perry. Polizisten, Ausflüge; mit Busreisen zum Meer. Ich habe diese Art von Foto schon vorher gesehen! Unten in der Kneipe, ein Glas Bier in der Hand, die Arme um ihre Ehefrauen.

Ich war eine 'Ehefrau von' und lang genug mit der britischen Armee um zu wissen, was dieses bedeutet, als Helen sagte wenn sie Beverly und Perry in ihrem Haus in London besucht hatte! Das bedeutete, Sie waren verheiratet!

Damals war es die Regel, wie es auch jetzt ist, mit den Briten! Unverheiratete Paare bekommen keine Unterkünfte von der Armee oder der Polizei oder einen dieser Dienste für diese Angelegenheit, und "Leben in Sünde ' zu bekommen, ich runzelte die Stirn.

Ich hatte mit dem Murren von zornigen Offiziere und Mannschaften, Jugendlichen von neunzehn Jahren zu leben, sie bekamen nur Wohnungen zugewiesen, wenn sie zusätzlich eine Ehefrau hatten, ansonsten gab es nur ein Einzelzimmer in der Kaserne.

Eines Tages werde ich meine Schlussfolgerungen zu den Gesprächen von Helen und Joy, und dem Fotoalbum auswerten. Aber jetzt ist die Kopie des Albums vor mir!

Was erwarte ich, etwa einen Mann mit wilden Haar und Bare mit einem silbernen Stern!

(Die Reisegefährtin meiner Mutter und wieder zusammen mit meiner Mutter.)

Ich sehe eine Dame mit einem Rollkragen Pullover und Gläser auf der ersten Seite des Albums; auch sie ist in den Pool mit meinem Geburtsmutter. Ich denke, Sie sind an Bord eines Schiffes. Nun sie, die Dame mit dem Rollkragen Pullover, ist eindeutig in einem Foto in der Biographie zu sehen, geschrieben von Jon Lee Anderson. (Dieses Foto wurde in einem Brief an einen Freund, Calcia Ferrer gesendet, einfach datiert von Guatemala 1954). Ich kann dieses Foto nicht zeigen, da es mir nicht gehört.

Ich kann es Ihnen im aber im nächsten Foto von meiner Mutter und ihren Begleitern zeigen; sie ist die Dame, die auf der linken Seite.

(Das gleiche Foto wurde in einem Programm über Che Guevaras Leben im kubanischen Fernsehen am Samstag, den fünften Mai 2007, wo meine Geburtsmutter deutlich ist zu sehen ist, gezeigt.)

.

Zuerst nehme ich die Reihenfolge der Fotos aus dem Album als Leitfaden. Aber das Album ist irgendwie seltsam unvollständig, für einen Datensatz von einer so langen Reise, weit weg von zu Hause! Ich fing an auf sie ohne Zurückhaltung zu schauen,

die Reise vom Panama-Kanal aus zu suchen. Also nehme ich die Reihenfolge der Fotos aus dem Album als Leitfaden.
Aber wie ist das Album, die Zeit im Mittelmeerraum. Leben mit Perry. Und, wieder nach Hause mit einem Schiff.

Guatemala, 1954. Ernesto standing next to his future first wife, Hilda Gadea, a Peruvian political exile. Before long, they would become lovers. From right: Ricardo Rojo, Hilda, Ernesto (wearing white suit). Gualo García is squatting in the foreground. *Courtesy of Carlos "Calica" Ferrer*

* Ricardo Rojio war an Ciro Bustos (Ciro Bustos) und Regis Debray (Regis Debray) 's Gerichtsverfahren zur Zeit Che Guevaras Todesfeier anwesend.

In Jon Lee Anderson Biographie, Che Guevara ein Revolutionäres Leben, gibt es ein Foto meiner leiblichen Mutter und zwei ihrer Mitreisenden, sie stehen in einer Gruppe mit Che und seiner ersten Frau Hilda Gadea Acosta, sie können es auf dem Foto unten sehen.

Auf einem anderen Foto auf der gleichen Seite des Albums, steht meine Geburtsmutter in der gleichen Gruppe.

Als ich mir die Fotografie ansehe, beginne ich Hilda Gadea Acosta zu sehen! Mit ihr ist die kubanische Flagge! Ich versuche herauszufinden, ob ich einen der Männer auf den Fotos identifizieren kann. Das Internet ist nicht allzu hilfreich, aber ich denke einer könnte Frank Pais sein.

Ich hatte nicht angenommen, ich war das Ergebnis eines *One-Night-Stand*, aber die Bilder bedeuten, dass es etwas mehr gab. Es bedeutet dass meine Geburtsmutter viel mehr über die damalige Zeit wusste, als sie bereit war zu erzählen.

Meine leibliche Mutter war auf dem Militärübungscamp, bevor die Revolution in Kuba geplant wurde.

Playing foot ball- linkedin.com

baracuteycubano.blogspot.com And in Juan F Benemdis' programs.

Die oben genannten Männer sind auf den Fotos zu sehen, die ich im Album meiner Mutter gefunden habe. (Auf den ersten Seiten.)

Die nächste Seite zeigt den Kontakt meiner Mutter zu Che Guevara und anderen.

Hector Perez Marcano und Raul Menendez Tomassevich (((Ich habe seit dem im Internet, die beiden Männern auf verschiedenen Fotos mit Che Fußball spielen sehen.)))
    Raul Menendez Tomassevich war ein General in der Armee von Castros Bruder. Ein enger Freund von Alfredo Guevara, Kopf der Filmindustrie. Ein enger Freund von Fidel und er ging in die Schule von Santiago de Cuba. Auch Fidel Castro wurde in

Santiago de Cuba eingeschult.

Hector Perez Marcano war auch ein hochrangiger Kommandeur. Er war bekanntermaßen bei den Castros gewesen von den fünfziger Jahren an!

Was für ein Geheimnis zu haben!

Dies ist die Seite, wie ich sie bekam.

Es gab noch eine Überraschung für mich! Die gleiche Dame mit dem Rollkragenpullover und Brille sitzt zusammen in einem Auto mit meiner Geburtsmutter. Meine Geburtsmutter ist am Lenkrad und Che Guevara ist auf dem Vordersitz neben ihnen.

Hier möchte ich in eine Kopie der zwei Fotografien von "einem revolutionären Lebens 'Jon Lee Anderson und" Zurück auf der Straße "(Otra Vez) Ernesto Che Guevara beifügen. Aber ich möchte nicht wegen Urheberrechte verklagt werden.

Die Seite fünf des Fotoalbums ist eine seltsame Mischung von Bildern. Beverly mit einer Nonne, Helen und ich nehmen an, die Dame im Rollkragenpullover, aber Helen erkannte sie nicht, es ist schwierig zu sehen, weil sie so in Winterkleidung eingepackt ist.

Ein Mann, gekleidet wie ein mod von den Mods aus der Rockerzeit. Ein Foto von Beverly in einem langen Rock vor einem Zelt, und eine Kopie des gleichen Fotos, welches Helen mir zuvor geschickt hatte, meine Geburtsmutter am Strand in Frankreich. Mit "Bevy in Frankreich' auf der Rückseite geschrieben.

Che mit meiner Mutter, mit Pfeife und anderen.

Es ist das oben rechts ein Bild, das mir ins Auge fällt. Es sind meine leiblichen Eltern, Beverly Norelle Frost und Ernesto Guevara.
                      Die drei Reisegefährten.
  Das Foto, das waren meine Geburtsmutter und drei ihrer Mitreisenden, es wird auch in Ernesto Che

Guevara gefunden. (Inedito) Otra Vez, was bestätigt, es wurde in Guatemala aufgenommen, aber nicht mit einem Datum zu dem Foto. Das gleiche kann man über das Foto in Che's Tagebuch sagen, es hat auch nicht ein Datum. Aber meine Geburtsmutter ist da. Ich möchte sie in meinem Konto einbinden, aber da ich sie nicht in der offenen Domäne finden kann, habe ich sie nicht aufgenommen.

    Omar Perez Lopez
Ich dachte, das war das Ende, aber ich weiß jetzt, ich bin am Anfang, am Beginn, zu versuchen, zu finden einen Weg meine Halbbrüder und Schwestern in Kuba zu kontaktieren.
Omar Perez Lopez soll ein Sohn Ernesto Guevaras sein.

Ich möchte sagen, ich hatte Spaß auf der Suche nach einen Weg Omar Perez Lopez zu finden, aber es hat mich genauso gestresst.

Ich fand Gedichte und Verse, die mich zu einer Dichter Gesellschaft in Holland geführt hat, aber ich war zwei Jahre zu spät. Würden sie eine Adresse für ihn haben? Es gab viele Anrufe zu ihrem Hauptquartier, bis ich eine Adresse in Italien hatte! Ich wartete auf eine Adresse in Holland, nur die Straße hinunter, von wo aus er zu leben schien. Ich sah einen Blog, in der er aussagte, dass er als Übersetzer in Holland arbeiten würde;

Kirstein Dykstra hatte einiges von Omar Arbeit übersetzt.

Ein Gedicht auf der Website der Holländischen

Poesie Gesellschaft von ihr übersetzt und vorgestellt, dachte ich, es wäre eine gute Idee sein, wenn ich ihren Namen im niederländischen Telefonbuch suchen würde. Die Idee ist, wenn Omar dort als Gast arbeitet würde er keine registrierte Telefonnummer haben, aber sie könnte eine haben! Dies war nur ein Gedanke, ich hatte keine Ahnung, von wo er herkam.

Ich war bald in dem niederländischen Internet und dem Telefonbuch verloren!
Ich habe meine Probleme in Deutsch und in Englisch mit meiner Dyslectic. Ich dachte, ich komme nicht voran, bis ich heraus fand, es gab nur eine Kirstein Dykstra. Ihre Internet-Seite sagte gar nicht aus, außer dass sie nur pink war! Schöne Farbe, wenn Sie Rosa mögen.
Ich musste warten, bis sie persönlich am Telefon war. Ich verstand nicht ihre aufgezeichnet Telefonansage-Anrufbeantworter.

Sie war sehr nett zu mir, selbst als wir aneinander vorbeiredeten. Als sie mich fragte, ob ich eine Hebamme benötige, verstand ich, warum ihre Internet Seite pink war! Ich sagte, ich war auf der Suche nach einem Bruder. Sie wünschte mir Glück, wie ich ihr dankte; sie war nicht die Übersetzerin, die ich suchte.

Der Dichter Gesellschaft kam mit ein paar Adressen in Italien und in Spanien, wenigstens etwas; die Briefe, welche ich schickte, kamen zurück, ohne meine Visitenkarten, ich weiß nicht, was das bedeutete.

Briefe gingen zu jeder Adresse, welche ich erwischte, ich weiß nicht was ich sagte. Es hing von meiner Stimmung ab und wie frustriert ich war, was ich an den Menschen schrieb in diesen Briefen. Die Dichter Gesellschaft in Italien boten mir keine Hilfe an, ich habe nicht versucht sie anzurufen, für den Fall, Hebammen könnten mit der Mafia zu etwas zu tun bekommen.

Ich verbrachte Tage das Internet zu durchsuchen, sammeln von E-Mail-Adressen und alles, was mit Omar Perez Lopez zu tun.

Ich hatte eine Antwort von einem Mann in Florida, er wisse nicht, warum ich mit ihm reden wolle, als er im Gefängnis war. Ich hätte mir gewünscht, mit ihm zu sprechen; Vielleicht dachte er, um zu einer Dame in Deutschland zu reden wäre zu viel, er hat nicht einmal geantwortet.

Wenn der Che Guevara Center nicht mit mir reden würde, auch nicht nach all meinen Anfragen, will Omar das sicher auch nicht. Ich habe nur die Hoffnung.

Es gab nur eine kurze E-Mail-sprichwörtlich. "Ich bin Omar Perez."

Niemand hat mit mir sprechen können, als ich auf einer Wolke zu Fuß unterwegs war-in Gedanken! Was mache ich jetzt? Alles was ich will ist Kontakt aufzunehmen, und sagen Sie mir die Wahrheit; die Wahrheit zu hören! Ich bin hier gewesen; wenn ich die Wahrheit hören will, muss ich die Wahrheit sagen, auch wenn er nicht eine weitere Halbschwester will.

Während ich dies schreibe beantwortet er nicht eine meiner E-Mails. Wie ich gehört hatte, Omar ist ein Zen-Mönch: Er muss verstehen, was ich suche?

Zurück im Internet wieder auf der Suche, um so schnell wie möglich den Buddhismus zu verstehen; Hamburg ist hilfsbereit, und die buddhistische Dame in Holland sagt, das sie ihn kennt! Jetzt weiß ich, ich könnte an einem Strand mit einem Cuba Libre in meiner Hand sitzen und reden ... Aber er spricht nicht zu mir. Ich verbrachte neun intensive Monate auf meiner Suche nach ihm.

Ich fand die wirkliche Kirstein Dykstra; in einer Universität in Amerika ist sie; ich hatte eine E-Mail vorbereitet um sie ihr zu senden, bevor Omar mir eine sandte. Dies hätte sein können in diesem Moment, um zu versuchen sie zu kontaktieren und sie um ihre Hilfe zu bitten.

Ich bin nicht diesen Weg soweit gekommen um jetzt aufhören!
Wenn ich nicht allein, ohne einen anderen Menschen gestanden hätte, um mich in die Menschenwelt einzubinden und wenn ich nicht in den Urlaub nach Kuba gegangen wäre, um mich auf dieser Achterbahn der Gefühle zu setzen, hätte ich nie herausgefunden, wer meine leiblichen Eltern waren.

Als ich die königliche Familie im kubanischen Fernsehen sah, hatte ich die Chance sie als eine Familie zu sehen, ich hatte das Gefühl ich könnte verstehen, warum sie eine weitere Halbschwester schwierig finden. Aber das Verständnis macht

nichts einfacher für mich.
   Zu wissen, dass Sie zwei weitere Halbschwester und zwei weitere Halbbrüder, lebend haben, ich will einen Weg finden um sie zu erreichen.

   Che Guevara de la Sernas Kinder.

Mit Hilda Gadea.
(Verheiratet 18. August 1955; geschiedene 22. Mai 1959)
   * Hilda Gadea Beatriz Guevara.
 In Mexiko-Stadt geboren 15. Februar 1956; gestorben 21. August 1995 in Havanna, Kuba. Hilda Beatriz Guevara cloture Institut in Havanna und dort arbeitete sie an der Che Guevara Biographie.
(CeiberWeiber- Frauen Onlinemagazine- Artikel "Herstory 'jhd` Frauen um Che'. und Biograph Castaneada.

Mit Aleida March Torres. (Verheiratet 2. Juni 1959)
   * Aleida Guevara March.
In Havanna, Kuba, geboren 24. November 1960. Aleida Guevara March ist ein Doktor der Medizin, spezialisiert auf Allergien und Asthma-Medizin, in dem William Soler Kinderkrankenhaus auf der Basis.
(Bild: Aleida Guevara March. jpg- Wikipedia)
   * Camilo Guevara March.
In Havanna, Kuba, geboren 20. Mai 1962.
Camilo Guevara Marsh arbeitet für das Ministerium

für Fischerei.
Er begleitete die Fotosammlung seines Vaters im Jahr 2002.

    * Celia Guevara March.
In Havanna, Kuba, geboren 14. Juni 1963.
Celia Guevara March ist der Chef Tierarzt an dem Havanna National Aquarium.

    * Ernesto Guevara March.
Geboren 24. Februar 1965 in Havanna, Kuba
(Keine Informationen über seine Johannisbeere Leben bekannt zu diesem Zeitpunkt)

Außereheliche Kinder.

Mit Beverly Norelle Frost.
    * Evelyn Guevara-Frost.
Am 17. Dezember 1955 in London, England geboren.
Evelyn Guevara-Frost ist eine Künstlerin und Autorin, welche in Europa lebt.

Mit Lilia Rosa Lopez,
    * Omar Perez Lopez.
In Havanna, Kuba, geboren 19. Februar 1964.
Omar Perez Lopez ist ein Dichter und Übersetzer.
(www. Poetry international Internet.)
(Omars Geburtsdatum wurde von ihm bestätigt, als ich ihn 2008 in Habana besuchte.)

(Eine Suche nach einem anderen Halbbruder, hat mir leider nicht viel gebracht)

* Mirko.
(CeiberWeiber- Frauen Onlinemagazine- Artikel "History 'jhd` Frauen um Che')
(Von dem ersten Anruf mit Omar, ich höre das ich die einzige bin, die sich nach ihm erkundigt hatte)
Viele Informationen in Jon Lee Anderson Buch bestätigt "Ein revolutionärer Leben.'

Es gibt eine Szene auf dem kubanischen Fernsehen, wo ich Aleida, Celia, Camilo, und Ernesto sehe. Aleida March mit Hugo Chavez im Gespräch; Sie feiern den vierzigsten Jahrestag von Che Guevara Tod. 2008.

Ich war überglücklich, wenn Omar mir eine E-Mail schickte, aber wenn er nicht auf meine E-Mails antwortete, begannen meine Gedanken zu wandern, während ich wartete, das er mich kontaktieren würde.
Ich weiß, wie es sich anfühlt, wenn die Schwestern aus Neuseeland den Gebrauch von E-Mails haben, um ihre Anwesenheit zu verkünden. Für Omar herauszufinden, dass ich eine Halbschwester war, war vielleicht nicht so herrlich für ihn, wie es für mich war. Der Versuch mit Kuba zu kommunizieren, ist auch zu den besten Zeiten nicht einfach.

       Neunter Oktober.
Die neunte Oktober war das Datum wo gesagt wurde, dass der Che erschossen worden ist; sein Tod

ist in vielen Filmen porträtiert worden. Die deutschen Fernsehsender zeigen so viele, ich versuche mich zu erinnern, welcher Film sagt, was ist was! Ich beschließe einige von ihnen zu erwerben, nachdem ich diesen sah, "Die letzten Tage **einer Legende**.. 500 851 065.

Zwei Menschen fanden mein Interesse, Regis Debray ein angeblicher Journalist und ein argentinischer Künstler, Ciro Bustos.

Interessant, John Lee Anderson Biographie erwähnt Ciro Bustos auf Seite 506 der Kopie, die ich habe. Sie berichtet Bustos war zu Fuß auf der Straße in Havanna unterwegs. Er ging in die kubanische Revolution zu auf dieser Seite! Er wurde der Leutnant von Che, aber alle anderen Referenzen sind schwer im Jahr 2007 zu finden.

Die einzige Erklärung die ich für seine Low-Profile finden konnte, Bustos war beteiligt an den Vorbereitungen des Wegs für Che's Zukunftspläne.

Leben und Tod von Che Guevara, *Companero. Von Jorge G Castaneda.*

In diesem Buch Bustos wird nur am Rande erwähnt. In den Erläuterungen zu Kapitel acht von Castaneda, der Verweis macht eine Bemerkung über ... 'Bustos Telefongespräch mit Castaneda. 7. September 1996-, aber es gibt die Referenz in Kapitel 8 Castaneda- Seite 433 nicht. In der Tat geht das Kapitel um etwas anderes!

Ich machte eine Bemerkung darüber zu meinem Partner, welcher dann Bustos Foto im Internet findet. Wie es so passiert, es ist dasselbe Foto verwendet worden, als Werbung für den Film "Sacrificio, wer hat Che Guevara verraten?"

    Ich hatte eine harte Zeit den Film zu bekommen, dieser Film wurde eingeschränkt und nicht zum Verkauf in Amerika freigegeben! Dem Fernsehsender war der Verkauf verboten! Dann verfolgte mein Partner den Film zu seinen Produzenten in Schweden zurück, nur ist der Film dort irgendwo verschwunden! Nach einem Monat mit vielen E-Mails und Anrufen per Telefon, kam eine Kopie an mich an.

    Ich hatte Wilfried Huismanns Film "Schnappschuss mit Che." studiert. Je mehr ich die Filme studierte, umso mehr Fragen hatte ich. Keiner der Menschen die in den Filmen waren, konnten sich in ihren Aussagen auf nichts einigen! Die einzige Tatsache in welcher sie sich einig sind, ist das Datum an dem **Regis Debray und Ciro Bustos gefangen genommen wurden**. Es wurden mehrere Tage angegeben, wenn Che erschossen worden sein sollte.

Offenen Augen, welche Licht reflektieren.

    Eine Sache die mir Sorgen bereitet, ist die Tatsache, dass Che's Augen geöffnet sind und Licht reflektieren. Die Nonne die Che's Körper reinigen sollte, machte eine Bemerkung über seine Ähnlichkeit mit Christus. Meinte sie etwas anderes?

    Wenn mein Partner nicht eine Bemerkung über die Fotos gesagt hätte, die ich mir ansah, würde ich nicht weiter nachgeschaut haben. Ich hatte eine Narbe auf Che's Gesicht, am Ohr gesucht. Es war berichtet worden, er hatte sich versehentlich angeschossen. Die Referenz steht ein paar Absätze nach der ersten Erwähnung von Ciro Bustos in Jon Lee Anderson Buch.

Ich fing an alles in Frage zu stellen, ich habe nicht eine Narbe in einem der Fotos im Internet gefunden, aber ein Buch von Christopher Loving, "Che die Fotobiografie hatte ein Foto von Che mit einem Pflaster über der linken Augenbraue. Und zeigt das Buch auch welche anderen Identitäten Che benutzte um sein Aussehen zu verändern, um mehr unauffällig zu sein; mit dem Haar, ohne, mit Brille

Ich betrachtete das Selbstportrait welches Che als junger Mann von sich selbst fotografiert hatte, wo er genauso aussieht aus wie ein Mann, welcher ein Buch liest, in der Kopie des Albums meiner Geburtsmutter.

Ich hatte Ciro Bustos einen Brief in englischer Sprache geschickt, um ihn zu fragen, ob er meine Mutter getroffen hat, und nachdem ich mit ihm telefoniert hatte auf den ersten Brief hin und noch einen Brief auf Spanisch. Die Idee dahinter war; ich wollte jemanden kontaktieren der meine Geburtsmutter und Vater getroffen haben könnte. Mein Partner hat mich darauf hingewiesen, das für jemanden der nicht Spanisch spricht und der andere sagte, er könne kein Englisch, 20 Minuten am Telefon zu reden eine sehr lange Zeit wäre!

Ich möchte versuchen, das vordere der genannten Bilder zu platzieren.

Ich versuche, mehr Fotos von Ciro Bustos zu finden, nicht einfach! Da ist eins mit einer Frau und Kind in einem Programm Pagina / 12.com. (Man sagt, er sei 30 zum Zeitpunkt der Fotoaufnahme). Dann gibt es eine Aufnahme in der Eröffnung des Films Sacrifico "der Mann hat eine gebrochene Nase. Dann gibt es die eine Aufnahme, etwa vierzig Jahre später aufgenommen, kein Zeichen einer solchen gebrochenen Nase, auf der Rückseite des Covers für den Film "Sacrificio.'

Viele Gesichtsmerkmale verändern sich im Laufe der Jahre, die Ohren wachsen, wie auch Nasen. Fett kann kommen und gehen, Stress mit dem Alter oder auch mit der Hilfe eines Skalpells! Aber die Hände ändern sich nicht, auch nicht die Form der Ohren. Es ist eine Sache, die du auch nicht ändern kannst, es ist die Form des Kopfes, es sei denn, wenn Sie in einen Bus laufen!

Ist es möglich, dass zwei Männer die gleiche Kopfform haben?
Es ist ein Foto von Che als Baby, wo die Form seines Kopfes zu sehen ist. Ich lege das Foto von Che`s kahlen Kopf, welches er für ein Pass benutzt hatte und eins nehme ich aus dem Film 'Sacrifico' von Bustos (in seinen späten dreißiger Jahren), in seinem Prozess zusammen mit Regis Debray, ich legte sie übereinander um herauszufinden, ob sie übereinstimmen, sie stimmen!

Ich verbringe einige Zeit mit den Ohren, bis ich mich entschied es mit den Händen zu versuchen. Es könnte sein das meine Vorstellungskraft mich auf diesem Weg brachte, aber ohne sie könnte ich meinen Weg nicht nach vorne finden, dieses und der scharfen Verstand meines Partners setzen die nötige Balance zu meinen Ideen. Ich fand heraus, das Che lange große Hände hat mit einem Daumen der nach oben geht, genauso wie die von Ciro Bustos! Ich tätigte ein Foto von Ciros Hände aus dem Film 'Sacrifico.'

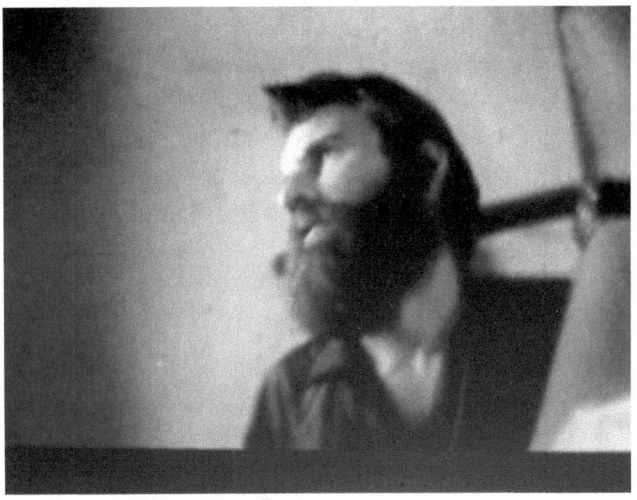

Volles Kopfhaar

In dem Teil des Films, "Schnappschuss mit Che 'zeigt dieser Regis Debray und Ciro Bustos in der Zeit, wo sie aus dem Gefängnis entlassen werden, nachdem sie nach drei Jahren Haftzeit ihrer 30 jährigen Haftstrafe erlassen bekommen sollten. Der Film zeigt Ciro Bustos mit einem Kopf voller Haare, die Haarlinie kommt zu einem Punkt über der Stirn, eine Form, wie sie oft in Bilder von Che zu sehen ist.

   Die Frage kam mir in den Sinn, wie bei einem kahlköpfigen Mann wieder dicke Haare wachsen können?

   Ich dachte für eine lange Zeit, wie all dies möglich sein könnte? Ich hörte auf zu versuchen, meinen Weg durch das Rätsel (wie) ... Che war ein Arzt! Er würde wissen was zu nehmen wäre und welche Dosis. Und! Er hat schon zuvor Verkleidungen verwendet.

   Mein verworrener Geist kann nicht um die Vorstellung herum, wenn Che Guevara mein Vater ist, so ist auch Ciro Bustos. Ich wollte versuchen dies ohne Emotionen zu schreiben, aber ich habe das Gefühl, ich bin auf einer Achterbahn, die meine Gefühle so schnell mischen, dass alles so schnell wie möglich in einer Unschärfe verschwimmt.

Kapitel zwei
Kuba

Es ist Weihnachten und ich muss einen Weg finden, um Omar zu kontaktieren und ich habe noch nicht entschieden, was werde ich mit dem, was ich glaube zu wissen, tun. Aber ich muss den besten Beweis den jemand haben kann, einen DNA-Test durchführen. Wenn ich nur meine Hand durch die Haare laufen lassen könnte; schwierig, so wies mich mein Partner darauf hin, schwer weil die Fotos von Omar im dem buddhistischen Dojo in Havanna ihn als Mönch zeigen, ohne Haare!

Über das Internet hatte ich E-Mails zu jeden gesendet, der Kontakt zu Omar bekommen könnte. Ich rief das Dojo in Havanna an; der Mann sagte Omar arbeitet dort nicht! Er hatte auch nicht irgendwelche Ideen, wie ich Omar kontaktieren könnte, aber er verspricht ihm zu sagen, das ich angerufen hätte wenn er ihn sieht. Ein anderer Mann, er sprach kein Englisch, aber fragte mich, ob ich zur Familie gehöre und in welchen Hotel ich wäre. Der Achterbahnwaggon fing wieder an, alles in einer Unschärfe zu senden!

Ich laufen die Ideen aus; aber Uwe hat eine andere Telefonnummer gefunden. Dieses Mal sagt die Dame, dass sie Omar kennt! Keine Wartezeit, er ist gerade umgezogen! Sind da Bremsen auf meiner Achterbahn? Ich soll um neun Uhr wieder anrufen, es ist sieben Uhr in Kuba. Sie will mir seine Nummer geben.

Es ist Weihnachten und Uwe und ich sind an Weihnachten zu Mittagessen bei seiner Mutter eingeladen, wird sie etwa dagegen sein, wenn ich in Cuba anrufe?

Omars Nummer starrte mich auf dem Stück Papier an, meinen weichen Füßen wollen einen Gig tanzen, aber mein Geist fragt sich nur, wie wütend ich bin!

Es kann nur ein erstes Mal sein, nur einmal! Was wird er gerne mit mir am Telefon zu besprechen haben; will er mit mir sprechen? Seine letzte E-Mail ist über einen Monat her gewesen, zu fragen, wenn ich kommen würde; dann gab es wieder nichts.

Dass es nichts war weil sein Computer defekt ist, es ist so einfach zu reden mit ihm! Seine Stimme ist klar, nur eine Spur von Amerikanisch in seinem einfachen Englisch. Ich bekomme den Eindruck, dass er genauso neugierig ist wie ich es bin. Alles was ich jetzt zu tun habe, ist mein Ticket / Hotel zu buchen und zu sagen, wann ich komme.

Die Achterbahn ist das Spielen mit meinen Emotionen, noch einmal, einen Bruder zu treffen! Er kann sicher einige der fehlenden Lücken in meinem Leben füllen. Ich habe keine Ahnung, wie man ihm sagen soll, ich bin deine Halbschwester und übrigens sollte man alle Geschichtsbücher über Che wegwerfen, ich denke Che lebt.

Omar in Kuba.

Als ich auf der Stufe vor dem Hotel gesessen habe und zum ersten Mal warte, um Omar zu treffen, fühlte ich mich wie ein Kühlschrank, der versucht eine Hitzewelle zu bewältigen!

Omar zu treffen war so einfach!

Er konnte sonst nicht jemand anderes sein als mein Bruder! Nur ein halber Bruder, aber ein voller Freund, das ist was er sagte, ich hoffe es.

Ich bin in Kuba, es ist nicht meine Heimatbasis,

allein nur die Tatsache dass ich kein Spanisch spreche bringt mich in einen Nachteil. Ich habe Antworten auf Fragen zu finden, die zu nervös ich bin, um sie zu fragen. Omar fragte mich, warum ich einen DNA-Test haben wollte; ich konnte es ihm nicht sagen, meine Gedanken über den Mann in meinen Hinterkopf. Dass wir verwandt waren brauchte nicht zwischen uns bestätigt werden; genau wie die Schwestern in Neuseeland gab es etwas, da es zwischen uns gibt. Nicht nur können wir beide keine Kuhmilch vertragen, auch noch die Tatsache, dass wir beide die linke und rechte Hand benutzen, etwas in der Art, wie wir Humor benutzen, sind sich viele nicht immer sicher ob wir scherzen oder seriös sind.

     Omar hatte seinen Vater nie getroffen," der Vater" ist, wie wir uns entschieden hatten, sich auf unseren Vater zu beziehen, irgendwie schien es einen Bedarf für ein Verständnis zu geben, vielleicht weil es ihm gesagt wurde, als er fünfundzwanzig war, wer sein wirklicher Vater war.

  Omars vierundvierzigster Geburtstag war am neunzehnten Februar, nicht März; wir trafen uns die Woche vor diesem Datum.

  Als wir das Wohnzimmer streichen in der süßen Villa, in die Omar gerade mit Sandra und einem wunderbar lebendigen vier Jahre alten Jungen umgezogen ist, erzählte Omar mir von der "Royal Family." "Das ist mein Name für die Familie Guevara Marsh." Sie haben Ihn nicht anerkannt, er hat nur eine der Schwestern getroffen, aber ich habe vergessen, welche es war!

Ich habe das Gefühl, er ist nicht glücklich über diese Situation. Ich würde es nicht sein, auch bin ich es nicht, sie, die königliche Familie, hat nicht zu meiner Kommunikation über die Jahre, je geantwortet; egal wie ich sie kontaktiert habe. Ich habe sogar eine Kopie über einige meiner Erkenntnisse über die kubanische Botschaft in London geschickt.

Ich hatte gedacht, es könnte andere, verlorenen Kinder da sein, die versuche, Kontakt zu ihm aufzunehmen. Aber Omar sagte, ich sei die einzige. Es ist der andere Name im Internet, Mirco. Ich fand diese Namen auf einem Blog, aber war nicht in der Lage mehr herauszufinden. Omar sagte der Biograph Pierre Kalfon hatte etwas über jemanden namens Mirco geschrieben. Ich frage mich ob ich mehr erfahren könnte, denn der Name Pierre Kalfon ist auf dem Verzeichnis der Mitarbeiter auf dem Film 'Sacrificio' erwähnt.

Die Farbe deckt die Wande nicht so gut wie es in Deutschland der Fall ist, aber es gibt mir Zeit zum Nachdenken. Omar glaubt nicht, dass die königliche Familie mich mit offenen Armen begrüßen wird, er könnte Recht haben; sie haben nicht einmal versucht mich zu kontaktieren.

Das Copyright für die Bilder von Alberto Korda ist der königlichen Familie zugegangen, so erzählte Omar es mir. Sie werden von Ansprüchen gegen ihr Eigentum erschrocken sein. Nur wie es zusammen kommt, weiß ich noch nicht, noch will ich es.

Ich wollte nur anerkannt werden. Dieser Gedanke brachte mich wieder dahin, warum ich hier war, um einen Beweis zu erhalten. Ich war zu verängstigt, um nur Omars Zahnbürste zu nehmen, oder ein paar Haare zu ziehen. Einen dieser Wattetupfer in den Mund zu halten; zu warten bis er seine Fußnägel zu schneiden beginnt.

Ich bin nicht in meinem Basis Land, "Beachten Sie, ich sage nicht, meine Heimat, ich fühle mich so in Kuba zu Hause, es gibt keinen Ort wie diesen auf der Erde, und es hat mir mehr gegeben, als ich mir je gewünscht habe. "

Omars Eltern- Vater war in der Regierung, seine Mutter ist noch am Leben, und er kennt sich aus.

Die James-Bond-Mädchen versuchten die Hitzeperiode zu bewältigen und fand die Adresse des Paketdienstes und andere Möglichkeiten in das Hotel zu gelangen, mit dem Hintereingang. Mir wurde oft gesagt, ich sehe kubanisch aus, ich sollte nur nicht den Mund öffnen!

Es hat 30 Jahre gedauert um Deutsch mit einem holländischen Akzent zu sprechen. Ich habe nicht so viel Zeit. Ich hatte die Adresse der britischen Botschaft und eine Karte mit den umliegenden Stadtteilen. Ich hatte auch ein Hunde Support-Team; jener Hund brauchte einen Freund. »Ich habe nicht einen Hund Lebensmittel geboten, noch etwas versprochen. « Er brachte zwei weitere Kameraden mit, jetzt, wenn ich bei einem Spaziergang war,

kamen die vier Kameraden mit. Wenn ich versuchte, sie nicht zu bemerken, das Rudel von vier Hunden machte mich genauso exzentrisch wie zu Hause. Ich lebe dort mit vier kleinen Hunden und diese begleiten mich und meinem Partner auf Spaziergängen in der Landschaft.
Die kubanische vier haben mich nur verlassen, als ich im Haus meines Bruders war, Packo muss ihnen gesagt haben, das ich ihre Dienste nicht benötige. Packo ist ein großer deutscher Schäferhund, und schon ein Freund von mir. Was mich erstaunte war, das Bustos auch einen Hund wie Packo hat. Ich hatte die Macher von 'Sacrifico.' Gefragt, welchen Hundenamen Bustos Hund hat. Das und andere Fragen, aber sie nahmen mich nicht ernst genug, um mir zu antworten
 Ich bin hier, um der Wahrheit näher zu kommen. Bis jetzt habe ich in meinen Gefühlen geschwelgt, ich muss lernen, auch meinen Gefühlen zu vertrauen, meinen Instinkten, aber diese sind nicht genug für den Rest der Welt. Omar hat keine Zeit, um ein Bruder jeden Tag zu sein, so dass ich in ein Taxi genommen habe. Ich wollte zum Centro de Estudios Che Guevara gehen. Ich hatte gesagt, ich wollte das Original-Foto sehen, in dem das Gesicht meiner Geburtsmutter genau zu erkennen ist. Es war keine Lüge, aber ich hatte andere Gründe. Wenn Jorge G Castaneda in den Erläuterungen zum Kapitel acht zu Ciro Bustos etwas geschrieben hatte und Jan Lee Anderson, sagte, Ciro Bustos lief die Hauptstraße in Habana in 1957 herunter, und als

Che's Leutnant muss es eine Bilddokumentation von ihm geben, denn wenn es so wäre, würde meine Theorie weggeworfen werden müssen.

                         Centro de Estudios Che Guevara.

Das letzte Mal als ich vor dem Haus stand, dass mein Vater mit seiner zweiten Frau bewohnt hatte, war das Zentrum im Bau, eine Baustelle! Jetzt war das Gebäude eindrucksvoll, als ich aus dem Taxi stieg.

Es gab eine Tür, aber es war abgeschlossen. (Haben sie gewusst dass ich hier bin?) Mein Taxifahrer erzählte mir, es wäre die Renovierung des Zentrums, mein Glück! Er war so freundlich, ein Foto von mir vor dem Gebäude zu nehmen. Aber es hat mich mit einem Problem dagelassen.

    Wie sich herausstellte war es kein Problem, es gibt überall Bücher! Bücher mit Fotos! Und die meisten von den Bücher von der Presse bekommen ihre Informationen vom Centro de Estudios Che Guevara.

Bücher in Kuba sind überall zu finden und auch das Hotel hatte viele, ich war erlaubt, diese zu benutzen, ISBN-Nummern zu sammeln. Die Ausrede war, dass ich nicht in der Lage war, Spanisch zu lesen! Ich habe nicht gesagt, so viele Bücher zu kaufen wäre nicht in meinem Budget.

Das Foto Buch zeigt das Leben und die Zeiten und alle hatten nicht einen Mann, der wie Ciro Bustos aussah, das einzige Foto, wo ich einen Mann hatte, der einen Hut auf hatte, ich konnte seinen Haaransatz nicht sehen, erwies sich als jemand mit dem Namen Sanchez. Das Mädchen hinter der Theke muss es wissen, werden solche Themen doch dort in der Schule gelehrt.

Ein weiteres Buch mit dem Titel 'Evocacion' von Aleida March hatte Fotos, die ich vorher nicht gesehen hatte, ein haarloser Che in Afrika, aber kein Leutnant Bustos.

'Ei Diaro del Che en Bolivien. "Das Tagebuch über die Zeit in Bolivien war sehr interessant! Es war interessant, weil es das einzige Foto von Bustos war, Rückenansicht mit Debray, man kann nicht sagen, wer angeblich wer sein sollte!

Die einzige andere Foto habe ich von einem angeblichen Treffen, bei dem Bustos und Debray und Che in dem Film "Snapshot Che" von Wilfried Huismann zu sehen sind, aber da die Bilder so unscharf sind, ist auch nicht klar, wer wer ist.

(Interessanterweise als ich den Film "Sacrificio. 'wieder sah, bemerkte ich, das Bustos auf einen Mann mit einem Kopf voller Haare deutete und sagte, dass es sich um ihn selbst handelt. Aber Bustos ist kahl und war es immer; das Haar hatte er nicht oben auf den Kopf, es wuchs nur an den Seiten. Aber es gibt die beiden Bilder von diesem Moment, aber diese sind so unscharf. Das Foto das ich meine, ist oft zu sehen. (In der Basis von Che's Guerilla-Basis, Nancahuazu. Im Frühjahr 1967.)

(((Die Frage der Haare stört mich, wenn Männer mit Glatze Haare wachsen, diese Nachricht wäre neu für mich. Jemand würde sehr reich geworden sein, würden die TV-Spots gingilis in meinen Ohren klingeln und jeder Mann würde eine Haarpracht haben, die so gut aussehen würde wie auf jedem Rock-Sänger!)))

Hier ein weiteres Paar von Punkten; Ciro Bustos zeigt, dass er der Mann auf der rechten Seite des Fotos ist, über welches ich geschrieben habe. Er sagt dieses in dem Interview in 'Sacrificio.'

Punkt 1. Bustos am Anfang des Films zeigt einen Bustos als dunklen Latino-Typ.

Punkt 2. Auf dem Foto von der Guerilla-Basis ist der Mann den Bustos angegeben hat nicht dieses Typs. Das Haar des Mannes ist zu hell!

   Ich bin so froh, dass sie so tolerant gegenüber Touristen sind; niemand auf dem antiken Buchmarkt in der Altstadt hat es gekümmert, dass ich meine Nase in ihren Büchern verbrachte. Sie haben sogar Zeit verbracht ISBN Zahlen für mich aufzuschreiben, so verbrachte ich einen glücklichen Nachmittag in dieser Atmosphäre zu sitzen und zu trinken. Es ging zurück in mein Hotel im ältesten Taxi das dort in der Reihe wartete, es war ein Wunder, es hatte keine Sicherheitsgurte, ich frage mich warum der Fahrer dieses wunderbare Auto bis zur Ampel rollte, da es keine Bremsen hatte!

   Ich hätte es schon erraten können, sie haben das Auto in die Straße schieben müssen und Bump starteten Sie es, aber das Herzlicht blitzte auf dem Armaturenbrett auf. Ich liebte jede Minute der Fahrt, auch wenn ich denke, ich müsste wieder zu Fuß zurück zum Hotel gehen.

Die Buchmesse, erste Reise.

Nach der Enttäuschung das der Centro de Estudios Che Guevara geschlossen war, nahm ich die Fahrt mit dem Taxi zu der Buchmesse in der alten Burg auf dem Hügel von dem Lichthaus El Morrow vor. Das ist Kuba, alles ist ein Abenteuer. Ich lief den Leuchtturm hinauf, nach einer Wartezeit wenn Raúl Castro seinen Spaziergang erledigt hatte, nachdem er die Messe eröffnet hatte.

Ich hatte vergessen, ich war es nicht gewöhnt Wendeltreppen zu laufen, für das ich am nächsten Tag bezahlte. Es gab Stände mit frischen Speisen und Getränken auf dem Weg, ich ging rauf in die Festung. Ich hatte immer noch darauf zu warten, dass Raul sich alle Buchstände angesehen hat.

Da stand ich wartend in der Sonne in einer Linie von Leuten, welche ihre Eintrittskarten kaufen wollten, wo ich dann Gilberto traf, er war in dem alten Deutschland, in der DDR gewesen und sprach ein wenig Deutsch und ein bisschen mehr Englisch. Ich verbrachte glückliche zwei Stunden lang in dieser Warteschlange, ohne Sonnencreme oder einen Hut!

Als die Dame auftauchte um das Ticketbüro zu öffnen, bemerkte ich, dass das Fehlen von Tickets im Begriff war ein Problem zu sein.

Niemand hatte eine Ahnung wo die Tickets waren, niemanden störte es, alle genossen wie es frei sein sollte, auch den Geruch von Essen mit der Hitze vermischt.

Ich traf die Entscheidung ins Hotel zurück zu gehen und versprach, Gilberto anzurufen und einen Termin mit ihm für einen anderen Tag zu vereinbaren. Ich war besorgt, es gäbe keine Taxis, wenn ich zurück wollte. Gilberto wies mich später bei unseren Treffen darauf hin, 'kein Kubaner benutzt ein Taxi. «Ich schob es auf die Sonne!

Diese Reise zurück zum Hotel war eine angenehme Reise, zu sehen wie das Meer das Wasser über die Mauer spritzt und die Straße überschwemmte.

Bei offenem Fenster und während mein Fahrer versuchte das Auto trocken zu halten, habe ich Fotos von dem spielerischen Meer getätigt. Er stoppte auch um mir zu zeigen, es war nicht alles nur Spaß; das Meer vor der alten Ufermauer drängte in die alte Kanalisation, die Wasserfontänen begannen die alte Straße zu untergraben. Ich war froh, dass die Drainage-Abdeckungen schon vor langer Zeit verloren gegangen waren, denn das Meerwasser kam mit solcher Kraft! Ich musste zugeben, es gab eine Menge von Restaurierungsarbeiten, welche notwendig waren um Habana wieder in seinen ursprünglichen Zustand zu setzen. Gebäude die mit Holzstützen gehalten werden, geben der Stadt einen besonderen Charme; obwohl es klar war, das eine Menge an Arbeit im Gange war. Ich hatte zu fragen, ob sie es schaffen würden alles zu reparieren, bevor es alles zerfällt.

Ich habe einem anderen Tag Zeit um mich umzusehen, bevor ich zum Frühstück mit meinem Bruder eingeladen bin. Dieses Mal werde ich die alte Farbe von seinem Tisch entfernen. Seine Wände bemalen, während er und seine Nachbarn Musik spielen; war eines meiner Highlights. Omar schlug den Rhythmus auf einer Holztrommel und der Nachbar spielt das Saxophon. Der Pinsel mochte den Rhythmus. Ich ging zum Aquarium, der Grund war, ich wollte zu Halbschwester Celia, sie arbeitet dort als Tierarzt, ich hatte nicht erwartet sie zu sehen, aber wenn ich eine E-Mail-Adresse mit ... sagen wir von einen der anderen Tierärzten bekomme, würde ich einen Weg finden sie zu kontaktieren.

Ich war mit Gilberto auf die Buchmesse am Sonntag gegangen, aber wegen den Blasen an den Füßen brauchte ich eine Pause, wenn ich etwas mehr gehe, wäre ich für Wochen lahm. Sonntag verbrachte ich damit rund um Havannas Altstadt zu laufen, um Orte anzusehen, die so wichtig zu Beginn meiner seltsamen Abenteuer waren.
Das Restaurant Farnes, welches auf dieser ersten Reise so wichtig für mich gewesen war. Werner, ein Mitreisender und ich auf einem dieser Dreirad Fahrräder und wir fuhren zu den Orten, wo Uwe und ich das Fahrzeug auf einen der anderen Ausflüge in Havanna geparkt hatten.
Werner und ich versuchten zu Hemingways Roof Top Cafe zu kommen und der Fahrer des Dreirads führte uns über hohe Gehsteige, was uns zum

seitwärts Kippen brachte und mich zum Lachen. Werner war nicht so glücklich wie ich es war, aber Werner ist einundachtzig und mit einem neuen Knie! Er brummte, es entsprach nicht meinen Lachen.

Das Getränk wartet schon auf uns nachdem wir gefragt hatten, für neue Wege zurück zur Harmonie, wir waren so desorientiert, es half uns beide zu beruhigen. Die Dächer von Havanna sind etwas Besonderes für mich; der Mojito-Cocktail in der Hand erinnerte mich an meine Tränen, die das erste Mal in meine Augen traten als ich hier war. Werner verstand mich überhaupt nicht, ich mich aber auch nicht. Ich war hier um die DNA von meinem Bruder zu bekommen, ich werde Spaß haben!

Die Nacht war lang und wurde immer länger; das Problem wie an die DNA zu kommen hielt mich wach, dass und der Zimmernachbar im Nebenzimmer, welcher sehr krank in seinem Badezimmer war... Bad, Zahnbürste. Ich hatte es! Wenn ich die Bürsten aus dem do it yourself-Kit nehme und rolle sie in seine Zahnbürste. Vielleicht ein paar Borsten der Bürste und reibe einiges von dem Belag von der Borstenbasis in den kleinen Plastikbeutel, würde dies mein Problem lösen. Und es würde mir keinen Ärger bringen, als wenn ich seine Zahnbürste stehlen müsste. Das würde bedeuten, er würde es nicht wissen, was ich vorhabe;

bis ich wusste, wie sollte ich ihm es sagen, seine
neue Halbschwester denkt, es gibt einen
Mann in Schweden, der unser Vater sein
könnte!? Es war der besondere Moment, wir saßen
auf dem Küchenboden, eine normale Sache zu tun,
wenn Sie Ihr Haus renovieren. Ich gab ihm eine
Kopie meines Katalogs meiner Gemälde und er gab
mir eine Kopie seiner Gedichte, er schrieb sogar eine
Widmung hinein für mich. Wer braucht schon
Worte, wenn wir so vieles haben!
Zwischen uns brauchen wir nicht die DNA, ich
wusste es, aber meine Gefühle würden nicht
genügen. Ich bin eingeschlafen trotz des
Mitbewohners, der nebenan stöhnend in seinem
Badezimmer war.

  Das Frühstück am nächsten Morgen mit Omar
wurde von Kaffee und Tee und einem anderen
Glückstag gefolgt, ein Zahnstocher direkt aus dem
Maul des Pferdes, welches um die Borsten von der
Zahnbürste hinzugefügt wurde!

    Zweite Reise zur Buchmesse.
Ich rief Gilberto an um unseren Termin zu
bestätigen; Er rief mich zurück um zu fragen wie
meine Füße waren, weil ich ein Treffen abgesagt
hatte wegen der lästigen Blasen. Das Telefon ließ
mich hochspringen, könnte es sein, das es wegen mir
klingelte, denn ich hatte das Spiel mit Omars
Zahnbürste? Ich mag es nicht, ein Bond-Girl zu sein.
Wir wollten uns außerhalb der Hauptstadt treffen. Er

würde ein gelbes Hemd tragen; er konnte nicht wissen, wie viele Menschen würden ein gelbes Hemd an diesem Morgen tragen?

Mein Angebot für ein Taxi wurde beiseitegeschoben, wir fahren mit dem Bus los! Für mich ist die Idee wunderbar, viele warten für den Bus zu der Buchmesse, so mich in den Bus zu schmuggeln war einfach.

Ich bückte mich um eine Münze aufzuheben, gab ihr einen Kuss und legte sie in meine Tasche für Glück. Das kleine Mädchen sah mir bei diesem komischen Verhalten zu und akzeptierte Gilberto Erklärung mit hochgezogener Augenbraune.

Die Busse waren neuerer Bauart, als die an die ich mich erinnere. Der Bus war nicht erlaubt loszufahren, bis nicht mehr Personen in den Bus passen; jeder Raum muss besetzt werden und alle Stehplätze. Der Mann auf dem Bürgersteig schob Leute in den Bus bis er zufrieden war, das es voll genug war. Ich habe mich nicht gequetscht gefühlt, auch wenn der Bus noch so voll war.

Der Bus setzte uns alle auf der Straße vor der El Morro Festung ab, das Festival Gefühl ist immer noch hier, obwohl der Tag der Eröffnung war es nicht. Das kleine Mädchen bückte sich um eine andere Münze aufzuheben und um sie mir zu übergeben! Zeigte ich mich als Tourist? Ich küsste die Münze und gab sie zurück zu ihr mit seinem Glück aufgefüllt. Gilberto sagte ihr, das das Glück in der Münze für sie war.

Als wir zu Fuß mit Karten in der Hand auf den

Eingang zugingen, ging ein Mann an uns vorbei. Gilberto sah sein Date zurücklaufen, wo wir hergekommen waren, Camillos Namen schreiend!

    Gilberto und Halbbruder Camilo.
    Camilo stoppte, was nun? Er spricht nicht Englisch, und mein Spanisch reicht für Sie sind mein Halbbruder! Dies war als Omar vorgeschlagen hatte es wäre keine gute Zeit, so etwas zu sagen. Ich nahm sein Foto und eines von ihm und Gilberto. Es hatte zu nützen irgendwann.
    Camilo hatte in Hamburg die Fotos begleitet, die ich in der Umgebung von Havanna auf der Suche gewesen bin. Ich habe versucht dies mit der Hilfe von verwirrten Gilberto zu sagen; Er verstand nicht, warum ich so aufgeregt war, noch warum ich nicht versuchte Camilo zu umarmen. Ich musste Gilberto sagen, was gerade mit mir passiert ist. Er ist der einzige Mensch in Kuba, der weiß warum ich da war. Ich habe den Mann in Schweden nicht erwähnt. Gilberto verstand, warum ich das Büro meines Vaters sehen wollte, wo er gearbeitet hat, mit Blick auf die Stadt Havanna. Ich fand ein Comic über Che Guevara, meinen Vater an einem der Stände und Gilberto fand eine Karte von Deutschland, wo all die Orte markiert wurden, wo Gilberto so viele Jahre vorher war. Ich erzählte ihm meine ganze Geschichte, wie wir ein großes Touristenmittagsmahl essen wollen als Dankeschön für den schönen Glückstag den wir zusammen verbringen konnten. Er war schockiert als ich sagte,

ich konnte nicht mehr essen, konnten sie den Rest meiner Mahlzeit einpacken, so dass ich es mit mir zu nehmen konnte. Er sagte, es sei nicht kubanisch so etwas zu tun! Ich sagte, wir waren Touristen und konnten es tun und wir taten es.

    Abschied von meinem Bruder.

 Ich ging zu meinem Bruder um mich zu verabschieden, und um ihm zu sagen, wie viel Glück die Münze gebracht hatte. Omar will wissen, was habe ich für ein Gefühl gehabt, nach dem Treffen mit Camilo? Gute Frage, nicht das gleiche Gefühl wie bei Omar, aber genauso stark oder ich würde nicht auf der Straße hingerannt sein, bevor ich mich eines Besseren besinnen konnte. Am Mittwochmorgen dachte ich an diesem Tag nach Hause zu fliegen, und ich rief die Dame vom Reiseunternehmen an , um es zu überprüfen, sie sagte, es wurden alle Flüge verschoben, weil die Amerikaner im Begriff waren eines Satelliten abzuschießen. Ich war nicht erlaubt zu fliegen, bis Donnerstagabend. Die Wartezeit ärgerte mich, ich hatte Heimweh, und ein Sturm half nichts, nicht einmal die Regenbogen konnte mich aufzumuntern. War das, weil Omar gesagt hatte, Dinge wie Regenbögen waren nur da um Touristen zu beeindrucken?
Ich konnte mich nicht aufmuntern. Ich wollte meine vier Hunde und Uwe, James Bond könnte seinen Job behalten!

 Trotzdem, auf diese Weise hatte ich einen Halbbruder und ein guten Freund gefunden, traf

Camilo, auch wenn er nicht wusste dass ich eine Halbschwester war, welche die Arme vor ihm schwenkte und eine E-Mail-Adresse, die eventuell an Celia führen könnte. Der Rest wird irgendwie zu finden sein!

                Warten auf die DNA-Ergebnisse.

Warten auf die Ergebnisse für die DNA war das Schwierigste, was ich je zu tun hatte; und es schien kein Ende der Wartezeit zu sein.

Ich schickte den Zahnstocher und die Bits von der Zahnbürste zusammen mit zwei der kleinen Bürsten in ihren Paket an die Firma welche mir versprach das 90 bis 95% vorhanden ist, und nicht zu wissen, dass sie nur BlaBla sprechen. Aber wie sollte ich dieses wissen, damals? Aus den zunächst versprochenen 10 Tagen werden mittlerweisen zwei Monate, ich musste gefühlte tausend Anrufe getätigt haben, und jede Menge von E-Mails gesendet haben. Ich hatte zu fragen, wie die Dinge liefen, aufgenommen wurden. Im Fernsehen sind es immer nur zwei Minuten! Ich zahlte sogar andere neunzig Euro für die Zahnstocher, dass diese irgendwie getestet werden, der Zahnstocher war eine schwierige Sache im Gegensatz zu ihren Bürsten zu prüfen!! Nach zwei Monaten war ich war am Ende meiner Kräfte, wie lange würde diese Tests noch dauern? Ich wusste, dass es nicht einfach ist, einen Halbgeschwistertest über den verschiedenen Geschlechtern zu tun.

    Ich habe nicht erwartet, um Mitternacht eine Email zu bekommen, worin sie sagen, sie könnten den Test nicht zu machen, bedingt durch einen Mangel am Material. Frust, nur um zu sagen, dass ich nicht schlafen konnte in dieser Nacht. Ich habe nicht genug Geld, um noch einmal nach Kuba zurückzufliegen, noch konnte ich eine andere Ausrede erfinden, um bei Omar so bald wieder abzusteigen! Ich war in der Verzweiflung verloren, bis mein Partner sagte, ruf doch diese Nummer an. Die Nummer war für einen DNA-Tester mit einem forensischen Hintergrund. Ich musste am Telefon stundenlang gewesen sein, der Mann dessen Namen ich nicht verstanden hatte, war so interessant! Ich habe genug DNA, um sie zu testen, einer der Zahnstocher würde reichen, nicht die Bits von seiner Zahnbürste zu erwähnen, wären schon mehr als genug. Doch, doch, ich hatte sie nicht, "sie" die anderen hatten sie.

Der Mann, dessen Namen ich nicht behalten hatte, sagte etwas über Briefe, von den Menschen, die im Zweiten Weltkrieg gestorben waren und welche verwendet worden sind, um Körper in nicht gekennzeichneten Gräbern zu identifizieren.
Ich hatte Omars Buch der Gedichte, ich habe es aufbewahrt und nicht gelesen, um es im nächsten Winter zu lesen.

Omar hatte mit einem Kugelschreiber eine Widmung in der Umschlaginnenseite seines Geschenks geschrieben! Die erste Seite nach der Abdeckung ist nicht ein Ort, wo die Finger in der Regel länger verweilen. Und ich habe immer noch die erste Reihe von kleinen Bürsten die ich Omars

Zahnbürste gerollt hatte, von dem sie gesagt hatten, sie wären nutzlos. Dem Mann, den Namen habe ich nicht gesagt bekommen, ich schickte alles was ich hatte zu ihm, und er würde sehen, ob genug DNA-Material da wäre, um einen Test zu ermöglichen, mit dem was ich hatte. Und er würde mir nichts berechnen, um zu überprüfen, ob es genug DNA geben würde, ich könnte meine DNA und seine Bezahlung dann später senden. Ich hatte ihm alles erzählt! Später, als ich aber über das lange Telefongespräch nachdachte wurde mir klar, es war der 1 April! Wenn ich einen Aprilscherz auf einen forensischen Experten geplant hätte, würde ich nicht von einer besseren Geschichte nachgedacht haben?

   So, jetzt machte ich mir wieder Gedanken, Sorgen, während ich wartete um zu hören, ob es genug DNA gab, um zu sie verwenden.

   Er hat gesagt, er hatte wildere Aprilscherze die ihn gespielt wurden und von Fremden "Geschichten", verrückter als meine gehört, die untersucht worden waren, er habe meinen Anruf nicht als Aprilscherz gewertet.

   Ich bin wieder am warten! Es ist nicht einfacher als beim ersten Mal, die 10 Tage bewegten sich langsam, nicht von den Feiertagen und nach den Poststreiks welche dazu kamen. Ich rief sogar noch einmal an, um zu überprüfen, dass er nicht glaube, dass es doch ein Aprilscherz gewesen war.

 Ich war nicht in der Lage, am genannten Tag anzurufen, da ich zu gestresst war, um Fragen zu stellen und zu darauf warten hatte mich überfordert;

mein Partner musste für mich übernehmen. Die zwei Monate waren nun zu drei Monaten und 28 Tage gestreckt worden; Uwe musste zum Telefon greifen, weil ich nicht in der Lage war etwas zu tun.

Es war nicht ein Ergebnis, das ich erwartet hatte, ist es nicht der Prozentsatz vor dem Koma der wichtig ist, es ist das was hinter dem Komma steht. Um diese Informationen zu erhalten brauche ich die DNA meiner Geburtsmutter und die von Omars Mutter. Meine Halbschwestern könnten helfen, aber wiederum es sind nur Halbschwestern.

Es dauerte einige Zeit, um zu verstehen, dass meine Tasse halb voll ist und nicht halb leer! Ich hatte das Gefühl in einer Sackgasse zu sitzen und mit keiner Möglichkeit zu gehen, weil niemand mit mir sprechen will, aber das bedeutet nicht, dass mein Becher leer ist.

Wie es ist, wir könnten Cousins sowie Halbgeschwister sein. Es könnten unsere Mütter sein, die das Bindeglied sind, (obwohl ich irgendwie nicht so denke.) Wie konnten sie verbunden werden?

Halbbruder und gute Freunde fallen nicht immer aus Bäumen, deshalb habe ich beschlossen, dass ich die Suche hinter mir lasse, um das Gefühl des Friedens zu genießen welches ich nach dem Treffen mit Omar und einen weiteren Halbbruder auf der Buchmesse gesehen zu haben, gefühlt habe.

Nur zu wissen, dass ich nicht in der Welt alleine stehe und ich habe verdrehte Wurzeln in der Menschheit, diese geben mir das Gefühl menschlicher zu sein als ich es je zuvor war; auch wenn die DNA es nicht abschließend belegen würde.

Der Versuch, meine Wurzeln zu entwirren würde mich mehr Zeit kosten, und die Zeit ist nicht in meiner Kontrolle. Mit Omars DNA kann ich herausfinden, ob der Mann in Schweden Che Guevara ist, es kann sein das der vierzehnte sein achtzigster Geburtstag ist.

Che Bruder hatte Che's Leiche identifiziert?

Ich habe die Reise nach Schweden nicht angetreten. Ich bin nicht unsicher geworden. Die Außenwelt will anscheinend nichts davon wissen. Der Hersteller des Films "Snap Shot with Che." Wilfried Huismann ist zu mir kommen, und rannte so schnell weg wie möglich als ich ihm sagte, ich denke Che lebt noch immer! Ich muss sagen, ich kann nicht verstehen warum, sehe ich aus wie eine verrückte Frau mittleren Alters? Als er ging sagte er mir, er hatte zu Alfredo / Roberto Che's jüngeren Bruder gesprochen. Als Che's Bruder hatte er Che's Körper identifiziert. Aber, aber als ich den Film von Raffaele Brunetti sah, "Che Guevara, Der Tod und Der Mythos." Der Film konfrontiert mich mit einem jungen Mann mit niedergeschlagenen Augen und der Aussage, er hatte nicht den Körper seines Bruders zu sehen bekommen. Die Film sagt ebenso aus, das Reportern von der Time in einem Hotel neben das Krankenhaus gewartet hatten, um den Körper im Leichenschauhaus zu sehen; sie waren nicht in der

Lage, den Körper zu sehen. Raffaele Brunetti sagt, dass der Körper nach zwei Stunden vermisst wurde und zwar zu dem Zeitpunkt nachdem das Leben von ihm genommen wurde, wie gesagt wurde. Dieser Film gab auch an. das gesagt wurde es gebe Unstimmigkeiten darüber, wo der Körper angeblich begraben worden sei. Die Bemerkung die sich in meinem Kopf festsetzte, dass die Überreste wie gesagt wurde, es sich um Überreste Che's handelt, nicht Gegenstand von DNA-Tests waren! Natürlich habe ich versucht ihm, Raffaele Brunetti, dieses zu sagen, über Ciro Bustos und welches der Grund ist, warum diese Aussagen nicht zusammen passen! Ich möchte nicht verstanden werden als eine verrückte Frau mittleren Alters. Ich bin nicht nach Schweden gegangen, um Ciro Bustos treffen, ich weiß nicht wie. Ich weiß nicht, wie einen Mann gerecht zu werden, der mein Vater sein könnte.

Kapitel drei

CD Ebay Che Guevara

Ich sah im Internet, das ebay eine Che Guevara-CD im Angebot hatte, genauer gesagt Che Guevara CIA Dept- State Dept of Defence-Dateien. Als ich sie zum ersten Mal sah ich hatte nicht vor, diese zu kaufen, was etwas mit den verrückten Frauen mittleren Alters zu tun hatte. Ich war skeptisch, mein Partner war skeptisch. Der Gedanke fiel mir ein, dass ich mehr für ein Buch ausgeben würde und acht Euro war kein Verlust und ich könnte es in den Müll geben, wenn es so ist wie ich es erwartet hatte. Zwei

Dinge passierten, als erste Helen, die Freundin meiner Mutter auf der Reise nach Europa, schickte mir eine E-Mail. Sie und ihre Tochter waren neugierig zu wissen, ob ich mehr über Beverly herausgefunden habe. Ich schrieb ihr einen langen Aktualisierung per E-Mail über meine Reise nach Kuba und wie ich fühlte, ich war so weit gegangen wie ich konnte, wie in Anbetracht des Ergebnisses der DNA-Untersuchung waren Beverly und Omars Mutter nicht der richtige Weg für mich, wie konnte man sie verbinden? Che hatte zwei Brüder und einen Halbbruder. Ich weiß nur, dass der Halbbruder von der Seite seines Vaters ist. Onkel Robert, Omar erzählte mir, dass er mit der kubanischen Filmindustrie verbunden ist. Juan Martin ist Che's anderer Bruder, ich weiß nichts über ihn. Ich fand nur seinen Namen, als ich fühlte, ich musste einen Check-up in "Che Fotobiografie" machen.

Wenn ich es war die einen reuevollen Fehler über die Augenfarbe von Che gemacht hatte.
Es ist eine Schande, dass Omar nicht in der Lage ist sie zu kennen und seine anderen vier Geschwister zu genießen.
 Ich weiß nicht einmal den Namen von Che's jüngerem Halbbruder! Ein halber Onkel! Ich scheine eine Menge von Halbpersonen zu sammeln.

*Onkel Reberto war nicht das Haupt der kubanischen Filmindustrie, wie Omar

sagte; Alfredo Guevara war; Er freut sich, ein Mitglied der Familie Che Guevara zu sein.*
Hinweis auf das Buch - Gabriel Garcia Marquez der Schöpfer von Che Guevara.

Das andere was passiert war, ich hatte das Wörterbuch geschafft, ich war endlich fertig mit dem zusammenstellen. Die Idee des Leerlaufs der Hände führte mich an meinen Schreibtisch und die CD zu nehmen, die ich aus den Vereinigten Staaten bekommen hatte. Der Gedanke an mehr als dreißigtausend Seiten würde den leeren Raum ersetzen, den das Wörterbuch hinterlassen hatte.

Anbei erhalten Sie die Anzahl der Dateien, wie sie in der Öffentlichkeit sind.
    Che Guevara CIA -State Dept- Dept of Defence-Dateien.
Die CIA-Dateien sind von Informer Enterprises.

Eine Liste der Seiten, die meine Aufmerksamkeit erregten.
DOS
Seiten 15 bis 18 DOS.
Weißes Haus
Seiten 8-10.
DOD
Seiten 4-8.
Seite 8 bis 10 Weiße Haus.

Sagt aus, dass die Partisanen gefangen genommen wurden, ernsthaft engagiert und von einen von ihnen wurde gedacht, es wäre Che Guevara i. (schwer verletzt! Dieses ist nur der Anfang von vielen Unstimmigkeiten.)

Seiten 4 bis 8 des DOD, fügen sich die Frage an, wo und wie Che gestorben sein sollte.

Seiten 15 bis 18. DOS -Sie hat mich aufhorchen lassen, denn seit wann hat Che Guevara hellblauen Augen?
 Der Mann, der die Autopsie durchführte- den Mann vor ihm hatte-
   Hellblaue Augen.
Im gleichen Bericht heißt es, dass dem Mann durch den Brustkorb geschossen wurde. (Im Film 'Sacrifico' trotz der direkten Kameraaufnahmen ist dieses nicht zu sehen.), das der Körper von einem Konservierungsmittel bedeckt ist, hatte ich zunächst nicht beachtet, obwohl die Tatsache interessant war, aber jetzt denke ich, es ist wichtig. (Der Geruch wurde berichtet, dass er sehr stark gewesen sei! Es würden diese Menschen in Bewegung bleiben, die nicht stehenbleiben wollen, um zu fragen, ob der Körper noch am Leben war!) Wenn Sie möchten, um einen Körper so zu halten was verhindert, dass Sie nicht in der Lage sind zu sagen, wenn er leblos ist? Ich werde nicht mehr spekulieren, das ist nicht mein Gebiet.
 Die hellblauen Augen !?

Wenn der Autopsie nicht erwähnt hätte, die Augen sind hellblau, hätte nur gesagt, blau, man könnte sagen, es war ein Fehler der Zunge, aber hellblau zu sagen!?

Ciro Bustos wird nicht in einer dieser Dateien erwähnt.
(In der Gesamtheit dieser Unterlagen ist der Name nur einmal zu sehen, im Index. Wenn 174 gesagt wird, die Zahl seiner Datei, wo immer es ist.... Alle Angaben beziehen sich auf Dokumentenzahlen.)
Es gibt mehr über Regis Debray. Ich habe den Eindruck, dass er auf der gleichen Scala von der CIA gedacht ist, wie Fidel Castro und Che.

Jetzt gibt es so viele Abweichungen.
Ich fühle, das ist über meinen Kopf, ist das ein wenig viel für eine verrückte Dame mittleren Alters die kein Experte, aber meine Gefühle und-

a) Ein Mann, der Entlassung aus dem Gefängnis mit einem Kopf voller Haare, 'Sacrifico'
Ciro Bustos wird als teilweise kahl dargestellt. '
b) Der Film "Schnappschuss mit Che" zeigt, dass CIA-Agent
Felix Rodriguez Aussage nicht korrekt ist.
c) Die Tatsache, dass Che / Ciro übereinstimmende Kopfformen und Hände haben.
Baby-Che Kopfform passt mit älteren Che und Ciro Bustos.
d) Die 'hellblauen Augen. "In dem CIA

Autopsiebericht.
e) Kahlköpfiger Bustos zeigt auf einen Mann, von dem er sagt, es zeigt ihn selbst als einen jüngeren Mann mit Haar, vielen Haaren, wenn doch alle Fotos von ihm zeigen das er als junger Mann kahl war.

Eine Sache ist, die Experten haben so eine Anleitung nicht ---
Ich suche nach meinen Vater.

Ich weiß nicht, wie "sie" es geschafft, Veranstaltungen noch zu drehen, ich weiß nur, dass es passiert ist. Ich kann nur sagen "sie" hatten die Werkzeuge und nutzten sie. Wenn ich zu entscheiden hätte, wie sie es gemacht haben, würde ich könnte genauso gut einen Thriller schreiben, aber ich würde trotzdem in das Labyrinth der nicht passenden Fakten verloren gehen.

Verdrehte Schlange der DNA.

Ich bin frei, meine Gedanken wieder aufzunehmen! Ich traf Rene an einem Wettbewerb für Feuerwehrleute, er war der Reporter für die lokale Zeitung; er stimmte zu "meine Geschichte" anzuschauen. Aus seinen Fragen wuchsen mehr Fragen.

Wie kann ich beweisen, dass Omar ein Sohn von Che ist? Er sagt er ist es, aber wie kann man das beweisen? Omar sagt, es wurde ihm gesagt, als er fünfundzwanzig Jahre alt war. Seine Geburtsurkunde trägt den Namen des Mannes, der ihn aufgezogen hat, nicht Che's.

Omar sagte mir, sie, die Familie Marsh erkennt ihn nicht als Che's Kind an. Wie kann man beweisen das Che sein leiblicher Vater ist? Es gibt auch andere Kinder in Omars Familie, die den gleichen Vater nicht teilen. Konnte seine Halbschwester wohnhaft in Italien mit Che verbunden werden? Wie zu beweisen dass jedes Kind in der Familie Marsh den gleichen Vater hat?

Ist es das, warum Omar mir seine DNA nicht geben wollte?

Ich muss jede und jeden, Schwestern, Brüder, alle lebenden Onkel und Tanten bitten, mir Ihre DNA zur Verfügung zu stellen, in der Hoffnung auf die Identifizierung von Che Guevaras DNA. Und jetzt reden wir über Ressourcen die ich nicht habe! Würde die Familie bereit sein, eine solche Recherche zu durchlaufen, nur um eine passende DNA von Che zu bekommen oder herauszufinden, welche DNA übereinstimmt, so dass ich meine Theorie beweisen kann!

Dass Omars und meine DNA die DNA unserer Mütter benötigt um den Sinn unserer Verwandtschaft zu belegen, stört mich nicht mehr. Ich lernte von Rene, dass Leute aus diesem Teil der Welt eine engere DNA haben als in Europa. All dies bedeutet, der einzige Weg um meinen Standpunkt zu beweisen, ist der mit einem forensischen Fotoprogramm.

Ein solches Programm kann Punkte auf dem Gesicht messen und kann sogar mit nach gealterten Jahren sagen, ob es eine Übereinstimmung gibt. Sie können das Aussehen des Gesichts zu ändern, aber die grundlegenden Messungen ändern sich nicht.

Wie werde ich jemanden finden, der so etwas für mich tun kann, ich weiß es nicht. Die Kosten für dieses Programm sind zu teuer für mich. (Facebook nutzt diese Technologie, so ist es nur eine Frage der Zeit, bevor ein Vergleich ohne die Notwendigkeit für einen Fachmann erfolgen kann!)

Dies ist nicht der Hauptgrund, warum ich mich vor meinem Laptop setzte. Ich habe einen anderen Film gefunden, der mehr Fragen aufwirft. Der Film heißt "Che Guevara, der Weg zur Revolution."

Ich fand diese Kopie in meinem lokalen Supermarkt. Man könnte sagen, es hat mich gefunden, da die meisten Dinge dieses bis jetzt getan haben.

Es ist ein Film der in Kuba gedreht wurde, datiert 1968. Es enthält Zeugnisse von verschiedenen Mitgliedern der Gruppe in der Umgebung von Che in der angeblichen Zeit seiner Gefangennahme. Es wird von Manuel Perez geleitet.

Manuel Perez wurde in Havanna geboren, er hat Dokumentationen auf Kuba gemacht. Sein Film lässt mich fragen, wie ein Mann in so vielen Filmen / Büchern unter so vielen verschiedenen Namen erscheinen kann? Als Geschäftsmann, Revolutionär, Gefangener, Experte für Guerillaausbildung, welcher für die Amerikaner arbeitet, ist er abgebildet.

In dem Film "Wege Der Revolution"
www.icestorm.de Regie: Manuel Perez können Sie
Felix Ramos als Berater der CIA sehen, die in einen
Jeep steigt - wie Ciro Bustos mit einem der Che
Guevara-Codename

"Der Weg zur Revolution."

Der erste Punkt ist;

Die interviewten waren junge Männer, die wie gesagt wurde, um/mit Che gewesen waren, sie machten ihre Aussagen irgendwann nach ihrer Rückkehr nach Kuba.

Ihre Aussagen passen nicht mit dem was sie sagen, in 'Snap Shot with Che " zusammen.

Ich konnte Punkt für Punkt ihre Interviews in beiden Filmen vergleichen, ich will diese Dinge jenen überlassen, die davon mehr verstehen.

Ich weiß dass die Zeit, wie Sie die Dinge sehen diese ändert, obwohl die Fakten, Querverweise sollten die gleiche bleiben, irgendwie wie Zähne in einem Kamm!

Es ist der Moment in dem Dokumentarfilm, wo ich einen Mann, der wie Ciro Bustos aussieht in einem amerikanischen Jeep einsteigen sehe, dieses lässt mich zweimal hinschauen. Sie benennen diesen Menschen als Ramon Benitez. Er sieht aus wie Ciro Bustos!

Und ich denke, Ciro Bustos ist Che! Und ich denke Che war mein Vater.

Der Film 'Weg der Revolution. «» erzählt mir: Er ist ein Experte im Guerilla-Krieg, der für die Amerikaner arbeitet.

Das Cover sagt mir, weitere Exemplare können auf ihrer Website www.icestorm.de erworben werden. Es ist ein produzierter Film im Film von Paco Prats, die ich am interessantesten .finde.

Eine Liste der bekannten Namen welche Che verwendet hat.

Ramon Benitez = ein Geschäftsmann
	Von ein revolutionären Leben, Jon Lee Anderson.

Adolfo Mena Gonzalez = in einem Selbstporträt zu sehen, im Hotelzimmer Bolivien gemacht.
	Von einen revolutionären Leben, Jon Lee Anderson.

Felix Ramos = die Experten für Guerillataktik. Ein CIA Mittelsmann
	arbeitet für die Amerikaner.
	Von Wege der Revolution,
	Eissturm.

 Hätte Rene nicht den Punkt über die lichtreflektierenden Augen in Frage gestellt, oder nicht nach dem Tod, ich wäre nicht interessiert an sich Gespräche mit Günter zu haben. (Sie erinnern sich diesen Namen) Er ist im Ruhestand, aber ein Experte in der Pathologie immer ein Experte in der Pathologie, also fragte ich nach seiner Meinung. Günter bestätigt, Augen reflektieren nicht das Licht nachdem das Leben einen Körper verlassen hat.
   Als er nachgefragt hat, warum ich so etwas wissen wollte, bemerkte ich, es gab Autokennzeichen auf den Türen seiner Garage genagelt. Venezuela, Bolivien! Wenn ich die Autokennzeichen von

Bolivien nicht gesehen hätte, ich würde ihn nicht meine Gründe für die Nachfrage erzählt haben.
 Günter, er war dem Filmemacher Hans Ertl begegnet als er in Bolivien gewesen war. Hans Ertl Tochter war Monika Ertl, sie sollte nach Hamburg zu der bolivianischen Botschaft gekommen sein und Roberto Quintanilla erschossen haben. Er war der Mann, die angeblich den Befehl gegeben hatte um die Exekution Che's auszuführen.

Ich wusste nicht, als er Klaus Barbis Sohn war.

Monika Ertl.
 Ich habe den Film "Gesucht Monika Ertl. Die Frau, die Che Guevaras Tod gerächt hatte.
 Der Film bestätigt nicht was Gunter von Hans Ertl gehört hatte, dass Che so ein guter Schwiegersohn war. Der Film ist nicht klar in der Aussage den Kontakt, die Beziehung zwischen Monika Ertl und Che zu bezeugen; aber er hat zu sagen, dass ihre Farm im selben Bezirk war, wo Che seine Kampagne durchführte.
 Es ist ein interessanter Film um zu lernen, Klaus Barbie wurde als Onkel von Monika betrachtet, und sie kannte Regis Debray. Dieses zu sehen hat mich hat mich zum Nachdenken gebracht! Was habe ich gedacht? Ich hatte losen Enden gefunden, aber ich weiß nicht woher sie kommen!
 Monika war eine Frau, sie sah aus wie meine Mutter, vom gleichen Typ wie seine zweite Frau. Monika war gern auf dem Pferderücken, konnte eine

Waffe verwenden. Sie ging oft mit ihrem Vater auf Fahrten zu Dreharbeiten und genoss das Camping mit ihm.

Regis Debray und Bustos Ciro wurden am selben Tag festgenommen. Regis Debray war ein enger Kollege, um Che-Bustos und jetzt weiß ich dass er mit Monika Ertl verbunden war. Der Film zeigt wie sie ein Komplott gegen Klaus Barbie planen, als sie in Kuba waren!

Klaus Barbie musste Europa am Ende des Zweiten Weltkriegs verlassen, wie viele andere. Bolivien fand ihr Know-how wertvoll, und ihre Fähigkeiten wurden genutzt, um ihre eigenen Leute zu trainieren. Ihre Fähigkeiten wurden beim Aufspüren dieser schwierigen Probleme für die bolivianische Regierung benötigt.

Wenn Bolivien Emigranten aus Deutschland in bolivianische Organisation hilfreich einsetzte, so konnte das Cuba! Die DDR und Kuba teilten die gleichen politischen Prinzipien; beide Länder liefen nach den gleichen Regeln.

Dieser Gedanke wurde real nachdem in einer Zeitung ein Artikel darauf hinwies, wie Ost-Deutschlands Fischereiflotte mit Havanna und seiner Fischereiindustrie verbunden war und Boote nach Namibia schickte.

Ich habe nur darauf hinzuweisen, dass zu der Ostküste Deutschlands die Ostsee gehört. Und ich habe gehört, dass jene aus der gebrochenen Nazi-Partei Häuser in Schweden gefunden hatten.

Ich weiß nicht, was diese Tatsachen alles bedeuten

soll, sie sind wie ein Foto, das aus dem Fokus ist, und Sie wissen nicht einmal, ob diese Fotos dort sein sollten.

Günter kostete mich ein Jahr, er war sich sicher, dass die CIA mich stören würde. So sicher sein, sie würden sagte er zu jemandem, von dem ich dachte er war ein Freund; sie sprach nicht wieder mit mir. Ich dachte, sie waren Mitglieder der politischen Partei in der DDR gewesen; die nicht mehr gewollt ist (Ich denke, jetzt kann es auch andere Gründe für seine Bemerkungen geben.)

Kapitel vier
Nach Schweden Malmö

Es ist nicht das erste Mal dass ich dachte, ich bin zu einem Ende gekommen, nur um zu finden, ich bin an einem neuen Anfang. Als ich zum ersten Mal auf die Insel vor etwa einem Jahr kam, wusste ich, Malmö war nicht weit weg. Der Gedanke das Klaus Barbie und andere Mitglieder der gebrochenen Nazi-Partei in Bolivien beteiligt waren, verlangsamte sich mein Bedürfnis, nach Schweden zu gehen und den Mann zu treffen. Gesagt zu bekommen, das man wenn man der Wahrheit zu nahe kommt, dann wäre ich schon vor langer Zeit erschossen worden, half mir auch nicht. Ich habe eine Menge andere Ausreden erfunden, um nicht auf der Fähre zu kommen. Als es zu dem Tag kam, bevor Uwe mich zur Fähre bringen wollte, kam ich mit der Ausrede, ich hatte mir einen Fingernagel gebrochen! Vielleicht ist das, warum er mich im am nächsten

Tag ins Auto setzte und sagte mir zu gehen, um die ganze Sache aus meinem System zu bekommen.

 Uwe hatte recht, es war Zeit um die ganze Sache aus dem Weg zu bekommen, damit ich in die Zukunft blicken konnte. Ich hatte meiner Reise in der Woche, bevor jemand die Bemerkung setzten würde: "Emotion hatte sich vorm gesunden Menschenverstand gestellt." Manchmal habe ich dieselbe Bemerkung verwendet, um mich selbst dahinter zu verstecken.

 Ich bin auf der Fähre, was ist das Schlimmste, was mir passieren kann?
Ich weiß dass er da ist, ich rief ihn in der vergangenen Woche an. Ich beschließe nicht daran zu denken, es zu genießen einfach dorthin zu gelangen.

 Ich traf zwei schöne Damen, welche eine fünftägige Reise durch Schweden genießen. Nachdem wir uns auf dem Boot verlaufen hatten, als wir versuchten ihren Bus zu finden, überredeten sie **ihren** Veranstalter mir eine Mitfahrgelegenheit nach Malmö zu geben. Ohne den Stress zu versuchen, einen Bus zu finden, um von Trelleborg zum Zentrum von Malmö zu gelangen, konnte ich die Entfaltung der Landschaft genießen und die Brücke von Dänemark nach Schweden zu bewundern. An diesem Tag war der Wind so stark, dass der Verkehr sich über die Brücke langsam bewegen musste.

 Ich wollte nicht meine Karte rausnehmen und meinen Weg zu der darauf markierten Adresse suchen, sondern ich wollte im dem Bus bleiben und die interessanten Fakten genießen, die der Veranstalter über die Stadt von Malmö zu erzählen wusste.

Bei MacDonalds gab es Mittagessen und ein Ort, um meine Haare bürsten und einen Mann, der sagte er sei ein Reporter, dieses erinnerte mich noch einmal daran, dass die Geschichte die ich zu erzählen habe, nur weil meine Emotionen mir Streiche spielen. Was habe ich zu verlieren? Niemand glaubte, was ich zu sagen habe, noch das was ich dachte, was ich herausgefunden habe. Böse Männer würden nicht kommen, um mich wegzuführen! Ich war hier, um zu versuchen einen Mann zu treffen, von dem ich dachte, er war vielleicht mein Vater oder einen Rastplatz zu finden für die Gedanken, die mich so lange bewegt haben.

Ich würde einen Ruheplatz für die Nacht benötigen, es war zufällig ein passendes Hostel in der gleichen Straße, wo seine Wohnung war. Sacrificio hatte Szenen von der Straße vor dem Block seiner Wohnung. Seltsam zu denken, der Film hatte mir Einblicke gezeigt, wie es in seiner Wohnung von innen aussieht. Ich wurde ins Innere des Gebäudes durch einen netten Türken hineingelassen; er war von dem Laden nebenan; da es nur Zahlen auf den Türklingeln gab, konnte ich nicht erraten welche seine war!

Vor der Tür mit Ciro Bustos auf dem Typenschild stehend, mein Herz klopfte, es schlug erbarmungslos, als meine Hand nach oben griff, um die Glocke zu drücken! Es gab keine Antwort, geht sie, dass war es dann! Verwenden Sie nun Plan B, kommen zurück am Morgen, fragt sie den Türken, wenn er wahrscheinlich wieder da ist. Ich nahm ein Foto der Tür, nur um es Uwe zu beweisen, Uwe und mir, das ich dort gewesen bin. Als ich gerade meine Kamera weglege wird die Tür geöffnet! Was sollte ich sagen?

    Es gelang mir, zu sagen: "Hallo Ich bin Evelyn." Es war ein Moment, den ich nicht beschreiben kann, und dann fragte er mich hinein.

 Seine braunen Augen sind mit blau /grünen Ringen; Ich will in sie sehen, als würden sie alles erzählen was ich wissen wollte, seine Augen haben mich umgeworfen; mein Geist ist in neutralen Zustand, ich versuche ihm zu sagen, warum ich hier bin. Der Versuch, jemanden der kein Englisch spricht, zu erzählen dass deine Mutter in 1955 Che in Mexiko traf, und du dich mit ihm treffen wolltest:

 A) Ich wollte jemanden treffen, der Che getroffen hatte.

B) Sie sind Che, du bist mein Vater.

    Gott sei Dank, mein Geist ist in neutralen Zustand! Die Wohnung ist wie der Film es zeigte, es ist nur mehr so. Seine Arbeit hängt von den Wänden, seine Bilder haben Gefühle, die ich verstehe. Ich bezeichne mich selbst als eine Künstlerin.

Es gibt eine Wand mit Büchern über alles Mögliche auf der einen Seite des Raumes und die gegenüberliegende Wand hat eine Arbeitsbank und ein weiteres Bücherregal zwischen dem Computer beim Fenster.

Das Bücherregal ist voll mit Büchern über Sie wissen schon wer, Che! Bücher die ich kenne, und Bücher, die ich nicht kenne, die meisten waren in Spanisch. Es gab zwei Kopien von Jon Lee Anderson, eine in Englisch, gut, einen alten Freund zu sehen. Ich bemerkte es war nicht hundertprozentig korrekt, er bemerkte, er denkt es ist, nebenbei versuchte ich ihm zu erklären das meine Geburtsmutter Che wahrscheinlich bei den PanAm Games getroffen hat.

Ich sah das Foto von dem Mädchen, von dem ich denke, es könnte ein Porträt der ersten Liebe des jungen Che sein. Ich habe nicht gefragt, wer sie war. Ich mag seine Bilder, sie sind Studien der menschlichen Form mit Gefühl und Emotion, gearbeitet in ihrer Nähe der Vertrautheit. Sie haben keine Gesichter, die sie nicht brauchen, die Ausdrücke ihrer Körper sagen Ihnen, was Sie wissen müssen. Ich hatte irgendwo gelesen, er malte Porträts von Menschen ohne Gesichter; das war eines der Dinge, die mein Interesse an ihm an erster Stelle erwachen ließ.

Nun da ich dazu komme dieses zu schreibe, erinnere ich mich, ich konnte keine Aufzeichnungen über ihn in der Universität in Argentinienfinden, wo er angeblich studiert hat. Aber dann hätten sie diese Art von Informationen für mich zu lesen nicht ins Internet gestellt.

(((Ciro Bustos Namen kam zu meinen Notizen von Jan Lee Anderson Buch eine Seite bevor Che sich selbst angeschossen hatte und die Ärzte einen allergischen Schock bei ihm auslösten, als sie ihm eine Spritze gaben.

Ich glaube nicht, dass ich eine Kopie des Films habe, den ich im Fernsehen gesehen haben, welcher sagte: Er und Debray reisten mit Tamara Bunke. Die beiden Männer waren Journalisten, sie wollten sich in der Umgebung von Bolivien diskret bewegen, aber Tamara Bunke sorgte dafür, dass sie bemerkt wurden, egal wohin sie gingen. Beim Versuch eine Kopie dieses Films zu finden, fand ich 'Sacrificio.'))) 'Sacrifico' hatte mir einen flüchtigen Einblick gegeben von der Wohnung wo ich saß und Saft nippte.

Wir waren zwei Stunden zusammen, mein Geist war noch im neutralen Zustand und ich war so müde, ich konnte nicht warten, für ein Bett mit einem Fernseher, um schlafen zu gehen. Ich war zu müde, um zu realisieren, ich sollte die Ländervorwahl für Deutschland, vor meiner Telefonnummer setzen, ich wollte Uwe sagen, ich war in Ordnung, dass es keine bösen Jungs unter dem Bett gibt. Dass der Mann, den ich zu Besuchen gekommen war seltsam farbige Augen hatte, hatte meinen Geist in die Neutralstellung gelegt. Ich möchte Uwe sagen, dass ich im Begriff war das Frühstück mit Herrn Bustos am nächsten Tag zu haben.

Ich kam zu spät, als ich wissen wollte ob ich einen Briefkasten öffnen kann. In der Nacht konnte ich nicht entscheiden, ob meine Briefe ihn erreicht haben, wenn nicht könnten die Männer unter dem Bett sie haben! Einmal ein Bond-Girl immer ein Bond-Girl!

Ich war ein Bond-Girl, als ich Omar besucht hatte, so dass, wenn Herr Bustos sagte, er habe keine Milch für unseren Kaffee, ich nicht reagierte, es gibt viele Personen die keine Milch vertragen. Omar hatte mir gesagt, dass er keine Milch trinkt, ich kann es auch nicht. Der Gedanke Omar war links und rechtshändig wie ich, kam mir neutral in den Sinn, als ich Herrn Bustos Hände sah. (Ich habe viele Fotos von Che und Bustos Händen angesehen hatte, als ich nach Verbindungen suchte.) Die Hände kamen mir so vertraut vor. Schwarz-Weiß-Fotos sind nicht der beste Weg, zu versuchen, um Vergleiche mit jemand zu machen der vierzig Jahre älter ist. Aber sie waren vertraut, lang, praktisch waren sie, die Spitze des kleinen Fingers der rechten Hand, die Spitze die nach innen biegt wie meine. Sie sind wie meine. Omars Hände waren klein, wie beim Kind, das störte mich, sie schienen nicht richtig.

Ich bin hier um diese Art des Denkens zu beenden; ich bin im Kreis seit zehn Jahren gegangen, zu versuchen Verbindungen zu finden, springend auf Schatten von Emotionen. Nein, dies muss das Ende sein.

Herr Bustos und ich sprechen über Kunst, wir fühlen uns wohl und er zeigt mir alle seine Bilder: Ich mag sie so sehr, sie sind über Kontakt und Liebe. Ich sage ihm, ich will Kontakt zu ihm halten, er ist ein Künstler, ich bin Künstler, und wir haben Bilder

in allen Ecken, wie an den Wänden gestapelt, können nicht mehr lagern, aber die Ideen kommen immer wieder.
Der Markt für Kunst ist so langsam, wir würden verhungern wenn wir von unserer Arbeit leben müssten. Er gab mir Kopien der Broschüren, die er für Ausstellungen seiner Arbeit gedruckt hatte; Ich hoffe, es gibt genug DNA auf ihnen. Ich muss dieses Bond-Girl feuern. Ich habe Jan Lee Anderson Buch in meiner Hand, ich habe sonst nichts mitgebracht, aber dieses Buch hat ein Bild von meiner Geburtsmutter, ihre beiden Freundinnen und mit Che und Hilda, aber ich weiß immer noch nicht, wo es aufgenommen wurde. Und die Kopie hat das Foto von meinem Vater wie er Che in Uruguay beim sprechen zuhört.   Herr Bustos fragt mich, wie der Name meiner Mutter war, dann bemerkte er, dass er Ricardo Rojo gesagt hatte, auch im Bild mit meinen leiblichen Mutter; nicht ein Buch über seine Freundschaft mit Che zu schreiben, dieses Buch ist bis jetzt nicht ernst genommen. Wie könnte Bustos ihm sagten nicht das Buch zu schreiben, da er, Bustos nicht in Mexiko war (so er gesagt hat) Ich wusste nicht, das Bustos Ricardo Roco kannte! Sollte Bustos nicht in Argentinien Kunst studieren zu dieser Zeit? Ich habe diese Bemerkung zu dieser Zeit nichtregistriert, aber wenn ich Uwe dieses später erzählt habe schien mir die Bemerkung seltsam. Ich wünschte, ich hätte nicht Croissants mitgebracht, wie sie ihre Krümel überall verteilen, die Wohnung war aufgeräumt und sauber,

ich wünschte mein Haus sah aus wie dieses, wenn die Leute vorbeikommen, müssen sie damit klar kommen, egal an welchen Projekt ich gerade arbeite!.

Als wir zurück zu dem Che Guevara Bücherregal gehen zeigt er auf ein Foto von Hilda, die erste Frau von Che, sie war zur gleichen Zeit schwanger gewesen wie meine Mutter. Nach der Beschreibung in Mr. Anderson Buch sollte sie ein Drachen sein, aber die kleine Frau sah süß und total charmant aus. Älter als die Fotos, die ich zuvor **von** Hilda gesehen hatte, aber definitiv Hilda.

Camilos Name kam einfach über seine Lippen, ich stolperte über sie, ich habe versucht zu erklären, Che's Fotos zu sehen, durch die Welt zu laufen, um sie zu sehen, Legastheniker zu sein kann in manchen Zeiten schmerzhaft sein, die Leute glauben sie sind ein Narr, wenn die Namen nicht im richtigen Moment in den Mund kommen Ich möchte, dass Sie mir glauben, ich will mir glauben, ich wollte von den Fotos, von den PamAm Games den Beweis, dass meine Geburtsmutter und Che sich getroffen haben. Das Bedürfnis zu glauben, um es zu glauben, hatte eine Wand aus Frustration aufgebaut, welche nicht mehr da war!

Es war ein Mann der mir gegenüber saß, und ich fühlte Frieden! Er fragte mich über meine Geburtsmutter und welchen Beruf mein Adoptivvater hatte. Meine Adoptivvater war ein Berater in der Investment-Welt, er erklärte warum er durch die Welt gereist war, aber den Kinder von drei

Jahren wird nicht viel über das frühere Leben der Eltern erzählt, dann als ich alt genug war um zu fragen starb er; er starb im selben Jahr wie Che. Seltsam, ein Elternteil und einen Vater sterben im gleichen Jahr! Seltsam zu denken, dass sie sich trafen, nicht wissend, dass sie durch ein kleines Mädchen verbunden waren!

Wir verließen die Wohnung mit ihren Bücherregalen und Gemälden und großen Blattpflanzen im Fenster. Es war dann als ich meine Kamera nahm und ihn gebeten habe, ob ich sein Foto aufnehmen darf. Er winkte mit der Hand beim Gebäude neben seiner Wohnung, es wurde gerade renoviert, und war mit Netzen abgehängt.

Ich hatte nicht vor, mich durch Sicherheitsnetze aufhalten zu lassen! Als ein junger Mann auf einem Skateboard sich den Berg hinauf schob und nahe genug war, fragte ich ihn, ob er bereit wäre unser Foto aufzunehmen. Eines war nicht genug, so machte er ein zweites; das gab seinem Skateboard die Chance, den Hügel ohne ihn nach unten zu rollen.

Wir gingen in Richtung der Stadt, wie ich gekommen war, es schien die Sonne, da der Travel Agent gesagt hatte, in Schwedens südlichen Ländern ist gern Nebel, also muss die Sonne für mich scheinen.

Wir überquerten die Hauptstraße, dann durch den kleinen Marktplatz, denn ich am Tag zuvor gesehen hatte, bevor sie in den älteren Teil der Stadt gelangten, und dann in einen langen grünen Park, der entlang der gesamte Länge der Altstadt lief. Er stoppte und ich wusste, dass wir im Begriff waren uns voneinander zu verabschieden. Ich sagte, ich würde Che Guevara hinter mich lassen und in die Zukunft schauen, ich hoffe die Zukunft war mit ihm. Ich weiß nicht, ob er meine Worte versteht, ich weiß nicht, ob er, wir verstanden alles, ich fühlte gerade, wir verstehen. Wir lehnten uns aufeinander zu, die Umarmung war natürlich und leicht, er küsste mich auf die Wange. Als er sich wegzog sah ich die Tränen sein Gesicht herunterlaufen, bevor seine Sonnenbrille seine Augen vor mir verbarg. Er ging weg wie ich; mein Weg war unter den Bäumen, sein Weg war der Weg zurück, den wir gekommen waren. Ich sah noch einmal hin; er drehte sich nicht um, als ich es tat.

Nach dem wiederfinden des MacDonalds, welcher mein Startpunkt war, ging ich den Bus zu finden, der mich nach Trellebörg und zur Fähre bringt. Wenn ich gewusst hätte, der Bus würde den kleinen Markt passieren und ein kleines Stück vor der Kreuzung stoppen, wir hätten rübergehen können! Wie ich jetzt weiß, man steigt nur aus dem Bus und geht zu Fuß in die Fußgängerzone mit einem Telefon-Shop, mit einem netten Mädchen, um dich daran zu erinnern, den Ländercode zu verwenden, wenn Sie nach Hause anrufen wollen! Gehe nun geradeaus in die Gebäude der Fährgesellschaft. Wenn die Fähre dort gewesen wäre, hätte ich nur auf sie gehen müssen.

 Wie es nun so war, hatte ich nun ein paar Stunden Zeit, um rund um die Geschäfte zu Fuß zu gehen. Auch wenn mein Geist immer noch im neutralen Zustand ist, fand ich mich vor den Che-Plakaten und Bechern und einer Uhr stehen. Ich habe kein Che T-Shirt! (Ich habe andere Dinge!) Gott sei Dank, mein Geist ist neutral.

 Es war, als ich Uwe erzählte über meine Zeit mit Herrn Bustos, dass mein Verstand wieder kam, nicht neutral. Woher kannte er Ricardo Rojo? (Ein enger Freund von Che in Mexiko.)

Warum war Hilda Foto ein Schatz? Warum hat er so viele Fragen über meine Geburtsmutter gestellt, warum fragen, wie ihr Name wäre? Uwe erinnert michdaran, dass ich so sicher war, das Omar mein Halbbruder ist. Warum- als ich ging, Omar zu sehen, wollte ich einen Halbbruder. Als ich ging,

Herrn Bustos zusehen wollte ich ein Ende.
Eine Entscheidung zu treffen, was man gesehen und gefühlt hat, ist ein langer Prozess. Ich war nicht sicher Ciro war Che. Mit Omar musste ich für den DNA-Test warten, als er kam gab er mir nur ein halbes Ergebnis. Der Tester wollte mehr Informationen, die DNA hatte fehlende Verbindungen, er wollte die DNA von meiner leiblichen Mutter und Omars Mutter haben. Die Tests könnten eine engere Übereinstimmung nicht bekommen. Ich glaube, ich weiß jetzt warum! Ciro reagierte nicht, als ich erwähnte das Omar Che's Sohn war. Was ist wenn Omar eine Fälschung ist und nicht ich!? Omar wollte mir nicht eine DNA-Probe geben; er wollte nicht, dass ich die Familie March sehe. Omar hat gesagt, er dachte, sie würden mich rauswerfen aus Kuba-Ich wollte nicht riskieren, von überall rausgeworfen zu werden, aber ich fand heraus, wo meine beiden Halbschwestern arbeiten. Und ich habe vor ihrem Haus gegenüber dem Che Guevara-Center gestanden. Und ich sah Camilo auf der Buchmesse, auch wenn er nicht wusste, was ich wollte. Wenn ein Freund mich fragte, wie meine Reise war. ich wusste nicht, wie sie zu antworten, alles was ich dazu sagen konnte, war, warum hat er geweint, als wir uns trennten? Es war gut, einen Freund zu haben, der einen Arm um einen legt in diesem Moment.

Mundane Platz.

Warum müssen Sternstunden im weltlichen Orten sein?
Ich musste die zur Toilette gehen, während Uwe Gas in den Gastank füllte, das WC war mit Licht, ohne seine Hilfe hätte ich nicht in die eigenen Augen schauen können. Es fühlte sich an, als ob ich in sie zum ersten Mal in meinem Leben ansehe. Sie sind braun mit einem blauen/grünen Rand. Lustig dachte ich, aber ich habe immer an sie als Schlamm gefärbt gedacht. Die Färbung ist nicht so auffällig wie sie bei Ciro ist, aber es ist immer noch da! Was nun? Ich brauche nicht einen DNA-Test und selbst wenn ich einen hätte, niemand würde es glauben. Niemand will es glauben.
Wie kann die Welt glauben, dass die ganze Che Guevara Geschichte umgeschrieben werden sollte!? In diesem Moment weiß ich nicht, was ich will-ich will in Kontakt mit Ciro bleiben, ich werde auch Spanisch lernen, wenn er mit mir kommunizieren will, nur ein weiterer Berg für einen Dyslektiker! Er hat gesagt, er würde kommen und bei mir bleiben, aber er hat noch nicht mein Angebot angenommen, mir per E-Mail zu schreiben, per Telefon ist das so schwer, ich kann viel mehr verstehen, wenn Hände und Ausdruck da sind, um mir zu helfen.

Augen

Ich habe viele Stunden im Internet verbracht, Blick auf Videos, Bild für Bild, um Beweise zu finden, nicht nur für mich zu präsentieren, um die Augen zu bestätigen. Ich fand Bilder von einem jungen Che mit diesen Augen, ich fand ein Bild von ihm mit seiner Mutter; sie hat auch die gleichen Augen wie er (wie ich), ich habe diese Referenz nicht zu deutlich markiert. Es gibt Beweise dafür, dass die gleichen Augen auf dem Totenbett zu sehen sind mit der Todesparty!

    Witziger Mann. TV = Augen der Großmutter und einem jungen Che.

Cheguevaravideos.blogspot.com
      Guevara, Teil 3
            Teil 4
               Teil 5- Als Castro Che's Abschiedsbrief liest.
 Teil 6- Zu Beginn des Films.
= Im Moment, wo Haarlocken vom Kopf geschnitten werden, sind die Augen zu erkennen. (Schlusspunkt ist es Che's eigener Körper den sie in dieser Einspielung benutzten. Ich habe zu bemerken, der Körper war nicht dünn genug für jemanden, der so lange gehungert hatte!)
 Die Filme werden in vielen Sprachen wiederholt, und wurden auf dem Blog Anfang des Jahres gesetzt (2010). Ich benutze diesen seit dem 28/6/2010.

    Die Augen sind in diesem Foto von Alberto Korda zu sehen. Eine klare Lichtkopie zeigt es.

    Während ich gewartet habe um zu sehen, ob Ciro mit mir per E-Mail sprechen wird, habe ich drei

spanische Lektionen gehabt, und es gelang jemanden zu bekommen einen Brief in argentinischem Spanisch zu schreiben! Dann war ich besorgt, er würde von meiner einfachen Geste erschrecken! Ich habe versucht meine eigenen Nachrichten auf Spanisch zu schreiben, nachdem meine erste Lektion in Spanisch mir klar war, es ist nicht so
einfach, Gott weiß, was ich gesagt habe! Die Wochen von diesem heißen Sommer sind schwierig, weil es keine E-Mails ankommen; warten zu müssen ist nicht einfach für mich! Ich bin immer unruhiger, es gehen die Wochen vorbei.

   Ok, ich werde wieder nach Schweden zu gehen.

   Ich weiß, dass wir nicht leicht miteinander sprechen können, meine Lösung war sich hinzusetzen und ich frage mich selbst, was will ich Ciro fragen? Nicht einfach! Erstens, ich bekomme nicht eine Rückmeldung von ihm und zum anderen, wo soll ich anfangen?

   Meine ersten Fragen waren etwa Depressionen, hat er an Depressionen zu leiden? Ich weiß nicht warum es die erste Frage war, die ich aufgeschrieben hatte. Es war eine der Fragen auf blauen Karten, die ich ihm zeigte, die er offen beantworte.

 Andere Fragen bezogen sich auf ein Wiedersehen mit Menschen aus der Vergangenheit, Leute wie meine Halbbrüder und -schwestern. Konnte er nach Kuba gehen als Bustos? Kann er überall reisen wie er will, weltweit oder in Europa?

Da ist etwas anderes in meinem Kopf. Wer weiß, das er ist immer noch am Leben ist? Die Marsh Familie in Kuba? Offensichtlich Regis Debray, er wurde in Bolivien mit Ciro Bustos inhaftiert.
(Ciro hat gesagt, er könne nicht nach Kuba oder Argentinien gehen.)
Das ist seltsam, er schickte mir eine E-Mail um Weihnachten sagen, es war 32 °C am 12.2010 in *Binares.*

Die blaue Karten

Mit sechsunddreißig blaue Karten mit Fragen in englischer Sprache auf der einen Seite und die gleichen Fragen auf Spanisch auf der anderen Seite wiederholt, und mit einen kleinen Reiseführer auf Spanisch bewaffnet, betrat ich die Fähre nach Schweden wieder. Ich komme nach Malmö um zu finden, das die meisten Menschen in der Wärme an den Strand gegangen sind. Es ist ein heißer Sommer; die Züge in Deutschland haben überhitzte Abteile, wo die Eisenbahnschienen sich in Schweden verbiegen! Konnte die Hitze erklären, warum ich Ciro nicht finden kann? Oder hat er nicht gewünscht mich zu sehen? Ich hatte ihm eine E-Mail geschickt - möchte er Kaffee mit mir morgen zwischen zwei und drei trinken? Ich muss zugeben, ich hätte eine solche E-Mail früher senden können, und ich muss zugeben, ich will nicht zurückgewiesen werden. Angst spielt auch eine Rolle Spanisch zu verwenden, so wie ich es wünsche.

Die Bond-Girl ist zurück, der nette Mann der in der Pizza Cafe arbeitet, sagt mir, er kennt den Mann auf dem Foto, das ich ihm zu zeige, Ciros Name provoziert keine Reaktion mit den Personen die ich fragte, ob sie ihn kannten . Der Pizzamann erzählte mir, dass Ciro nur fünf Freunde hat, aber als er mir sagte, dass er ein Auto hat, war mein Interesse geweckt. Ich fand es im Parkplatz gegenüber der Ampelanlage, ich wusste es war sein Auto, obwohl die Farbe nicht so war, wie der Pizzamann gesagt hatte. Auf dem Rücksitz war Ciros Sonnenbrille, dieselbe welche er trug als er mit mir zum Bus ging, als ich das erste Mal hier war. Es war ein frustrierender Nachmittag, als ich das erste Mal in das Gebäude ging, öffnete sich die Tür von Ciros nicht. Das Bondgirl versucht zu entscheiden, ob jemand in der Wohnung ist oder nicht. Die nette Lady im Thailand Massage-Shop in der nächsten Tür versuchte Ciro's Telefonnummer für mich anzurufen, aber da war keine Reaktion. Wenn ich nicht zum WC gegangen wäre, hätte ich ihn nicht verpasst! Sein Auto war vom Parkplatz verschwunden!
Ich ziehe mich in der Stadt zum schmollen zurück, aber ich bin zu schlecht gelaunt die schwedischen Geschäfte zu genießen. Aber ich habe Zeit zum Nachdenken; ich möchte ein Zimmer für die Nacht buchen. Bond-Girls geben Sie nicht auf, auch wenn sie heiß oder müde sind. Und es war schön meine Tasche auf das Bett zu werfen. Ich will nach Hause, es ist heiß, mein Fohlen hat sich verletzt, ich

vermisse meine Hunde und wenn Uwe bei mir wäre würde ich mich viel besser fühlen. Ich beginne die umliegenden Straßen zu kennen; ich bin überrascht, wie einfach es ist in jedes Gebäude zu kommen, in das ich möchte. Ich will sehen, ob ich in Ciros Gebäude hineinsehen kann. Sind die Blenden zurückgesetzt? Von der Vorderseite des Gebäudes kann ich sehen, dass die Balkontür offen ist!
 Der türkische Mann aus dem Laden nebenan lässt mich in das Gebäude. Ich klingel außerhalb seiner Wohnung zum x-ten Mal die Türklingel, aber dieses Mal kann ich Stimmen hinter der Tür hören. Eine Hand kam heraus! Nicht Ciros! Muss ich mein Herz in meinem Mund haben? Ciro ist überrascht, mich zu sehen! Ich bin froh, ihn zu sehen! Mir wurde gesagt, hineinzugehen, er ist ein wenig nervös, ich bin es auch. Er ging die Treppe hinunter mit den drei Männern, mit denen er gesprochen hatte. Bond-Girl ging direkt ins Bad; die kleine Bürste zum Reinigen der Zwischenräume von Ciros Zähne war in einem vorbereiteten Kunststoffgefrierbeutel, er war sicher in der Tasche! Ich war zu verängstigt um eine Kopie des Fotos von Hilda Gadea, Che's erste Frau oder dem Foto, das wie seine erste Liebe aussieht, Maria del Carmen zu nehmen. Meine Entschuldigung war, wenn ich Recht habe, dann war die DNA die ich in der Tasche hatte, der ganze Beweis den ich brauche. Ja doch, meine Reise war nicht verschwendet, selbst wenn er nicht mit mir reden wollte! Ich kann nicht sagen, welche Sprache sie gesprochen hatten als sie die Tür geöffnet haben,

der junge Mann sprach Englisch! (Ich weiß, das ist nicht die Zeit, um eine interne Entscheidung zu haben, können wir den jungen Übersetzer vertrauen mit den Themen abdeckt auf meinen blauen Karten, die ich zurück in den Raum gebracht habe? Ciro sagte, dass er mir eine E-Mail geschickt hatte, um zu sagen, er habe keine Zeit um mich heute zu treffen. Als ich um 06.00 aufgebrochen war, habe ich seine E-Mail, die auf meinem E-Mail-Konto bei elf Uhr eintraf, nicht gesehen. Es hat mich dann nicht getroffen, Ciro hat meine E-Mails gesehen, es waren meine Briefe auf den Tisch. So gut zu wissen! Ich ging zurück in mein Hotelzimmer, viel glücklicher als vorher, wir haben vereinbart uns am nächsten Tag um zwölf zu treffen, vorher anrufen um zu bestätigen, dass er zu Hause ist. Malmö war am nächsten Tag ganz ruhig, denn jeder der konnte, hatte die heißen Straßen verlassen und war zum Strand gegangen. Ich hatte Zeit genug um zu überprüfen, wann mein Bus fahren würde, um mich zur Fähre zu bringen. Es ist zwölf, ich bin in der türkischen Pizza Bar; der nette Mann hat angerufen, um Ciro zu fragen, ob er Lust auf ein Mittagessen mit mir hat. Während ich auf ihn wartete, die Ironie der zwei Fotos von Che schlug mich. Eins ist eine Kopie von "The Foto", das andere ist der Che über etwas lachend. Vielleicht war es in der Bar zu heiß oder Ciro wollte sich nicht unter einem Foto von John Lennon setzen, das auch dort hing! Alle von Ciro favorisierten Orte haben ihre Rollläden auf, und sind an den Strand gegangen! Wir mussten zurück in die Stadt stapfen, um etwas zu essen zu finden. Wir saßen an einem kleinen Tisch draußen auf dem Bürgersteig, die Vorteile des kühleren Schatten zu nutzen Meine blaue Karten produzieren nicht den Erfolg den ich mir gewünscht hatte, sie hatten nicht die Fragen, Reaktionen die ich jetzt brauchte! Meine Fragen reichten von was Sie gerne essen, wer gehört zu den Menschen, die sie gerne wieder treffen würden, sind es meine Halbbrüder und Schwestern in Kuba? Die Antwort auf meine erste Frage beantwortete er. Depression war etwas mit dem er zu tun hatte. Ich weiß nicht warum es meine erste Frage war.

Als ich ihn fragte, ob er sich an meine Mutter erinnerte, sagte er, Bustos war nicht da zu der Zeit, so wie konnte er, aber er erwähnte, er war zweiundachtzig. Che wurde 1928 geboren; Ciro Bustos soll vier Jahre jünger sein. (Es ist Juli zweitausendzehn, jetzt.) Er hat gesagt, er könne nicht nach Kuba gehen. Auf der Karte fünf sagte ich ihm, ich hätte ihn seit etwa zehn Jahren studiert. Die Menge der Zeit, die ich auf diese Idee verbrachte hat sogar mich überrascht! Ich habe nicht eine klare Antwort auf die Frage bekommen, warum hatte er als Bustos zwei Filme gemacht? Der erste Film in dem ich ihn sah, zeigte ihm als Künstler, es war die bloße Erwähnung eines Künstlers die meine Aufmerksamkeit erregte. Es war, warum ich beschlossen hatte ihn zu kontaktieren und nicht jemand anderes, den ich wollte zu einem Künstler sprechen und er hat meinen Vater gekannt. Ja, wenn er sie nicht gemacht hätte würde ich jetzt nicht hier sitzen! Es wird immer schwieriger, da das Essen auf dem kleinen Tisch den Platz braucht. Der italienische Pizza Mann spricht Italienisch, Ciro spricht auf Spanisch; mein Gehirn ist zwischen Deutsch und Englisch! So als Ciro nach meinem blauen Karten fragte, gebe ich sie ihm nur mit einer Entschuldigung und sie könnten nicht diplomatisch sein. Er war nicht von meinem Nummerierungssystem beeindruckt, ich auch nicht, ich hatte es verloren! Ich hatte sogar vergessen, die Übersetzung in englischer Sprache auf der Rückseite von einigen von ihnen zu schreiben, so dass ich nicht wusste was ich frage!

 Hatte Ciro nicht auf meiner letzten Reise gesagt, dass er kein Französisch spricht? Er hat gerade gesagt, er hat ein wenig Französisch! Ciro lachte über meine "wer, was, warum etc. Karten" natürlich hatten sie nicht eines der Wörter die ich jetzt gebraucht hätte! Ciro sagte nur ja zu Frage vierunddreißig, dass er gut befreundet sein will.

 Fragen nach, wer weiß, wer du jetzt bist; ist keine Antwort zu bekommen. Jede Frage die in diese Richtung führen könnte, würde eine Antwort nicht erhalten.

 Wann war es in den blauen Karten von Fragen oder mein Nudelgericht, das Ciro mich fragte, was ich wollte? Ich weiß nicht was diejenigen gedacht haben, die an unseren Tisch auf dem Bürgersteig vorbeigingen, als ich Ciro fragte mir in die Augen zu schauen. Ich lehnte mich über meine Pasta, starrte

genau in die Augen, als er mir in die Augen sah; es muss lustig ausgesehen haben!
Ich erinnere mich, wir haben ähnliche Augen. Dann legte ich meine Hand neben seine, um zu zeigen, der kleinen Finger unserer rechten Hand ist identisch. Ich weiß es nicht warum ich das gerade tat, ich tat es. Ich hatte gerade einen Mund voll von heißen Nudeln, als er sagte "Nein!"
Ciro warf meine Karten nicht auf mich. Jetzt weiß er, was ich denke. Er sagte etwas zu mir, aber es muss Pasta in meinen Ohren gewesen sein, ich fühlte mich so ruhig. Ich weiß nicht wann die DNA getestet wird, dann werden alle Fragen beantwortet. Ich hätte es gesagt, wenn ich nur genug spanisch könnte, um es zu sagen.
Karte sechsunddreißig sagt. "Um ganz offen mit Ihnen zu sprechen, und für Sie offen mit mir reden, ist sehr wichtig. Ich musste das Wort wichtig wieder verwenden, nur um impotent aus dem Wörterbuch zu bekommen. Gut, dass Ciro mein Missgeschick lustig fand.
Ich wollte sagen, ich mailte ihn mit der Nummer sechsunddreißig, es bedeutete, weil ich so aufgeregt war nichts von ihm zu hören, ich war nur hier vor Ort, weil er mich nicht kontaktiert hatte. Ich hatte nicht gewusst, ob er meine Post bekommen hatte. Ciro hatte gesagt, er wird zweiundachtzig, Ciro soll vier Jahre jünger sein als Che, der 1928 geboren wurde, jetzt ist das Jahr 2010. Ich habe seine DNA, warum bin ich nervös, wenn ich Dinge höre wie dieses?

Ich denke, dass Ciro versucht sich manchmal selbst zu decken, wie jene Aussagen die er macht, die nicht immer übereinstimmen. Könnte unsere Kommunikation das Problem sein, würde er dieses als Grund nennen, warum er nicht geantwortet hat. Was für eine Sache zu sagen! Wenn du mit mir sprechen willst, will ich Spanisch lernen, aber ich bin Dyslectiker, es wird einige Zeit dauern. Klang gut als ich es sagte.

Lee Anderson verbrachte 3 Jahre mit der Marchfamilie, als er die Biographie schrieb. Seine Kinder hatten dasselbe Kindermädchen wie Che's Kinder. Während ich bei Ciro in Schweden zum zweiten Mal war, ist Fidel Castro in den Nachrichten zu sehen, die meisten dachten er wäre tot! (Meine Halbschwester Celia ist dabei zu sehen, wie sie dem alten Mann die Delphine zeigt. Sie arbeitet als Meerestierärztin in Havanna, wenige Tage später auf Sky TV zu sehen) Ciros Reaktion auf das war nicht einmal ein Achselzucken. Ciro arbeitete als Reinigungskraft in einem Krankenhaus, einer der beiden Männer, die 'Sacrifico' gedreht haben, hat mir das gesagt. Ciro sollte den Unterschied zwischen einer Gallenoperationsnarbe und einen Wurmfortsatz kennen. »Ich glaube, die meisten Menschen können das.
Da war es auf der Rückseite der Karte fünfunddreißig, Ciro schrieb 1961, das war das Datum als er zum ersten Mal in Kuba war. Aber in Jan Lee Andersons Buch heißt es 1957. Warum hat

Ciro in Spanisch, 'die Schweinebucht-Invasion unter
diesem Datum geschrieben? Die andere Seite der
blauen Karte fragt, wer seine wahre Identität kennt.
Karte neunzehn sagte ihm, als ich ihn gesucht habe,
ich einer Wand aus Unglauben begegnet war.
Niemand glaubte das was ich über Ciro Bustos oder
anderes meiner Geschichte sagte!
**Ich hoffe mit der DNA alle Spekulationen zu
beenden.**
Kapitel fünf

Die drei Weisen.
 Ich hätte nie gedacht, dass die drei Männer die ich
in Ciro Wohnung sah, für mich wichtig wären.
 Humberto Vazquez Viana, ich war froh ihn zu
erkennen, ein Wikipedia-Artikel teilte mir mit, das
er eine Dame aus Ost-Deutschland geheiratet hatte,
gut dachte ich! Ich hatte gehofft, jemand zu finden
dem Ciro vertraut um unserer Übersetzer zu sein;
Hand und Fuß war nicht genug für die Dinge die ich
diskutieren wollte. Als ich die Idee vorschlug, Ciro
mailte zurück, ich sei verrückt! Humberto Vazquez
Viana wurde in Bolivien getötet - aber ich fand ihn
ein Buch über Che zu verkaufen!
Humberto Vazquez Viana promotete sein Buch in
Italien; es gibt Fotos von ihm, von ihm auf der
Buchvorstellung. Ich fand seine Todesurkunde in
einem anderen Wikipedia-Artikel, die bestätigt, was
Ciro gesagt hatte, wenn ich nicht diese
Buchpromotion gesehen hätte.
 Ich schickte Kopien des Fotos und die Adresse von
Humberto Vazquez Viana, die ich aus dem

schwedischen Telefonbuch bekommen hatte.

Rondon Aristides Velasquez, er war der Mann, der mit Hand auf dem Rücken gestanden hatte; er hat sich aufrecht gehalten, so als ob er über seine Brille schaut. Seine Aufgabe ist die Leitung des Che Guevara Instituts in Santa Clara, Kuba. Es gibt Fotos von ihm und Ciro dort, als Ciro seinen achtzigsten Geburtstag feierte. Eine interessante Bemerkung, er war einer von Castros Lehrern in 1961! Ich fand das in seinem Blog.

Christoph Röckerath war der junge Mann, der Englisch sprach, ohne jede Spur von einem Akzent! Er ist ein USA-Korrespondent! Zuerst sah ich ihn '**Insel au seiner anderen Zeit**', einen Film über Kubas Tradition. Wenn sie die gleiche Musik für 'Sacrificio' und ein Internet-Interview von Jean-Luc Godard / Monteagudo nicht verwendet hätten, hätte ich den vollen Kreis nicht gemacht haben können. Sie alle sagten, sie hätten alle mit Ciro in dem örtlichen Krankenhaus als lustig ausschauende Pfleger gearbeitet, wenn ich nun an sie und darüber nachdenke!

(((Wenn der Pizza Mann sagt Ciro hatte fünf Freunde, dann könnte der andere Jon Lee Anderson sein. Ich habe später erfahren, dass er in der Wohnung über Ciro für ein Jahr gelebt hat.)))

(((Die andere könnte Aleida March sein! Ich sah, sie war in Göteborg, 2 Stunden auf der Straße von hier gewesen.)))

Die DNA erneut.

Monate sind vergangen, seit die DNA Testergebnisse vor mir gelegen hatten. Ich bin durch einer konfusen Art von Trauer, Schmerz und nochmals Trauer gegangen. Mein erstes Problem war einen Vaterschaftstest in Deutschland durchzuführen, ich musste "seine" schriftliche Erlaubnis haben: zu wissen, wie einige denken, müsste ein Anwalt seinen Stempel auf die Feststellung drücken, das er der ist, der er vorgibt zu sein! Da ich seine DNA gestohlen habe, würde es nicht einfach sein um seine Erlaubnis zu fragen. Der nette Mann der mir geholfen hatte, als ich Probleme hatte mit der Möglichkeit einen Test für mich und Omar durchzuführen, hat mir eine Lösung angeboten. Die Lösung war, dass das Ergebnis aus Österreich verschickt wurde! Was er tat, aber ich musste ihn etwas ärgern, es mir schriftlich zu geben. Der nette Mann hatte gesagt, es war negativ mit Verbindungen, die beweisen dass wir aus den gleichen vorliegenden fünfzig% Übereinstimmung kommen, das könnte etwas oder nichts bedeuten! Ich brauchte die DNA meiner Geburtsmutter und von seiner Mutter. Er hatte etwas Ähnliches zu Omar gesagt. Ich wollte ein ja oder nein! Ein ja oder nein ohne Möglichkeiten von vielleicht. Also ok, der Test war negativ!

Ich habe denen die Interesse um mich herum haben erzählt, dass ich an der an der Stelle feststecke, wo ich die Erlaubnis für einen DNA-Test benötige. Ich brauche Zeit, Zeit zu trauern.

Das war wo es geblieben wäre, hätte Uwe nicht das Buch von der TV-Serie geschrieben von Stieg Larsson gekauft.
Uwe hatte seinen Kopf im ersten Buch und sagte, es war komplizierter als die Dreharbeiten des Programms es zeigten, die SS hat lebende Mitglieder in Schweden seit dem Krieg.
SS Mitglieder waren nach Bolivien gezogen. In der Tat hatten sie sich als nützlich erwiesen im Aufbau der Industrie des Landes.
    Klaus Barbie war Monica Ertls Patenonkel- sie hat angeblich den Mann erschossen, der Che's Hinrichtung angeordnet hatte, als sie in Hamburg war.

Wikileaks.

Der Film der mir einen Mann zeigte, der so wie Ciro aussah, der in einem Jeep einstieg; sagte aus, es wäre Felix Ramos und er arbeitet für die Amerikaner als Guerilla-Experte, wiedergegeben aus der Erinnerung.
Wikileaks frustrierte mich mehr; ich konnte nur Dateien finden, die ich nicht mit meinem Computer öffnen konnte. Oder ich musste durch russische Listen von Dateien gehen -es ist wie die Suche nach der berühmten Nadel im Heuhaufen zu suchen.
    Ich habe festgestellt, das seit dem Wikileaks-Skandal mehr und mehr Informationen im Internet erscheinen, ich werde einige der interessanten Kommentare hinzufügen. Die blauen Augen des Körpers auf dem Leichenschautisch, die in einem anderen Dokument auftauchen, das aus dem Weißen

Haus gekommen ist, können nun offen in vielen Berichten gefunden werden. Einige sagen dass Felix Rodriguez dort war, wo andere sagen, wenn Che erschossen wurde war er es nicht. Ich weiß, ich war an diesem Punkt des Denkens bevor gewesen, die Aussagen stimmen nicht überein.

    Aber wie können sie?

 Die Leute die dieses Spiel zu spielen wissen, sind Mitglieder der SS oder der CIA. Führer der Regierungen Boliviens, amerikanisch, kubanisch, und wer weiß, wer sonst!

 Und ich erwarte Antworten zu solchen Gegner so zu finden!

Nun mehr Fragen über den DNA-Test beginnen mir durch den Kopf zu gehen.

 Warum hat es so lange durch das erste Unternehmen gedauert mir zu sagen, sie konnten so einen Test nicht durchführen, für welchen sie werben?

 Kann ich der Antwort vertrauen, die ich von dem netten Mann am Telefon bekommen habe?

 Würde mich meine Unschuldigkeit und Unerfahrenheit über das was mir gesagt wurde, mich aufhören lassen die Chance zu nutzen, eine Beziehung mit einem Mann, der mein Vater sein könnte, zu haben? Wenn die Zeit nicht auf meiner Seite ist? Meine Schlussfolgerung ist, ich kann dem nicht vertrauen, was mir gesagt wurde.

Meinem Bauchgefühl zu vertrauen, ist vielleicht ein besserer Weg vorwärts.

 All dies geht nun schon seit zehn Jahren in meinem

Leben.
Ich hatte ein gutes Bauchgefühl über Aleida meine Halbschwester, als ich sie vor Jahren im Fernsehen sah. Und ich muss ein gutes Bauchgefühl gehabt haben, sonst hätte ich mich nicht über den kleinen Bistrotisch an einem heißen Sommertag gebeugt um Ciro in meine Augen schauen zu lassen!
So gibt es eine Sache, ich wollte das Omar mein Halbbruder ist, und jetzt das Gefühl, er kann es nicht sein, als Ciro seinen Namen nicht kannte.
So wie ich wollte, sollte es sein und enden mit Ciro, aber doch nur um einen neuen Anfang zu finden.

    Ciro beantwortet meine kurzen E-Mails.
              Das Bond-Girl wieder.
   "Der Gedanke nach Kuba mit einer neuen Mission für das Bond-Girl zurückzukehren, war mir in den Sinn gekommen. Die Mission wäre, die DNA meines Onkels sowie aller Halbbruder und Schwestern zu erhalten!
(Ich warf Omars DNA weg. Das war bevor ich verstand, dass ich nicht mehr dem geschriebenen Wort vertrauen kann.)
 Klingt wie Mission Impossible!!! Genau, ich habe ein paar lustige Dinge getan im Namen des "Bauchgefühls." Aber, das aber für diese Idee ist, wo kann ich hingehen um die DNA zu interpretieren? Ich weiß nicht genug darüber, um hinter niemandem zu stehen und zu sehen, dass sie eine genaue Prüfung machen! Ich habe darüber gescherzt, darüber ein James Bond Girl zu sein! Das war lange bevor ich überhaupt auf die Idee kam, es gab andere,

die dieses Spiel zu spielen wissen. Ich bin nur eine kleine Ameise in diesem Spiel, ich hoffe dass sie nicht auf mich treten.

Internet Notizen

Hier werde ich meine neuen Internet-Notizen hinzufügen. Von dem Moment an als Wikileaks mich neugierig gemacht hatte, habe ich mich gefragt ob ich die Dateien die sie öffneten, interessant finden würde; aber ich war nicht in der Lage, sie zu öffnen. Warum also war ich überrascht, dass es viel mehr Informationen im Internet zur Verfügung gab? Ich werde alles notieren was ich interessant finde.
Gefunden 15.2.2011
Rekrutierte Nazis = www.angelfire.com. "Torres stellte sich als Populist heraus- er verbannte den Flüchtigen Che Guevara und Geschäfte wie Golf Oil." Die Sache, die Bemerkung die mich packte wurde 1969 datiert.
Jim Garrisons 1967 Play Boy-Interview (Teil 1) www.maebrussell.com/.../Garrison. Oktober 1967
Diese Seite erklärt Che Guevara war in Dallas zum Zeitpunkt als JF Kennedy erschossen wurde. Das Che interessiert war mit der Organisation von Gesprächen mit dem Präsidenten. Er war in Kontakt mit Minister Howard.

Nicht unmöglich das er interessante Gespräche mit der CIA hatte.

Chehasta.navod.ru/bol_4.hfm.
Die andere Seite der Barrikade.
Fakt (a)

An der Basis in der Nähe von Santa Cruz wurden diese Fähigkeiten durch den CIA-Agenten Captain Felix Ramos und Edurdo Gonzolez unterrichtet. (Kubaner) mit einem Hauptmann Margraito. (Puerto-Ricaner)

Fakt (b)
   Felix Ramos und Edurado Gonzoler arbeiteten für die Amerikaner!

Fakt (c)
   Felix Ramos und Edurado Gonzoler waren beide zum Zeitpunkt der Gefangennahme und Tod Ches im Jahr 1967 vor Ort.
              Moment !!!!!
Felix Ramos war der Name des Mannes, ich fühle ist Bustos!!!!!
Felix Ramos ist der Name der zu einem Mann gesagt wurde, der in einem amerikanischen Jeep einsteigt. Die Stimme sagt Felix Ramos ist ein Guerilla Experte der für die Amerikaner arbeitet...
   Dieser kurze Szene war zu sehen, nachdem jene, welche ihre Abenteuer in Bolivien überlebt haben Interviews im Film gegeben haben ...
        "Wege der Revolution."
   Regie: Manuel Perez. Geboren in Havanna im Jahr 1939. Er begann im Jahr 1959 auf Dokumentationen und Spielfilmen zu arbeiten.
            Gerade ein Bauchgefühl !?
Che Guevara war Ciro Bustos und Ciro Bustos nahm den Namen Felix Ramos an.

(((Denken Sie daran: Che liebte es als junger Mann, sich zu verkleiden)).)

Mein Humor findet den Gedanken wunderbar!
   Sie planen Ihren eigenen Untergang, ihre letzten Worte zu planen, für die Geschichtsbücher.
Vielleicht ist es erschreckend, wie Willig.

Gefunden am 16.2.2011.
In der Internet-Seite der Tod von Che.
Wwwgwu.edu/~nsarchiv/nsaebb/nsaebb5/-
National Security Ardine Briefing Buch no5.
heißt es, dass Felix Rodriguez den Codenamen Felix Ramos verwendet.
Felix Rodriguez wurde am 1975.03.06 dazu befragt.

Zwei Männer mit dem gleichen Code-Namen?
Eine weitere Bemerkung zum Tod von Che, vom 26. September 1967 Felix Rodriguez ist überzeugt, dass er Che's nächsten Zug kennt.
Eine weitere Anmerkung! Ramon wurde als Ches Spitzname, Ramon und Willy angegeben.

(dept der Defense Intelligence Informationsbericht.)
(RoJo 218)
Viele Namen: eine Person.
www.amigospais-guaracbuga, org.oagmf026.pfp.
Dieses Programm erzählt von den vielen Namen die Felix Rodriguez verwendet.
Es gibt sechs Namen und einer von ihnen ist Felix

Ramon Medina. Es gibt nicht viel Unterschiede zwischen Ramos, Ramon.
Aber als ich versuchte den Unterschied zu verstehen: Die andere Seite der Barrikade verbindet die Namen Felix Ramos und Eduardo Gonzoler beide Kubaner und Captain Margarito von Puerto Rico.
 Aber wenn ich versuche Felix Rodriguez Namen mit den beiden anderen zu verbinden, mit den genannten in wwwwikipeda.org: sagt Hasenfus, er arbeitete für (Max Gomez), dies ist einer der Decknamen die Felix Rodriguez verwendet und Ramon Media war ein Deckname für Luis Pasada Carriles. Er arbeitete für die CIA.
  Geheimnisse der CIA: Im Bett mit den Nazis besagt das gleiche auf dem Cover. Obwohl dieses Programm- Mörder von Che Guevara von Locoedro59. sagte, es sei nicht in diesem Land (Deutschland)erhältlich.
Mit- Felix Ramos + Edurado Gonzoler + 1967 + CIA.
 landete ich in wwwleandokatz.com/...ChronoEnglishChefourhtml.
Ich wurde informiert, das Edurado Gonzoler ein Arzt war und ein harter Vernehmungsbeamter sowie CIA-Agent. Aber ich konnte seinen Namen mit Felix Rodriguez nicht in Verbindung bringen.
Die geheimnisvolle dritte Person Roth, die sich zur gleichen Zeit festgenommen wurde wie Ciro Bustos und Regis Debray verwandelte sich in George Andrew Roth, wozu nur zu sagen ist, dass er mit der CIA zusammengearbeitet hat. Aber ich kann ihn

nicht mit Felix Rodriguez verbinden.
Beachten Sie, ... in dem Film von Legion: der letzte Tag im Leben von Che Guevara. Bustos sagt, es gab nie ein Mann namens Andrew Roth.

Das Programm verbunden mit ChronoEnglishChefourhtml wwwleandokatz.com/...~~V. informierte mich in ... Chronologie: Che Guevara in Bolivien. Das Ciro Bustos asthmatische Beschwerden hatte.

Nun, das ist seltsam!
Von Che Guevara war bekannt, dass er Asthma hatte! Und jetzt Bustos auch!
Diese Erklärung wurde in-
Schießen Sie nicht Ich bin Che bestätigt. Durch Grul Arnallo Sauoedo Palozor.
Er war sehr scharf auf die Gefangennahme von Guerillas
Ich bin konfus über die Codenamen und das jetzt beide Asthma haben!
Code-Namen ... in dem Reiseabenteuer mit Alberto Grando ist Ches Spitzname El Pelao -baldy.
Ciro Bustos Deckname war El Pelao -baldy
        Ciro Bustos -Carlos O Pelao.
Ich fand dieses heraus im Internet, auf der Suche nach Codenamen und Geheimidentitäten für Che und Bustos als auch auf der Suche nach Felix Rodriguez Geheimidentität. -Captain Ramos.
        -El Gato.

Alberto Grando .. sagt aus, dass das Abenteuer in Argentinien gescheitert ist, nur er und Ciro Bustos hätten überlebt.
Ich habe diese Notiz hinzugefügt, weil sie ist die einzige ist die ich gefunden habe. Alberto Grando war als junger Mann, Ches Begleiter auf seiner Motorradreise.

Che in Verkleidung.
Ich habe ein Foto von Che in Verkleidung in einem Internet-Programm gefunden, er sieht wie ein Mitglied der Mafia aus, wo ich auch Marita Lorenz sah. Ich hatte den Film, wo die Geschichte erzählt wird, wie sie Fidel Castro traf, als sie neunzehn war; sie sich Hals über Kopf in ihn verliebt. Marita wurde unwissentlich in der Intrigen und Politik dieser Zeit reingezogen.
Was war da wirklich los?
Castro wird vom früheren Präsidenten von Kuba unterstützt, dem Vorgänger des Präsidenten, welchen Castro gestürzt hat.
Die Mafia hat drei Paten, die Waffen, Mädchen und Drogen über Kuba laufen ließen, ihre laufenden Kasinos in Kuba bringen mehr als auf hundert Millionen Dollar Gewinn im Jahr.
Castro ist glücklich, die UDSSR zur Unterstützung seiner mittlerweile schwachen Wirtschaft zu haben.
Die Amerikaner sind nicht glücklich, mit solchen Gegnern an ihrer Hintertür. Das kann ich verstehen.

Die Invasion in der Schweinebucht brachte es nicht fertig Kuba wieder unter Amerikas Fittiche zu bringen, Kennedy KFK konnte seine Luftwaffe zur Unterstützung der Männer die zurück geschickt worden waren, nicht senden: weil die Sowjetunion sie beobachtete.

Kennedy hatte von der UdSSR gesagt bekommen, sie würden einen Angriff von Kuba durch die USA nicht tolerieren.

Ein Weltkrieg war abgewendet worden über die Raketen von denen jeder dachte, sie wären auf Kuba stationiert worden. Castro war nicht glücklich, als die UdSSR die USA eingeladen haben um für sich selbst umzusehen, dass in Kuba keine Raketen mehr sind.

Castro war mit der Einladung nicht glücklich welche die UdSSR gegeben hatte.

Kennedy steckte fest zwischen den verfeindeten Mafia Paten in seinem eigenen Land und der UdSSR. Der rauchende Che war in Dallas zur gleichen Zeit wie Kennedys politische Signale nicht für Tempo standen.

Attentatsverschwörungen !!!!!

Jeder scheint in der Planung, von Attentaten an jemanden beteiligt gewesen zu sein!

Die Leute die ich mir ansehe scheinen Akteure in einem Thriller zu sein.

Marita Lorenz wurde in diesem Spinnennetz

gefangen, ich erwähne sie, weil sie in Attentatsversuchen beteiligt war, welche Castro und Kennedy zum Ziel hatten. Sie ist nicht die einzige! Einer ihrer Mitarbeiter war Frank Fiorini Sturgis, über ihn ist hart zu sagen, er ist einer der Täter der an Kennedys Tod beteiligt war.
Das ist warum ich die Sache auf diese Weise sehe, ich habe zwei Verbindungen gefunden. Die erste ist das Foto von einer von Ches Verkleidungen in einem Internet-Programm, das mir von Marita Lorenz erzählte und der Tatsache, dass Che in Dallas zur gleichen Zeit wie Kennedy war. Zur gleichen Zeit wie Kennedy erschossen wurde.

Ich hatte die Idee, Che war ein CIA-Agent, wie er den gleichen Decknamen wie Felix Rodriguez hatte. (Es war üblich, das Agenten die gleichen Namen verwenden, Codenamen, Decknamen, etc.)

Ich dachte, Che war beteiligt!
Er war es, aber nicht in der Art, wie ich zuerst dachte.

Kennedys Art und Weise des Umgangs mit diesen schwelenden Topf war, einen Staatsstreich zu planen, ein Staatsstreich um Kuba zu nehmen; mit dem Finger auf jemand in der Küche zu zeigen, welcher dort steht falls der Topf überkochen sollte. Er konnte dann bei der UdSSR lächeln und sagen, dass er es nicht war.

Ich hatte gehofft, ich würde mehr herausbekommen, als ich Mark Lorenz E-Mail-Adresse bekam. Seine Mutter kennt Fidel Castro; sie war in Frank Sturgis Netz gefangen. Sie hatte Lee Harvey Oswald

getroffen; er war in
derselben Zelle / Netzwerk wie Marita tätig. Sie muss Che getroffen haben!

Ich fand einen charmanten jungen Mann, der meine E-Mails öffnete; ich fühlte dass er ein Bruder von dem ersten Wort an war. Zu wissen, dass Sie nicht der einzige mit Legasthenie sind, und Tiere zu lieben, weil sie Ihre Füße auf dem Boden halten. Zu versuchen die Aufmerksamkeit Ihres Vaters zu bekommen und gleichzeitig zu versuchen mit alltäglichen fertig zu werden, diese Art von einem Bruder! Es gibt einen Strand an dem werden wir zusammen gehen, wenn wir alle Antworten haben, die wir benötigen. Ich hoffe, es wird der gleiche Strand sein. Was wollte ich, das Marita mir sagen sollte? Ich habe alles was ich konnte, über sie gelesen, ich sah mir ihren Film noch einmal an. Interessanterweise vom selben Regisseur wie der Film "Schnappschuss mit Che".

Ich habe auf einer Tapete eine Daten- Karte geschrieben, und ich schickte eine zu Mark. Kennedy ist darauf und Castro, Marita und Frank Sturgis. Che sei unter Hausarrest ist gesagt worden, Ciro Bustos natürlich (Ich erwähnte das Fehlen von Familienfotos in seiner Wohnung.)

Die seltsamen Gäste an Ches Todesparty, **Felix Rodriguez war** nur einer von ihnen. (Felix Rodriguez und Che haben den gleichen Decknamen.)

Es gibt den Namen des Ex-Diktators von Venezuela;

er ist der Vater von Marita, Monica Lorenz Tochter.
Der chilenische Präsident Salvador Allende und sein Botschafter in den USA, Orlando Lettelier hat mitgearbeitet Ciro Bustos und Regis Debray aus ihrem bolivianischen Gefängnis zu holen. Und er war mit Monica Lorenz verheiratet, Marita Lorenz Tochter.
Wenn Sie auf der anderen Seite von meiner Karte sehen, Monica Ertl kommt zusammen mit Regis Debray, auch Klaus Barbie ist da.
(Ein Nachbar von mir erklärte, Monica Ertl Vater sagte zu ihm: Che war ein guter Schwiegersohn.)
Diese Idee könnte möglich sein, wie der Brief den Castro vorgelesen hat, während Che angeblich verloren gegangen im Kongo war; dieser besagte, dass es möglich sein; Che verschenkte alle seine Rechte/Liegenschaften, seinen Rang, etc. in Kuba. In meinem Kopf ist Che ist von diesem Punkt an ein freier Mann! Ohne Heimat oder einen legalen Pass in dessen Namen!

Dort sind andere CIA Namen auf meiner Karte, Luis Posade Carriles, er ging zur Schule mit Felix Rodriguez, andere die auch an Che's Todesparty beteiligt sind, waren mit den Contras involviert. Die gleichen Namen können mit Watergate verbunden werden!
(Es ist gesagt worden, dass die Eindringlinge Castros Schriften wollte. Castro hatte über Attentate die auf sein eigenes Leben geplant waren, geschrieben.) Was sie wirklich wollten, waren die Aufzeichnungen über Zahlungen, die an die

Demokratische Partei gemacht wurden.
(Ich dachte, sie scherzten, als sie sagten Fidel Castro hält den Weltrekord für überlebte Attentate.) Der Mann, den ich in Ciro Wohnung sah, Humbo Jorge Vazqez Viana, nahm ich auf der Karte auf. Er wurde etwa zur gleichen Zeit festgenommen als auch Ciro und Regis Debray wie gesagt wurde, festgenommen wurden.

(Humbo hatte einen Bruder namens Jorge, ich entschuldige mich, wenn ich von der Beteiligung der Brüder verwirrt wurde)

Ich fügte Ramón Velzquer hinzu, welchen ich auch in Ciros Wohnung an diesem Tag sah. (Ich weiß nicht mehr, wo es war, das aussagte, dass er der kubanische Minister für Industrie sei. Aber er leitet das Museum in Santa Clara, Ches natürlich!

Apropos Kuba, wieder habe ich mit Rolando Cubela einen Mann, der in der Regierung und in der kubanischen Armee war. Und ich habe Almeida, er ist der nächste mächtigste Mann in Kuba nach Fidel Castro und Raul, und ich nehme an Che.
Almeida war der Kommandant der kubanischen Armee, einer der mächtigsten Männer in Kuba, neben Castro und Che.
(Ich habe nicht den Befehlshaber Camilo Cienfuegos eingesetzt, weil Frank Sturgis behauptete: er rekrutierte / konvertierte ihn in für die CIA: Was erklären könnte, warum der Kommandant mitsamt Flugzeug verloren ging)

Aber ich hoffe damit zu zeigen, dass es seltsame Verbindungen gibt. Ich versuche zu verstehen, was

da vor mir ist. Ich war durch diese Zeilen gegangen, so dass ich die Frage finden konnte, welche ich Marita fragen wollte.
Wie war die Beziehung zwischen Castro und Che? Bruder Raul war befreundet mit Che, Raul wurde zu Che und Aleidas Hochzeit eingeladen, nur Castro war es nicht.

Castro verbannte Che, Che wurde aus Kuba ins Exil geschickt. Warum?

Da Kennedy einen Coup plante, Castro zu liquidieren, Almeida Juan als Führer einzusetzen, er brauchte, Che, da er ein weißer Mann in einer weißen Welt war, Almeida hatte schwarze Haut, er war der Kommandeur der kubanischen Armee und seine Männer würden ihm folgen.

Für Castro muss es nicht möglich gewesen sein, nicht zu wissen, wer mit ihm war und wer nicht. Wenn Sie fühlen, das Che etwas gegen sie plant, stecken sie ihn unter Hausarrest. Wie Che weg von einem Mann kommen konnte, die schwer verletzt darüber war zu erkennen das Che sich gegen ihn verschworen hat, weiß ich nicht.

Ultimate Sacrifice

Wenn ich meinen Weg nicht durchgekaut durch:
http: ajweberman.com/nodulex25pdf und nodulx10, wäre ich sehr verwirrt gewesen beim Lesen von Larmar Warldron und Thom Hartmanns Buch (Ultimate Sacrifice) In den nodulxs hatte ich nach einem Namen gesucht, passend zum Foto von Che

in Verkleidung, jeder Name den ich nicht kannte, schaute ich im Internet nach. Das Ergebnis dieses Handelns bedeutete, ich nahm das Buch Ultimate Sacrifice und ich hatte schon eine Idee, wer welche Person war.

   Das Ultimate Sacrifice erklärte mir Kennedys geplanten Coup 'Amworld'. Warum Castro Che vertrieb wegen seiner Beteiligung an einem Komplott oder Verschwörungen, Attentate / Putsch nicht, dass dieses Buch über Castro ist, es ist dazu da Kennedys Ermordung zu erklären. Sie geben zu verstehen, dass die CIA die Verwendung von Code-Namen und falschen Identitäten nutzt um jeden zu verwirren, der versucht zwei und zwei zusammen zu zählen. Im Fall von Rolando Cubela war sein Codename Amlash, es gab andere mit dem Codenamen, Amlash1 und Amlash2 und so weiter. (Im Fall von Che ergibt das Sinn mit den gleichen Code-Namen wie Felix Rodriguez.)

   Die Menschen hatten die gleichen Code-Namen bei der Arbeit an den gleichen Aufgaben. Es ist nicht erstaunlich festzustellen, dass jene Leute die auf mehr als eine Aufgabe gearbeitet hatten, mehr als einen Codenamen nutzten! Jetzt können Sie sehen, wer mit wem gearbeitet und wer auf was. Ich dachte Che könnte ein CIA-Mitglied geworden sein, das gegen Castro arbeitet. Oder er hatte den Ring um Kennedy im Namen Castro infiltriert. In Kubas Namen !?

Ich kann verstehen, das Che nicht einverstanden war mit der Art, wie Castro Dinge getan hat, es war Bürgerkrieg in Kuba. Castros Revolution deckt die widerstreitenden Interessen innerhalb seines Selbst. Die Mafia nutzte Kuba für den Verkehr von Drogen, Geldwäsche, und Waffen, was Kennedy verärgerte! Die UDSSR bläst dir im Nacken!

Ich kann nicht alle Fragen beantworten, was genau hinter dem ist was Che versucht hatte zu tun. Che war in Dallas zur gleichen Zeit wie Kennedy im November, zur gleichen Zeit wie Kennedy ermordet wurde! Che wartete, um seinen Platz in dem kubanischen Staatsstreich einzunehmen. Der Amworld Coup war geplant, Anfang Dezember durchgeführt zu werden! Che war dreimal in Hausarrest gesteckt worden, das letzte Mal fällt mit Rolando Cubelas geplantem Attentat zusammen. Rolando Cubela lebte in Varadero in einem Haus in der Nähe von Castros Haus. Rolando Cubela und Che wurden als beste Freunde bezeichnet. Interessanter war Rolando Cubela in Paris zur gleichen Zeit wie Kennedy ermordet wurde, er diskutierte seinen Plan, Castro zu ermorden. Jeder, der den nach Varadero gehen will, muss durch einen Engpass gehen, einen guten Platz für einen Hinterhalt.

Vertreiben sie Che aus Kuba für seine Rolle in den Attentatsplänen; nehmen sie seine Rechte für mindestens darüber zu wissen über einem geplanten Coup. Nehmen sie ihm seine Rang und seine Privilegien und werfen sie ihn weg, macht das einen

Mann frei, etwas Neues zu beginnen! Kaufen Sie einen Bauernhof in Bolivien um Wein anzubauen, wie die Familie seiner zweiten Frau in Kuba das getan hatte, für eine neue Frau / ein neues Leben!?
All dies ist jetzt möglich!
(Ich muss sagen, dass diese Idee falsch war.) Wo kann ich von hier aus gehen?
Zurück auf dem Internet! Was will ich fragen?
Wer kennt die ganze Wahrheit?

Einen Brief zu meinen Vater.

Es hat mich viele Jahre gebraucht, um zu dem Schluss zu kommen, dass du mein Vater bist.
Es ist so seltsam für mich, wie es muss für Dich sein muss.
Die einzige Erklärung, die ich dir geben kann ist, ich muss verstehen woher ich stamme.
Die Mitglieder auf der Bühne sind eine kraftvolle Gruppe. Die CIA, die Familie Bush, Skull& Bones, die deutsche SS, Klaus Barbie, Monica Ertl. Die USA Mafia, es gibt viele andere Namen in Ihrer Nähe. Die Spieler auf der Bühne haben es so schwer gemacht zu entscheiden, was wahr ist und was nicht, sie haben die Tatsachen so sehr bewegt. Es waren die kleinen Dinge, die mich zu dir zu führen. Es gibt Dinge die ein Kind für selbstverständlich hält; es ist, wie sie wissen wie und wo sie zu einer Familie gehören. Von dem Moment an als jemand sagte, den ich aussah wie deine Familie, studierte ich sie, Dinge wie die Form des Kopfes als Baby und jetzt. Ich dachte, ich wäre dumm, um solche Dinge zu tun,

aber als ich sah, Ciro Bustos, Che Guevara, Felix Ramon, Adolfo Mena Gonzalez, wusste ich, ich war auf der Suche nach der gleichen Person.

/ Deine Augen reflektierten das Licht. Wenn in dem Körper kein Leben mehr ist, reflektieren die Augen das Licht nicht mehr. /

/ Dein Körper verschwand nach zwei Stunden! / Wie in **The Body and the Legend**, einen B & B-Film berichtet wird. / In den State Dept-Dept of Defence Akten= Im Todesbericht heißt es, du hattest blaue Augen! (Der Bericht verwirrte mich auf den ersten Blick.)

/ In einem Film zeigt man sie als Experte der für die US A arbeitet, ein Experte für Guerilla-Krieg. Der Name den sie verwenden ist Felix Ramon. Der Produzent ist Kubaner. (**The way to Revolution**) Bestell-Nr. 69095 /

/ Du kommst aus dem Gefängnis mit einem Kopf voller Haare! Ciro Bustos wird immer als kahl dargestellt. /

/ Das Foto einer jungen Ciro Bustos zeigt einen jungen Mann mit einer gebrochenen Nase. Sobald die Nase gebrochen war wächst sie nicht mehr. Ihre war nicht gebrochen. /

/ Ich habe Ihre Gesichter mit meinen Lineal vertrauenswürdigend abgestimmt, das Beispiel ist von schlechter Qualität, welches ich gesendet habe. Ich schicke Ihnen ein weiteres Paar Bilder die ich von Facebook übernommen habe. Viel Veränderungen im Gesicht eines Mannes, aber die bekannten Punkte ändern sich nicht. /

(Ohren und Nasen wachsen im Laufe des Lebens.)
/ der Film 'Schnappschuss mit Che.' beweist, dass das Foto welches angeblich von Felix Rodriguez aufgenommen wurde, eine Fälschung ist!

Das erste Mal als ich an deine Haustür kam, war um zu beweisen, dass ich falsch lag.
Ich könnte falsch liegen. Ich wollte falsch liegen.
Ich schaute in deine Augen, verbrachte das ganze Wochenende mit dem Betrachten von Fotos. In einer guten Kopie ", das" Foto können Sie Ihr Augenmuster sehen; deine Mutter hat die gleichen Augen.

       Sie haben die gleichen Augen.
       Ich habe dieselben Augen.

Meine Haut ist wie die Ihre, die Augen und die Form unserer kleinen Finger. Herauszufinden dass Sie diese Dinge haben, ist seltsam. Viele Menschen haben die gleichen Ähnlichkeit; das sind keine Ähnlichkeiten wie man sie nie im Fernsehen, alte Fotos,.. sehen kann.

Um sicher zu sein habe ich Ihre DNA genommen, aber dann merkte ich, dass sie wertlos ist! Ich kann diesen Ergebnissen nicht vertrauen. Nicht mit solchen Spielern auf der Bühne.

Sie haben sich selbst in die Öffentlichkeit gebracht.
All diese Informationen habe ich in offenen Internetprogrammen, Sendungen, Filme, TV, usw. gefunden.

Ich kenne niemanden, der die gleiche Erfahrung wie du und ich gehabt hat,

ich bin jetzt fünfundfünfzig und möchte nicht dass noch mehr Zeit von uns genommen wird.
    In Liebe   EVELYN

Den Brief schickte ich an Ciro Bustos, sowohl in Englisch als auch in Spanisch. Ich schickte Kopien zu 'Benigo'- Dariel Alaron Ramirez (Seine Briefe kamen zurück da die Adresse falsch war.), Felix Rodreguez und Regis Debray. In der Mitteilung fügte ich eine Notiz ein, in der ich vorschlug, wir sollten zusammen kommen, um zu diskutieren wie wir die Fakten präsentieren. Mehr und mehr Informationen werden freigegeben. Und dass die Autoren des Buches **Ultimate Sacrifice** die gleichen Fragen stellen wie ich.

Und zu den Autoren von **Ultimate Sacrifice**, Lomam Waldren und Thom Hartmann habe ich auch Briefe geschickt.
    Ich frage mich, ob jemand sie beantwortet.

Ich hatte beschlossen zu sehen, was mit "Benigno'- Dariel Alaron Ramirez geschehen war. Hätte ich überrascht sein müssen zu sehen, das er ein Mitglied der privaten Geheimarmee von Salvador Allende wurde, ebenso wie Harry Vallegas ein anderes Mitglied der Che Todesparty? Sein Spitzname ist 'Pombo.' Benigno ist zu sehen, wie er in einer Gruppe von Menschen stand, in der Nähe von Salvador Allende gruppiert nach Che´s vermeintlichem Tod. Siehe Che Guevara **Legion and Myth**.

Eine der Tatsachen die mich verwirrt hatten, war die ‚Information, Bolivien wollte nicht eine Revolution, viele hatten davon berichtet, darunter Felix Rodriguez der die Aussage in der Eröffnung von Wilfried Huismann Film tätigt. Zu Lesen das Chile von der Notwendigkeit einer Revolution gesprochen hatte, ließ mich aufhorchen!
                (Chile wollte eine Revolution.)
   Salvador Allende und sein Diplomat Orlando Lettelier bekamen Ciro Bustos und Regis Debray aus dem bolivianischen Gefängnis frei.
Orlando Lettelier war mit Marita Lorenz Tochter Monica verheiratet und Verleger ihres Buches. Lieber Fidel.
   Der Name Elizabeth Burgos-Debray erregte meine Aufmerksamkeit in Cristian Perez Studie. Salvador Allende- Hinweise auf sein Sicherheitsteam. Ein Bericht über die Einführung ins Amt von Salvador Allende! Elizabeth Burgos-Debray- Auch sie war an Ciro Bustos und Regis Debray Freilassung beteiligt! Es sollte nicht eine Überraschung sein, war sie doch mit Regis Debray verheiratet, und besuchte ihn im Gefängnis; in Bolivien. Ich fand ein Bild von ihr als eine sehr junge Frau, die mit Fidel Castro an einem Tisch sitzt.
Elizabeth wurde in Venezuela geboren; sie muss Regis Debray getroffen habe, als er an der Universität von Havanna war, dieses erklärt warum er dort war. Ich wollte wissen, wie die Beziehung zwischen Che und Regis begonnen hatte. Erzählt zu

bekommen das Regis Debray und Bustos Ciro durch den Dschungel wandern, um den großen Che Guevara zu interviewen, diese Erklärung hatte ich zunächst akzeptiert!

    Ein Frage- Wie sollten sie wissen, wo Che im Oktober sein wollte; wenn sie im April festgenommen worden waren?

    Ich dachte, die Dateien die Elizabeth in der Stanford University, California abgelegt hatte wären interessant sich einmal anzusehen. 'Box / Ordner 15: 7 Che Guevara 1967-1969 ". Also schickte ich eine E-Mail und fordert sie an. Mir wurde gesagt, ich konnte die ersten zehn Seiten haben und das es kostenlos war. Als ich meine Gedanken zu Papier gebracht hatte, waren 14 Tage vergangen, aber ein Umschlag von der Universität war nicht angekommen. Ich habe Elizabeth einen Brief geschickt, den gleichen Brief den ich zu meinem Vater gesendet habe. Ich habe noch nicht eine Antwort bekommen, bis jetzt!

Was willst du noch? Sehen Sie sich diesen Film- "Weg Der Revolution: Che Guevara. Im Film 'Wege der Revolution' www.icestorm.de Regie: Manuel Perez. Sie können diesen Mann (Che Guevara!) In der Szene sehen, wo "Benigno" Dariel Ramirez Alarcon von Salvador Allende in Chili 1968 begrüßt wird.

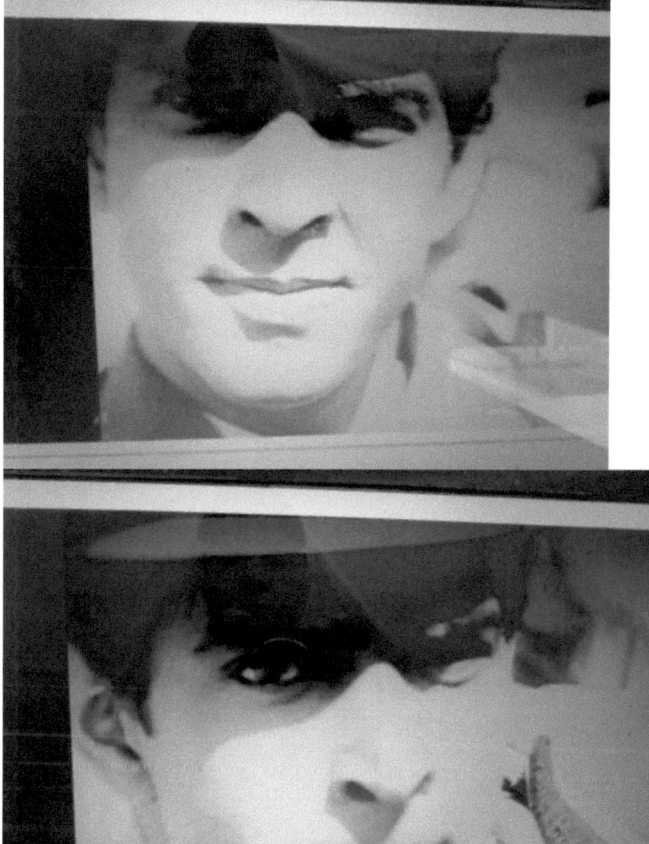

From the Youtube film!?

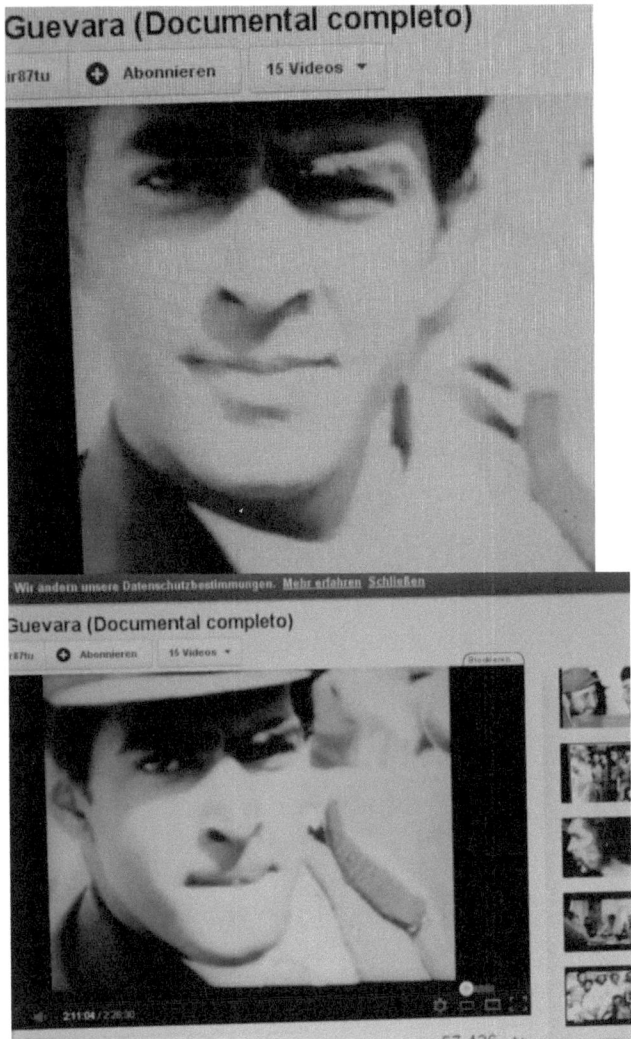

Kapitel sechs.
Wer weiß?
Elizabeth Burgos-Debray und Regis Debray.
Ein Dokument aus dem Zentrum für Lateinamerika-Studien, University of California, Berkeley besagt, dass Elizabeth und Regis für die Planung der bolivianischen Reise verantwortlich waren. Und dass sie für die populäre Einheitsregierung von Salvador Allende in Chile tätig war.
Cristian Perez Studie. Salvador Allende- Hinweise auf sein Sicherheitsteam. Sagt auch das Cuba / Castro Männer für die Privatarmee Salvador Allendes ausgebildet hat.
Norberto Fuento schrieb ein Buch, eine Autobiographie von Fidel Castro, der Leser sieht durch die Augen von Fidel die Revolution, zu diesem Zeitpunkt habe ich es noch nicht gelesen. Ich hoffe, es wird mir einen Einblick in die wirkliche Beziehung zwischen Castro und Che geben.
Ich hoffe ich habe das Verhältnis zwischen Norberto und Castro verstanden. Norberto Fuento verließ Castros Seite, sie waren vertraute Freunde. Ich fand seinen Namen in Cristian Perez Papieren. Ich schickte Norberto Fuento einem Brief in der Hoffnung er würde Licht auf Che und Castro echte Beziehung bringen.
Wer weiß, dass aus Che Ciro wurde?
Es gibt eine Frage, die einen Platz in meinem Gedanken gefunden hat.
Ich möchte eine Kopie von Ciros Buch lesen, aber es

ist in Spanisch, jetzt fand ich heraus, im Internet gibt es ein Übersetzungsportal. Ich hatte geplant eine Kopie zu erhalten und ihn durch meinen Scanner einzuscannen, Seite für Seite. Ich erinnerte mich an die Kopie, Ciro hat es mir gezeigt, das Buch hatte mehr als fünfhundert Seiten! EL Che Quiere Verte. Das Internet hat mir gesagt, dass Ann Wright gebeten wurde dieses Buch zu übersetzen; sie machte sogar eine Reise nach Bolivien, um die Worte in dem Buch besser zu fühlen. Ich schickte ihr einen Brief um zu fragen, wenn es fertig sein würde! Wie so oft habe ich keine Antwort erhalten. Um überrascht zu sein über alles, was nicht mehr passieren sollte:
Ann Wright übersetzte das Buch "Motorrad Dairies- die Version von Che Guevara geschrieben. Und sie will Ciros Buch übersetzen.
Ann Wright und Elisabeth Burgos-Debray arbeiten an einem Buch zusammen. "Rigoberta Menchie: Eine indianische Frau in Guatemala.
    Elizabeth Burgos-Debray hat 'Benigno'- Dariel Alaron Ramirez Buch "Erinnerungen eines Kubanischen Soldaten übersetzt.
 Nur um mich mehr zu verwirren, Lucia Alvarez de Toledo, welche die 'Story of Che Guevara " geschrieben hat. Lucia Alvarez de Toledo lebte in der Nähe der Guevaras, sie ist etwa zehn Jahre älter als Che, und sie hat interessante Bemerkungen über die Familie gemacht. Sie übersetzte Alberto Grandos Buch. Seine Version der Motorrad-Reise brachte

mich zum Lachen; er macht lustige kleine Kommentare darüber, warum sie diese Reise gemacht haben. Ein Grund dafür war zum ... Wie soll ich sagen, mehr Bevölkerung der Welt hinzuzufügen. Hätten sie gewusst, was ich in etwa über diese Bemerkung verstehen würde!
(Sie ist die Mutter von Ches Halbbruder.)
 Ich sah, Aleida Guevara March hielt eine Rede in Schweden im Februar zweitausendundsechs für Voz Populi, in Göteborg.
Göteborg ist etwa zwei Stunden von Malmö entfernt.
 Aleidas Bemerkung zu Castro im "Freepublic.com/focuss/f-news ' steckt in meinem Kopf. Sie sagt Castro träumt Che lebt noch! Ich habe nicht vergessen, dass Fidel Castro Aleidas Pate ist. Wenn nur Aleida wüsste, dass ich sie umarmen möchte. Ich dachte, ich würde über Onkel Alberto Guevara in "Collectivoepprosario.blogspot.com/2010_02_01_A nachschauen, wer ist / war Leiter der Filme in Kuba, fand aber nur Roberto Guevara Lynch. Ein Programm erklärte das Argentinien dachte, dass er ein Terrorist war! Ein paar Fahndungsfotos weiter war ein junger Mann, von dem sie sagten, dass er ein Halbbruder von Che Guevara war. Ich bemerkte den Namen Fernando L Chavaz Alvarez. Ich landete in einem Programm, das mir von Brüdern und Schwestern des Che erzählt. Ches Vater hatte eine andere Familie gegründet, die Che Halbbrüder

bescherte. Es gibt einen anderen Halbbruder dessen Name Ramon Guevara Erra war.
In diesem Programm war ich auf der Suche, um zu sehen ob ich den Namen Ann-Marie finden konnte. Dieser Name wurde als die Frau von Ciro Bustos angegeben. Ich frage mich, ob Ann-Marie eine der Schwestern von Che sein könnte. Eine Schwester wäre eine zweckmäßige Ersatzfrau, ein anderes Programm erzählte mir, dass Elizabeth Burgos-Debray Regis Debray im Gefängnis besucht hatte.
        Archiv Chile.
Archiv Chile. Pagina 12 Histora Popitco Sozial-2001. Mommesto Populaur. Wer verriet Che Guevara? Geschrieben von Miguel Bonasso. Er ist ein argentinischer Journalist, auch genannt als Terrorist im selben Programm.
 'Collectivoepprosario.blogspot.com/2010_02_01_A'
Ich habe die Zeitung durchgelesen mit dem Gefühl, ich hätte etwas gefunden, aber ich weiß nicht was. Wie bei den Knötchen das ich von Frank Sturgis gefunden hatte, nahm ich es auseinander. Damit meine ich, ich nahm jeden Namen den ich nicht kannte und ich wusste nicht, was ich herausfinden konnte. Um zu wissen das Miguel Enriquez der Sohn von Generalsekretär Salvador Allendes war. Er war ein CIA-Agent?!
 Pagina 12 erklärt Regis Debray und Bustos Ciro Sicht der Dinge, als sie gefangen genommen worden waren. Namen wie Vazquez erinnerten mich an den Mann, den ich in Ciros Wohnung sah.
Die Tatsache, dass der Text in Pagina 12 derjenige

ist, der in dem Dokumentarfilm "Sacrificio ' verwendet wurde, kriecht langsam über mich. Das ist gut, denn ihre Untertitel sind hilfreich und auch ihre Körpersprache, aber den Text zu haben macht es noch interessanter. Dass die Menschen über ihren Standpunkt in einer Weise diskutieren, die nicht miteinander übereinstimmen, ist keine Überraschung für mich, wenn es doch übereingestimmt hätte, würde ich nicht mehr auf der Suche sein.

Die nächsten Namen den ich beschlossen habe mir anzusehen, was das Internet mir zu sagen hat, war Luciano Monteagudo. Er erinnert mich an ein Gesicht, das ich gesehen habe, es ist in dem Programm welches mir sagt zwei Brüder von Che wurden als Terroristen in Betracht gezogen! Unter dem Namen Fernando L Chavaz Alvarez ist die Erklärung, der oben erwähnte ist in Europa gereist zur Beschaffung von Mitteln für.... terroristische Aktivitäten.

Luciano Monteagudo ist auch als Schriftsteller porträtiert, sein Tätigkeitsfeld ist das Schreiben für Filme. Ich finde dass es verbunden ist, um 'Sacrificio'.

Fernando und Luciano haben ähnliche Gesichter, ein kleines Muttermal auf ihrer Lachlinie passt, wie ein Grübchen im Kinn.

Wenn ein Drogendealer der in England aufgewachsen war, siebenundvierzig falsche Identitäten hat, weshalb es schwer war auf seinen zu Spuren bleiben! Dann, warum nicht ein Onkel?

Was mich aufrecht sitzenließ war in dem Absatz

unter Lucianos Namen. Er sagt, "Ciro Bustos lebt derzeit in Südschweden mit einer bescheidenen staatlichen Rente. Von Luciano Monteagudo. '
Ich wusste nicht, was ich davon halten sollte! Vielleicht hat die Internet-Übersetzung die Dinge durcheinander gebracht! Aber nicht wenn sie dieselbe Person ist.

Ich kam noch nicht weit mit Luciano, als ich einen anderen Namen fand: Jean-Luc Godard. Aber er sieht aus wie Luciano Monteagudo! Jean-Luc Godard ist ein Filmproduzent und der Name seiner Frau ist Ann-Marie. (Hatte Ciro sich die Frau seines Halbbruders geliehen? Das würde erklären warum Bustos Familienfotos in seiner Wohnung in Malmö fehlen.)

Auf der Suche nach Jean-Lucs Adresse fand ich den Namen von seinem Buchhalter in Frankreich heraus! Steuern in Frankreich zu zahlen war gut für sein Buchkonto, aber nicht gut für ihn, denn er lebt in der Schweiz! Genauso wie Ann-Marie.

Ich genoss die Musik, die er in seinem Blog verwendet. Es erinnerte an die Musik, die sie in 'Sacrificio "verwendet haben, es ist nur nicht so stark genutzt!
Cinemaspargus.blogspot.com/2010/05/ jean-luc Godard.
Jean-Luc Godard ist bekannt als Filmproduzent.

Wie versuchen Sie einen Brief zu adressieren, an einen Onkel, wenn Sie nicht sicher sind, welchen Namen er möchte? Ich schickte ihm den gleichen Brief- einem Brief an meinen Vater. Ich will ihn als

Onkel, ich will einen Vater und wenn ich ehrlich bin, etwas mehr, aber die richtigen Worte fehlen mir, dies war ein langer und harter Weg.

       Christoph Röckerath

Während ich warte um zu sehen, wann ich eine Antwort auf dieses Schreiben bekomme, bietet mir der Fernseher ein Programm an, welches ich nie gesehen habe, denn es gibt nichts was mich auf einen der anderen Fernsehkanäle interessiert. Ich bin glücklich in der Umgebung von Kuba mit Christoph Röckerath zu wandern, er ist ein USA-Korrespondent für den Fernsehsender ZDF.

"Eine Insel aus einer anderen Zeit" Der Film erzählt, wie die Veränderungen sind, welche in Kuba stattfinden; Leute sind dabei Geschäfte in die eigenen Hände zu nehmen um leben zu können. Hay! Schöne Musik, wo habe ich diese vorher gehört? **Es ist die gleiche Musik welche Jean-Luc Godard in seinem Blog verwendet! Und Sacrificio!** Jean-Luc Godard / Luciano Monteagudo / Fernando L Chavaz Alvarez sind eine Person, aber jetzt hat er den Film mit Christoph Röckerath produziert! Eine Insel aus einer anderen Zeit und ist mit Sacrificio verbunden!?

Ich nahm die Fotos in meiner Akte auf, "Können Sie meinen Onkel sein." Kein Muttermal, sondern eine Kerbe im Kinn, jetzt gibt es eine Datei, Könntest du mein Cousin sein!)

   Kann ein Musikstück sie verraten? Ich hätte nie

gedacht, ein Musikstück würde mich auf diese Weise zu ihnen führen.

    Was passiert wenn der dritte Mann, den ich in Ciro Wohnung sah, Christoph war? Dies ist nicht die Zeit für mein Gehirn zu streiken!
Ann-Marie hatte eine Tochter mit Jean-Luc Godard in den frühen siebziger Jahren, aber das Internet kann mir nicht sagen, ob sie einen Sohn hatten, aber ich kann Christophs Adresse haben! Auf den Nachrichten an diesem Abend sah ich Christophs Namen, er ist ein USA-Korrespondent, wie das Internet gesagt hatte.

 Ich schickte ihm einen Brief, da ich nicht in der Lage war meine eigenen Fragen zu beantworten.
 Meine Gefühle haben das bessere von mir bekommen, an Jean-Luc Godard wurde ein Brief am Freitag verschickt, Christophs Brief wurde von der netten Dame vom Postdienst am Samstag mitgenommen. Luciano Monteagudo / Fernando L Chavaz Alvarez , ich würde Briefe zu ihnen geschickt haben, wenn ich ihre Adressen gefunden hätte! Lucio Claudio Garzon Maceda hätte einen Brief geschickt bekommen; dieser Name gehört auch zu Fernando L Chavaz Alvarez! Der Name Lucio Claudio Garzon Maceda wurde verwendet, wenn er Informationen über die USA sammelte.
Es ist Sonntag; ich muss mir aufschreiben, warum ich solche Briefe geschickt habe, bevor meine Seele in meine Emotionen verloren geht.
        Wer muss das wissen?

Sie müssen es wissen!
Ich frage mich, ob sie meine Briefe beantworten? Nein, sie werden meine Briefe nicht beantworten. Warum sollten sie auch? Es sind Menschen, die einen Helden nicht beschmutzen wollen.
Während dieser ganzen Zeit habe ich versucht diejenigen zu kontaktieren, die einen Helden nicht verlieren wollen. Sie wissen nicht, ich war auf der Suche nach meinen Wurzeln, nicht um einen Helden zu stürzen. Ich finde mehr heraus, da die Emotionen mich treiben, um die Wahrheit herauszufinden.
Ich kenne Humberto Fontova, er ist jemand, der Che nicht als Heiligen sieht. Seine Internet-Seite namens "Murder 'ließ mich denken, dass er daran interessiert wäre, was ich herausgefunden habe.
Während ich warte, um zu sehen, was er zu sagen hat, sehe ich mir den Namen eines Schauspielers an, welchen er als jemand beschreibt, der ein Doppelgänger für Che war.
Cantinflas war ein mexikanischer Filmstar.

Kapitel sieben.
Das Film Geschäft.
Ches Doppelgänger, Cantinflas war ein mexikanischer Filmstar.
Dies ist das erste Mal, dass ich von einem Doppelgänger für Che gehört habe oder sogar darüber nachgedacht hatte ob es einen gibt. Das gesagt; wenn das Ableben von Kennedy in Planung war, war es übliche Praxis, Doppelgänger für die

Menschen, die sie verwendet haben zu nutzen. Ich wundere mich, wie er verwendet wurde? Wenn Cantinflas nicht als Doppelgänger verwendet wurde, die Tatsache ist trotzdem: er war Schauspieler, Komiker und Filmproduzent von 1936-1984 und das er politisch motiviert war. Er würde in Kontakt mit Film-Fans in Che's Familie gewesen sein. (Was für eine naive Bemerkung!)

Ana Maria, Che's Schwester.

Während ich warte für all jene Menschen, nicht zu antworten habe ich habe eine neue Datei gefunden, "Könntest du meine Tante sein?" Ich sah ein Foto von Che in 1961 aufgenommen, mit ihm ist eine Dame in einen wunderschönen Pelzmantel Darunter stand Che mit seiner Schwester Ana Maria geschrieben. Ich hatte in meinem Gedanken, dass von Ciro gesagt wurde, dass er eine Frau mit dem gleichen Namen gehabt hatte. Ich kam zu dem Schluss, dass sie die Frau von Ches Halbbrüder war. Jetzt bin ich verwirrt. Ich hatte mit der Idee gestartet, das Che / Bustos seine Schwester als seine Frau benutzt hatte, Ana Maria war der Name, der in Page 12 angegeben wurde.

Zurück zum Internet, auf der Suche durch Stammbäume, brachte es mir die Antwort; beide Ideen hatten Recht! Ich war wieder nur verwirrt, als ich sah das Ana Maria einen zweiten Namen hatte, Anna Karina, und sie war mit Jean-Luc Godard verheiratet und Sängerin, Modell und Schauspielerin, lustig, so war / ist Ana Maria Marville! Ich könnte falsch liegen, es ist viel schwieriger mit Frauen da Mode-und Make-up, Stiländerungen im Laufe der Jahre sich ändern. Ich habe eine starke Verbindung für Ana Maria als Schwester und Ehefrau von Jean-Luc Godard gefunden. Ana Maria Marville, Ana Maria Guevara (Ches Schwester) und Anna Karina sind ein und dieselbe Frau.

del Che .. Jean-Luc Godard.
"'cupblog.org

Fernando L. Chavez Alvarez:

Cuñado de Ernesto "Che" Guevara. Integrante de una familia tradicionalmente apátrida y terrorista. Es miembro de las bandas terroristas "EjÊrcito Revolucionario del Pueblo" (ERP), y de la "Juta de Coordinación Revolucionaria" (JCR). En Europa desplegó tareas afines a las que desarrolló su cuñado Roberto Guevara Lynch. Se hizo prófugo de la justicia Argentina.

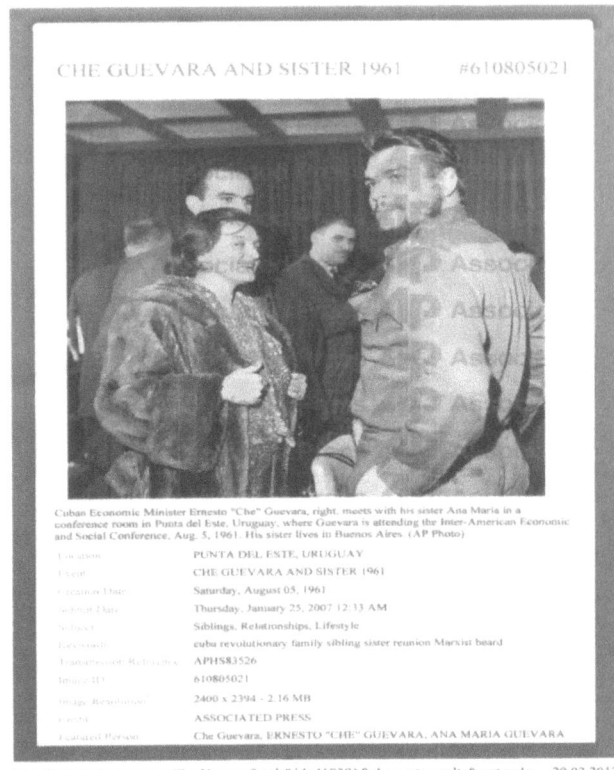

Elizabeth Burgos-Debray's Zeitungsausschnitte.

Elizabeth Burgos-Debray's Zeitungsausschnitte sind informativ. Ich wäre nicht überrascht gewesen; sie sind meistens in Französisch, nicht in Spanisch. Das erste was sie erklären, ist- von Che wurde nicht angenommen, das er in Bolivien sei. Der Artikel sagt, er sei gesichtet worden, war aber dann verschwunden. Die Zeitungen genossen es zu

spekulieren, wo er sein könnte.
Elizabeth Burgos-Debray's Zeitungsausschnitte sagen aus, dass:

 -La Higuera, die Leute im Dorf wusste nichts über die 'Death Party' Hinrichtung.

 -Sie wussten anscheinend nichts über Che oder einer Exekution!

Die Leute aus dem Dorf Alte Seco, nicht weit weg, gaben an, dass sie noch nie von Che Guevara gehört hatten. Seinen Körper hatten sie nicht gesehen.

 - (Ches Bruder Roberto, so wurde berichtet, wurde nicht erlaubt den Körper zu sehen, man hatte ihm gesagt, dass es verbrannt worden war.) (Ich habe einen Zeitungsausschnitt von Der Spiegel der über Bruder Robert schreibt, Elizabeths Zeitungen nennen ihn nicht.)

 -Ches Vater wurde ein Leichnam gezeigt; er konnte ihn nicht als den Ches identifizieren. Da er den Körper nicht identifizieren konnte, oder irgendjemand anderes dieses konnte, so hatte die argentinische Regierung keine Erlaubnis erteilt, die sterblichen Überreste nach Argentinien zu bringen.

 -Che's Vater, so wurde berichtet, das er aussagte, dass er nicht glaubt, dass sein Sohn getötet wurde, er hat keine Beweise gezeigt bekommen, die dieses beweisen. Ihm wurde nicht sein Körper gezeigt, und auch niemandem anderen.

 -Ein weiterer Artikel sagt, dass Ches Körper begraben wurde, kurz nachdem er erschossen worden war, nur aufgrund des starken politischen Drucks wurde er zwei Tage später wieder

ausgegraben! Aber wegen des Zustands des Körpers könnte ihn niemand identifizieren.
Diese Version deckt sich nicht mit alle anderen, die ich gesehen habe.
Keine der Ausführungen decken sich gegenseitig! Sie würden eine große Menge an Leichnamen benötigen, um alle Geschichten zu decken, die herumgehen.

Die Biografie ist von Josef Lawrezki. KGB
Es amüsiert mich, ein Buch in russischer Sprache geschrieben in 1972, ausgeliehen zu bekommen, ins Deutsche übersetzt in 1974, was wie gesagt wurde, innerhalb von drei Jahren nach Ches Tod vollendet wurde!
"Leben und Kampf eines Revolutionärs, Ernesto Che Guevara. "Die Biographie ist von Josef Lawrezki.
 Es war nicht nur die Tatsache, dass dieses Buch für die Deutsche Demokratische Republik produziert wurde, ich fand auch noch die Tatsache interessant, dass die russischen Druckmaschinen kein Q haben, sein Platz wird von einem K eingenommen.
   Es war die Tatsache, dass dem Autor des Buches auch aufgefallen ist, die Aussagen stimmen nicht überein! In der Tat, die Anmerkungen des Autors stimmen mit Elizabeths Zeitungsausschnitten überein. Zu sagen, andere haben auch festgestellt, dass es Diskrepanzen in den Aussagen gibt, wo der Körper sein könnte.
   (Ich sah mir Josef Lawrezki in Wikipedia an, es

sagte mir, dass er ein KGB-Agent war. Interessant zu wissen, seine anderen Bücher umfassen Salvador Allende und Bolivien!)

Zwei Ressourcen zu haben, die bestätigen, das es zu der Zeit Misstrauen gab über das was gesagt wurde, was passiert war mit dem "Körper" ist tröstlich für mich.

Welt News- Garderen Weekly- Ich versuche einen Freund zu erklären, an was ich arbeite.

Dank Silkes Interesse fand sie ein Stück Film, das uns beide aufrecht sitzen ließ!

"Letzte Momente mit Che Guevara.

World News- Garderen Wochen- Steven Soderbergh. (Mejorentrevista a Ernesto Che Guevara. (Invedotia))

Silke stolpert über die Seite, wo (Benigno) Dariel Alaron Ramirez und Harry (Pombo) Tamayo Villegas und andere von Salvador Allende begrüßt werden.

Sie haben gerade Bolivien verlassen.

Unter den anderen sehen Sie Bustos / Che.

Dieser Film ist datiert 1968.

Es gibt mehr Ausschnitte zu diesem Film. Sie zeigen indirekt Che beim Verlassen von Bolivar und Chile. Und die Szenen wurden so geschnitten so du denkst, er könnte mit den anderen die Rückkehr nach Kuba antreten!

Dieser Film hat ähnliche Szenen, wie in 'Path Way to Revolution. "Wo ich Bustos / Che , der als

Experte in Guerilla Kriegsführung dargestellt ist, sah, er arbeitet für die CIA.

Ich und Silke verbrachten Zeit beim Betrachten über mehrere Fotos und versuchten uns auszureden, was wir zu sehen glauben. Ich beschloss die Frage zu stellen; war Ciro Bustos im Gefängnis?

Ciros Rente und Gefängnis Camiri.

Ich lese Kapitel vierundzwanzig in 'The South America Years'

Ciro und Debray hatten in einer Pension in Camiri gelebt.

Debray wurde von seiner Familie finanziert, wogegen Ciro sich durch den Verkauf seiner Gemälde und Porträts finanzierte. Der Gedanke kam mir, wie Gedanken so kommen im WC. Wenn weder Silke noch ich von unserer Arbeit leben können, es ist zweitausendzwölf, wie können Sie erwarten, sich damit 1967 in Bolivien zu ernähren!?

Die 'The South America Years.' ' (Mo) von Mosies Garica online gestellt im Jahre zweitausend, gibt mir eine lebendige Schilderung des Gerichtsverfahrens in Camiri. Jeder bekam so aufgeregt, der Richter brach seinen Richterkegel beim Versuch die Ordnung zu halten. Die Bemerkung von Mo, welche durch Regis Debray gemacht wurde, steckte in meinem Kopf. In der Mitte von all dem Theater sagte er dem Richter: "Ich bedanke mich für den langen Satz, den Sie mir geben.« Es kam für mich rüber als arrogant; die ganze Aufmerksamkeit auf ihn gerichtet. Bustos und drei andere sind in den Hintergrund gerückt.

Die Beweise für die Verurteilung kamen aus Ches Tagebüchern- diese gaben die Informationen, dass sie Teil seiner Pläne waren. Sie sind angeklagt für 'Rebellion, Mord, Diebstahl, Wunden und Verletzungen.
 Die ganze Show muss inspirierend gewesen zu sein

 um sie zu sehen wie Mo sagt.   In dem Aufruhr sind Debray und Bustos zu je dreißig Jahren Haft verurteilt worden, auch wenn Bustos nur zwanzig erwartet hatte. Sie zogen von ihrer Pension auf der einen Seite der Straße in das Gefängnis auf der anderen Straßenseite.
 Mosies Garcia Account war lustig zu lesen, er ist der einzige, der behauptet das Ciro Bustos in einer Pension war, die Diskussion ging darum, Debray aus dem Gefängnis zu bekommen, ich konnte nichts darüber finden, das Bustos im Gefängnis war. Um mich nicht mehr zu verwirren, erinnerte ich mich daran, dass es das Jahr 1967war und der Monat ist November

Kapitel acht.
Ihre Anwälte!
 Mein Mann hatte einen Brief von Ciro Bustos an seinem Anwalt gelesen, ich las ich es auch, und es ist nicht ein Brief auf der Suche nach Beratung, sondern einer mit dem Wunsch, die Mission fortzusetzen, die er begonnen hatte. Ich hatte es zur Seite gelegt. Ich nahm das Konzept der Anwälte.
   Bustos - Anwalts Name ist Kapitän Raul Novillo.
   Debray Anwalts Name ist- Jaime Mandizabal

Ich habe ihre Namen in das Internet eigegeben und bekam den Schock meines Lebens!
Onkel Robertos Foto mit diesem Namen - erscheint in
    La Historia Clompleto. http .// bp1.blogger.com/6bkpgg.
In der Tat finde ich, er hat unter einen anderen Namen, Rafael Miguez Roca mitgewirkt.
Onkel Roberto ist Debray's Anwalt!?
Ich habe im Kapitel vierundzwanzig der Südamerika Jahre gelesen, dass Debray's Vater nicht erlaubt war, der Anwalt seines Sohnes zu sein.

 Ich habe Ciro Bustos Anwälte eingegeben, warum bin ich überrascht, um ein Foto von einem Mann mit vielen Namen zu sehen, markiert als Terrorist in den Programm-
  'Collectivoepprosario.blogspot.com/2010_02_01_A
Er sieht aus wie Juan-Martin Guevara Lynch!?
Ich sehe mir auch ein Foto von einer Frau mit dem Namen Mirta Tresa Gerelli an, sie sieht aus wie- Ches Schwester. Sie ist als Terroristin in diesem Programm angegeben.
Ich verbrachte Zeit damit die Fotos von Onkel Martin, Juan Martin Guevara anzusehen, um mich nicht mit den Fakten zu konfrontieren-
Zwei von Che Guevaras Brüdern vertreten Debray und Bustos / Che in ihrem Prozess.

     Der Drehbuchautor!
  Seltsam zu denken das Ches Halbbruder

Fernando L Chavasz Alvarez unter all den Namen die er verwendet hat, Geschichte geschrieben hat, wie sie wollen, dass wir denken, es gewesen war. Er ist ein Filmproduzent, Drehbuchautor. Filme von denen ich einen großen Teil meiner Informationen bekommen habe, wurden von ihm geschrieben!

    Was für ein Skript zu schreiben!
Sie planen die Todesparty, leiten die Schauspieler, tragen das Make-up auf, einsetzen der Stuntmen- dies erklärt, warum die Bilder und Szenen in Filmen nicht ganz passen: Sie müssen nicht am selben Tag oder am gleichen Ort gefilmt werden. Sie promoten ihre Arbeit auf einer Weltbühne.

Es gibt so viel Misstrauen und Nebel über Ches bolivianische Tagebücher. Ich glaube nicht dass die Tagebücher real sind. Sie müssen entscheiden, zu welchem Zweck sie geschrieben wurden. Und wann wurden sie geschrieben!? Wurden sie geschrieben, um im Gerichtssaal verwendet zu werden? Oder die Handlung später fit machen? Möchten Sie den Film mit der Szene, von denen jene zu dreißig Jahren Haft verurteilt werden schließen, und doch zu wissen, dass ihre Spieler befreit werden.

Salvador Allende ist nett genug, um dazu beizutragen, dass (Benigno) und (Pombo) und Bustos / Che unter anderen zu Chile kommen. Wie in dem Film "Die letzten Momente mit Che Guevara gezeigt wurde.

Welt News- Garderen **Weekly** - Steven Soderbergh. (Mejorentrevista ein Ernesto Che Guevara. (Invedotia))

Steven Soderbergh hatte einen Film namens Che Revolucion gemacht. Es war kein deutsches TV, Das erste. (Ich vermisste es zu sehen.) Und jemand nannte Jonan Söderberg für die Bearbeitung von Sacrifico!? Neue Datei- neue Verbindungen?!

Wenn ich einen Oskar vergeben würde, sie würden ihn bekommen. Sie würden es für die größte Vertuschung bekommen, die ich mir denken könnte. Nur jemand der seinen Vater finden will, würde daran denken unter jeden Stein zu suchen, andere Parteien wie der CIA sind glücklich, ihre Spuren zu verwischen. Dies erklärt, warum so viele Informationen nicht übereinstimmen. Dinge müssen nicht exakt, aber irgendwie zusammenpassen. Es war so noch nie bis jetzt!

Ich weiß nicht, ob ich sie küssen will oder schlagen möchte. Was für ein guter Film, das beste Drehbuch! Warum gibt es so viele die von Che's Familie beteiligt sind?

Ich fühle mich, als ob ich zu Fuß im Nebel bin. Die Frage die in meinem Kopf ist, warum gibt es so viele, wenn nicht alle von Che's Familie welche daran beteiligt sind, und in was beteiligt?

Ich habe ein Foto im Internet gefunden, wo Debray mit Onkel Martin zu sehen ist, auf den ersten Blick verpasste ich den Punkt; Martin trägt einen bolivianische Uniform.

www.larevuedesressources.org/spip.php?page=5.

Es gibt ein weiteres Foto, das Debray und Elisabeth Burgos mit Onkel Martin zeigt, in der Menschenmenge um sie herum ist Ana Maria zu sehen! Warum sollte ich überrascht sein?
(Ich finde andere Decknamen für den einen oder anderen Onkel und neue Namen für meine Filmstar-Tante und jedes Mal bin ich überrascht.)
(Celia de la Serna war im Gefängnis in Argentinien.
 Juan Martin, Celias 'jüngster Sohn war auch im Gefängnis in Argentinien. Zur gleichen Zeit wie Ches Mutter.
Ich kann Roberto zu Osvaldo Chato Peredo verbinden, es wird von ihm gesagt, dass er Ches Platz übernahm als Anführer in Bolivien. Sie sind junge Männer und dann steht unter dem Foto in seinem Blog, das sie für den Staatsstreich in Chile trainieren.
Ich kann Juan Martin zu Osvaldo Chato Peredo als ältere Männer verbinden.
Ich gebe Osvaldo Chato Peredo in den Computer ein, um die Bilder zu finden, die zu diesen letzten beiden Aussagen passen.
 Ana Maria ist auf einer Fahndungsliste aus Brasilien, ihr Spitzname ist La Petti und ihr Mann ist ein Filmregisseur und Halbbruder zur Che.
 Ernesto Guevara Lynch, Ches Vater, wo kommt er ins Spiel? Seine zweite Frau Ana Maria Guevara Erra ist in einer von Elisabeths-Dateien. (Alles sehr vertraut.)

Elizabeth Burgos-Debray's files.
Hoover Institution Stanford University
Hoover Institution
434 Galvez Mall
Stanford University
Stanford. CA 94305-6010.

Als Haftungsausschluss, ich war zu der Zeit des Schreibens nicht in der Lage gewesen, diese Institution zu besuchen. Aber auf dem Internet sind die Dateien aufgeführt.

Elizabeth Burgos-Debray Dateiliste ist an sich interessant. Es gibt eine Datei mit dem Namen von Ernesto Guevaras zweiter Frau Ana Maria Guevara Lynch Erra, was macht sie so interessant?

Ein anderer- Ricardo Rojo, er soll Che's enger Freund sein, ich in einem Punkt hatte ich gedacht, dass er mein Vater hätte sein können, und deshalb nahm ich seinen Namen.

Humberto Vasquez hat eine Akte; er ist angeblich von einem Hubschrauber über dem Dschungel gefallen, wenn bestimmten Berichten geglaubt werden kann! Ich sehe, es gibt eine für Benigno und die Kopien der Argumente der Verteidiger haben ihren Platz.

Seltsam zu denken, der Anwalt ist Onkel Martin.

Ich fühle mich wohl zu sehen, es gibt eine Datei mit der Genehmigung ihrer Besuche zu ihrem Mann in Camiri Gefängnis 1968-1969 zu sehen.

Aber nicht so bequem, als ich den Namen von Pierre Kalfon lese, er hat über Che geschrieben, ich hatte den Eindruck von dem Film Sacrificio, dass

seine Bücher nicht stichhaltig sind. Ich sah ihn auf dem Internet: Er ist ein Schauspieler, Autor und Filmproduzent, der interessant ist. Auf welcher Seite steht er? Auf welcher Seite ist nicht die Frage, die ich stellen sollte! Was ist in seiner Rolle in dieser Pantomime wichtig?
Es gibt noch andere Namen auf Elizabeths Listen, die zu diesem Zeitpunkt mir nicht viel sagen, und andere wie Charles de Gaulle doch. Das Regis Debray's Familienmitglieder Dateien haben überraschte mich nicht. Elizabeth hat ihren eigenen Dateien und es gibt Dateien, die sich auf die Arbeit beziehen, welche sie aufnahm während und nach dem Prozess. Ihre letzten Dateidaten sind von 2007 nicht alle ihre Arbeit hängt mit der Zeit zusammen, für welche ich mich interessiere. Ich frage mich, was ist in einer Datei mit dem Namen "Die Vorschläge, 1967-1970?
Der nächste sagt, sein Name 'Escape Plan, 1970 "meinen Finger wäre dort nicht geblieben, wenn der nächste nicht betitelt wurde mit,"
Gefangenenaustausch, 1967-1968'
Was mich wundert ist, es gibt keine Erwähnung von Ciro Bustos. Keine Datei enthält seinen Namen!
Warum Dateien haben von diesen Menschen, und nicht eins zu eins von den Hauptfiguren? Debray hat die führende Rolle in den Gerichtssaal haben können, Bustos spielte eine Rolle, aber es ist nicht eine Datei über ihn!

                      Archiv Chile Pagina 12.
Es ist ein anderer Name, der immer wieder

auftaucht, es ist nicht auf der Liste der Dateien von
Elizabeth Burgos-Debray, aber er ist dem Archiv
Chile Pagina 12 verbunden: Betencourt. Ich setzte
Zahlen ein, in Pagina 12 vorgeschlagen, nachdem
ich mir meinen Weg durch die Namen gearbeitet
habe, welche ich in den Seiten fand, gab das Internet
mir diesen Namen. Wenn ich den Namen von
Godard eingebe, bekomme ich ebenso den Namen
Betencourt. Die beiden Decknamen gefunden zu
haben, sowohl von Tante und den Onkeln und eine
Verbindung mit dem Namen Betencourt.
Über Lillian Betencourt sagt das Internet mir, sie ist
eine der reichsten Frauen der Welt.
Der Name Betencourt steht in Verbindung zu den
Nazis.
 Der Name Betencourt ist auch in Elizabeth Burgos-
Debray's Dateien.
Geld, Filmproduktion und Politik brauchen
finanzielle Unterstützung.
Wenn ich die Ressourcen hätte, konnte ich zu den
Archiven in Stanford gehen, um die Elizabeth
Burgos-Debray Dateien zu durchsuchen. Sie haben
vorgeschlagen, dass ich einen Forscher benennen
sollte, um für mich zu suchen, aber es gibt so viele
Namen und Gesichter, 'jetzt in meinem Kopf!'; der
Forscher müssten alles was ich weiß und
geschrieben habe kennen und Französisch und
Spanisch können, was ich nicht kann, um alle
Geheimnisse dieser Papiere zu sichten. Manchmal
können Sie Fakten vor der Nase haben, aber nicht
sehen, was diese für Sie bedeuten. Es kann Wochen

dauern, Monate, um genau zu verstehen, was Sie gesehen haben und jetzt sind sie zu weit weg um zurückzugehen und wieder nachzuschauen-! Dann könnte ich jemanden fragen, um mir zu helfen, wie ich die exakten Fragen zu stellen habe.

  Der Versuch, Ratschläge zu finden.

 Nach der Feststellung, dass Che / Bustos die besten Juristen hatte, die er haben könnte, seine Brüder, kontaktierte ich Jan, er ist ein Journalist, der in Holland arbeitet. Er hat mich ernst genommen, das ist ein neues Gefühl für mich, aber er fand den Sprung von Che zu Bustos zu schwierig zu machen; er fragte mich, welche Beweise ich hätte. Wenn Sie mich dann gesehen hätten, als ich aussah wie ein Fisch, den Mund öffnend und schließend, bis ich sagen konnte, 'ich habe ein Beispiel der Handschriften, die ich als Beweis dafür bieten kann. "   Ciro hatte auf einer meiner blauen Karten geschrieben, die nach Kuba und der Schweinebucht –Invasion in 1961 fragte. Es war nicht eine große Stichprobe von seiner Handschrift. Das erste Mal als ich ihn traf, gab er mir drei Einladungen / Flyer um zu verkünden, dass seine Bilder auf der Messe waren. In einer von denen ist eine Einführung von ihm geschrieben, diese stimmt mit dem Schrift auf die blauen Karten überein.

 (Die blaue Karten hatte Fragen, ihn zu fragen, ob er nach Kuba gehen kann, hat er Familie und Freunde dort, etc.)

Ich habe die blauen Karten und der Einladungen sicher verwahrt, das gar nichts die DNA

verunreinigen könnte, als nur ich selbst und die nette Dame, die mir Spanisch zu lehren versuchte, hatten sie berührt, so könnte Ciros DNA von ihnen genommen werden.
Die DNA war mir wichtig, aber sie könnte nicht, würde nicht beweisen, dass der Mann in Malmö Che war. Che`s Brüder und Schwestern noch seine Kinder würden ihre DNA anbieten für mich zum Vergleich. Seine Handschrift hat mir den Beweis gegeben, den ich haben muss! So dachte ich.
  (Ich komme zu anderen Schlussfolgerungen in einem anderen Kapitel.)
  Es ist einfach, Proben von Che's Handschrift aus dem Internet heruntergeladen zu bekommen. Sie bedeckten meinen Tisch, wie ich Brief vor Brief mit der Schreibprobe vergleiche. Ich betrachtete sie durch meine Lupe erst auf einen Weg und dann den nächsten, ich forme die Briefe wie sie geschrieben worden waren, vergleiche sie mit meiner eigenen, ich habe immer gesagt, meine Handschrift ist wie die Schrift eines Arztes, wirklich um zu verstecken, ich bin Dyslektiker!
Ich habe versucht, eine Probe von Handschriften von jemandem zu bekommen, der zur gleichen Zeit wie Che schreiben gelernt hatte. Ich wollte es nicht zu jemandem senden, nur damit sie mich auslachen könnten. Silke hat ihre Vergrößerungsgläser auf, sie untersucht die anderen Proben von Che's Handschrift. Wir beide haben uns mehr als aufgeregt. Nein, nein, wir können nicht akzeptieren, was wir zu sehen glauben. Wir müssen zu jemand

gehen, der bestätigen kann was wir vor unseren eigenen Augen haben.

Ich kann nun als Beweis einige Proben von Handschriften zeigen. Ich kann jetzt sagen, wo Ciro sich befand, denn auf den Einladungen die Ciro mir gezeigt hat, erstrecken die Termine sich von 1979 bis 1999.

Sie wurden professionell produziert, nicht wie die handgemachte Versionen die ich verwende, sie können von den Druckern und der kulturellen Gruppe überprüft werden, die ihn unterstützt haben müssen.

'Grupo Cultral Del Sur.'

Jetzt habe ich Beweise, die nicht aus dem Internet gefiltert wurden! (Oder ich glaube, ich habe). Irgendwie habe ich das Gefühl, weiter weg von dort zu sein wo ich hin will, wo immer das auch ist! Ich hatte dies begonnen in der Hoffnung einem verlorenen Vater zu finden, aber je mehr ich weiß, umso weiter weg fühle ich mich.

Übrigens irgendwie faszinierend bei dem Weg, wie "sie" die Welt hinters Licht geführt haben! Ich frage mich, was meine nächste Frage ist. "Sie" sollten leicht verständlich sein, so wie ich das Buch **Ultimate Sacrifice** gelesen hatte; es wird erläutert, wie nur wenige Menschen einen Plan so kompilieren können, so verschachtelt im Detail auf jeder Bewegung, dass nur eine Person so zu wählen ist, wenn es zu der Tötung eines Präsidenten kam. 'Sie' setzten mehr als eine Person ein, die Schuld auf sich nehmen. Die Leute die ich gefunden habe, waren mit

Che / Bustos verbunden, jene sind Spieler in einem Spiel, das ich noch nicht verstanden habe. Nicht jeder würde sich so viel Mühe gehen, nur um einen Künstler zu retten!
 Ciro sagt: "Ein Künstler will etwas zurückzugeben'

Kapitel neun
Errol Flynn

 Nun da sich die Aufregung der Handschrift gelegt hat, taucht der Name von Errol Flynn in meinem Kopf auf. Es kommt aus den Nebeln meiner Meinung nach, als ein alter Freund mir erzählte, es war ein Film von Errol Flynn über Kuba gedreht worden. Ich war nicht in der Lage, ihn zu sehen, als er im Fernsehen vor einigen Jahren vorgestellt wurde. Aber jetzt bin ich mit Produzenten und Filmstars beschäftigt, als die Idee zu mir kam, danach im Internet zu suchen. Die neue Überraschung dauerte einige Zeit, um mich zu wecken; Ich würde nie akzeptiert haben, meine Tante in der Hauptrolle zu sehen. Sie ist etwa siebzehn oder neunzehn, ein hässliches Entlein starrend neben Errol Flynn. Beverly Aadland war der Name, den sie benutzt hat, ihr Englisch hatte einen amerikanischen Akzent, und der Film wurde in 1959 gemacht. Ich habe ein Foto von ihr als Ches Schwester, wo sie nicht so ein hässliches Entlein ist, sie trägt einen Mantel für denn hätte ich getötet.
 Es ist so viel schwieriger zu entscheiden, ob Sie Recht haben oder nicht, wie Mode und Style helfen ihnen nicht, in dem Film hat sie sehr blondes Haar.

Auf dem Foto von ihr mit ihrem Bruder Che, ist ihr Haar dunkel. Hinter ihr steht der Filmproduzent/ Onkel! Bis jetzt habe ich es nicht geschafft, den ganzen Film zu sehen, der Titel ist Cuban Rebel Girls. Errol Flynn spielt sich selbst als Journalist. Ches Schwester spielt die Rolle einer amerikanischen Helferin in der Revolution. Sie ist zu sehen, beteiligt im Schmuggel von Waffen und Munition und beim marschieren mit den Männern durch die Berge von Kuba. Obwohl ich nicht das Ende zu sehen bekam, frage ich mich, was hat das damit zu tun- jetzt stecke ich fest!
Errol Flynn machte einen Film darüber, wie Kuba seine Revolution finanziert, küsste meine Tante unter einem romantischen Himmel, ich sah sie auch als Spion durch die Straßen von Havanna laufen. Ich kann ein Foto von Errol Flynn im Gespräch mit Castro finden, aber noch nicht ein Foto von Che mit dem Filmproduzenten bekommen. Errol Flynn starb kurz nachdem er den Film fertiggestellt hatte. Die Kritiker sagen, dass es der schlechteste Film ist, den er gemacht hat, ich kann nur sagen, es ist 1950, Amerikaner! Aber warum hat er so einen Film gemacht? Warum einen Film mit Ches Schwester machen? Es spiegelt das wieder, was Sie über Frank Sturgis und die Intrigen über Kennedys Tod gelesen haben. Eine kleine Pirateninsel mit Buchten und Höhlen, in denen Waffen und Munition versteckt werden können.
 Nur aus Interesse sah ich mir Christopher Lee und Ian Fleming an, es wird gesagt, dass sie Cousins

waren, wohin das richtig oder falsch ist, sie waren beide in Intrigen verwickelt, geheime Dienstleistungen und Filme!
 Ich habe alle meine Notizen in Dateien gesetzt, es gibt sechs Dateien nebeneinander auf meinem Regal. (Es gibt jetzt mehr) Ich wusste nicht, dass es so viel war! Ich habe Listen aller Bücher und Filme die ich verwendet habe, und die meisten der Internet-Programme aufgeführt.

        Jorge Ricardo Masetti

 Der Film von Errol Flynn hatte ein neues Gesicht gebracht, das ich nicht einordnen konnte. Es gibt eine kleine Kerbe in seinem Kinn, war er ein Mitglied der Guevara Familie?

Von Cuban Rebel Girls ist als der nicht beste Film den Errol Flynn machte, berichtet worden, ich hatte gehofft etwas zu sehen, das erklären würde, dass das Showbusiness eine größere Rolle in der kubanischen Revolution hatte. Es könnte Untertitel gehabt haben, um genau das zu sagen, was ich hören wollte. Was es tat, es zeigte ein Gesicht; er ist in der Szene, in der die Beerdigung eines der Rebellenmädchen stattfindet. Ich bin nicht sicher, warum er in der Mitte des Service steht, ich kenne sein Gesicht, kann aber nicht sagen warum. Erst als Silke und ich erneut Ches Handschrift am vergleichen waren, ist der Pfennig gefallen. Silke rief an um zu sagen, einen Blick auf den Film zu werfen, den sie im Internet gefunden hatte, er heißt La Palabra Empanada. Dieser Film wurde von Martin Masetti produziert. Es geht um Jorge Ricardo Masetti,

Martin Masetti Vaters. Ciro Bustos ist dort zu sehen, er gibt ein Interview! Passend ist das Jorge Ricardo Masetti ein Revolutionär an Ches Seite war! Er schrieb ein Buch mit dem Titel,

 'El furor y el Delirio: itinerio de un hijo de la Revolución Kuba. "Was Elisabeth Burgos-Debray in ihren Dateien aufgeführt hat, und sie hat erste und zweite Entwürfe gemacht und sie hat ihre Bewertungen behalten. Ich sollte nicht überrascht sein; der Kreis ist nicht so groß wie ich anfangs dachte. In Errol Flynns Film können Sie Ches Schwester und Jorge Ricardo Masetti sehen! Sein Buch wurde übersetzt von Elisabeth Burgos-Debray als eines von Che selbst und er hat Kontakt zu Ciro Bustos. Es sind die Filmproduzenten, die interessant sind ..., Jorge Ricardo Masetti und Martin Masetti, sie sind auch im Filmbusiness!

Warum die Handschrift wieder erwähnen? Wir waren auf der Suche für mehr Beispiele von Ches Handschrift. Ich erinnerte mich, dass Monika Ertl an einem Tisch mit Regis Debray in Havanna sitzt, sie planten ihren Paten Klaus Barbie zu entführen. Ein handgeschriebenes Liebesgedicht ist im nächsten bei Monikas Gesicht zu sehen, es wird gesagt, es wurde von dem Mann, der Ches Führungsrolle nach seiner Todesparty übernahm, geschrieben. Guido Alvaro Peredo Leigue 'Inty'

 Osvaldo Chato Peredo ist Intis Bruder. (Ich habe Fotos im Internet gesehen, wo er neben einem jungen Onkel Roberto Guevara steht und als älterer Mann, dann mit Onkel Martin stehend.)

Ich dachte als ich es das erste Mal sah, es ist Ches Handschrift, Silke meint nun das gleiche. Wir benutzten es um es mit den Proben die wir haben zu vergleichen. Als ich die CD aus der Box herausholen wollte, fiel eine Postkarte heraus. Wir werden wieder überrascht! Kick ist das Produktionsteam für Dokumentar- und Spielfilme. Sie haben den Film über Monika Ertl gemacht. Eines der kleinen Fotos auf der Vorderseite der Karte zeigt Martin Masetti! Aber er ist der Sohn von Jorge Ricardo Masetti! Er war in Errol Flynn Film! Zusammen mit Ches Schwester!?

Und! Unter dem Namen Luciano Monteagudo, Ches Halbbruder, der eine von Ches Schwestern heiratete; hat einen Artikel für Pagina 12 geschrieben; es ist in Archiv3-Daten der Kooperation Dritte Welt Archive. Es befindet sich in Berlin. Es soll zufällig geschlossen werden, wie ich dieses niederschreibe. Es wird nicht wieder geöffnet werden bis September 2012. Ich habe versucht, eine Kopie von anderen Orten zu bekommen, aber ich habe kein Glück gehabt!

"Monika y el Che Padre nazi, Hija Guerrillera. In Pagina 12 Nr. 1588 Seite 26 aus dem Jahr 1992.

    Themen: Kultur; Guerilla; BRD; Lateinamerika; Bolivien; **Über die Deutsche Monika Ertl, die als Tochter eines Nazi-Filmers zu Klaus Barbie 'Onkel' sagte**.

    Schon der Titel ist interessant! Ohne zu sagen, wer es geschrieben hat! (Che's Halbbruder.) Er ist auch ein Filmproduzent.Ich kann nicht umhin zu

denken, die ganze Sache ist eine große Filmproduktion!' Wiedersehen mit Ciro.
Ich habe Ciro wiedergesehen. Dieses Mal nicht mit der Notwendigkeit zu wissen, ob er mein Vater ist. Dazu kann ich nie in der Lage sein, das zu beweisen, aber ich bin glücklich mich von meinen Gefühlen leiten zu lassen
Zwei Jahre sind vergangen seit ich ihn gesehen habe. Ich bin bis zu dem Punkt gekommen, wo er wissen sollte, was ich herausgefunden habe. Ich machte für ihn einen Ordner; es zu erklären, wie ich glaube, die Dinge liefen nach der Todesparty bis zu seiner gefilmten Flucht im Jahr 1968.
'Last moments with Che Guevara. World News- Garderen Weekly- Steven Soderbergh.
 (Mejorentrevista a Ernesto Che Guevara. (invedotia))
  Dies ist, wo Silke Ihn unter all den anderen sah, die von Salvador Allende begrüßt wurden.
 Ich würde mir diesem Film nicht wieder angesehen haben, hätte Ciro nicht gesagt, dass das Foto welches wir vom Film genommen hatten, Benigno war. (Nicht von ihm selbst.)
Was er über den roten Ordner zu sagen hatte den ich für ihn gemacht hatte, war das Benigno ein dummer Mann war, am nächsten Tag, als wir vorbeigingen, um ihn zu sehen. (Die einzige Erwähnung von Benigno in meinem Ordner ist in der Elizabeth Burgos-Debray Listen mit einem Filzstift unterstrichen. Ich hatte nicht erwartet das Ciro mir einen Brief schreiben würde ,zu sagen - Evelyn Sie

haben Recht,! Um durch das, was ich in dem Ordner habe durchzugehen, wird ihn mehr als eine Nacht dauern. Ich weiß, Ciro hat verstanden, das ich weiß, er ist nicht, wer er vorgibt zu sein. Warum aussagen, dass Che sich versehentlich anschoss; er zeigt Silke wo die Kugel durch seinen- Ches-Körper ging und Ciro Bustos ohne Narben ließ. Ich hätte gelacht, wenn ich es könnte; dies war nicht der Moment, um so etwas zu tun, denn Silke hatte es schon schwer genug, wie es war. Ciro hatte gesagt, dass er Französisch an Sonntagen nicht versteht, aber am Montag tat er es. Silke versuchte französische Worte in spanische Wörter zu drehen, es gab deutsche und englische Wörter, herumhängend, versuchend, hilfsbereit zu sein. Vor kurzem habe ich über viele Fotos auf der Suche nach Narben geschaut um zu beweisen das Bustos und Che eine Person waren. Ich fühle für die Idee, die gepflanzt worden war, um mich von der Wahrheit fortzuführen. Und nun wird das gleiche Spiel wieder gespielt! Wenn Ciro Bustos keine Narben hat, dann kann er nicht Che sein. Aber Che hat keine Narben im Gesicht, nachdem er sich selbst angeschossen hat! Er hat nur einen Verband zur der Zeit, um die Schürfwunde abzudecken!

Ich erwähne es nur, weil es ein Hinweis darauf war, er wusste, warum ich dort war. Es war eine große Erleichterung für mich, Silke mit mir auf dieser Reise haben, nur um jemanden an meiner Seite zu haben. Silke hat die meisten Gespräche für unsere Seite geführt. Das gab mir die Chance, Ciro genau

zu beobachten. Er hat den gleichen Eigenheiten wie das Foto zeigt, in dem er im Hintergrund mit Benigno und Leonardo Tamayo- 'Urbano.' Und Harry Villegas- ' Pombo sind die drei Männer, die die Erfahrung in Bolivien überlebt haben, wie Ciro darlegte.
(Keine Sorge, Silke, ich habe diesen Film zu Hause, wir können wir überprüfen den Punkt den Ciro gemacht hat, als er sagte das Foto war Benigno.

Wege Der Revolution. (Das Filmcover sagt mir, das Filmmaterial kommt aus dem -Staatlichen Kubanischen Filmarchiv ICAIC. Dass es ein Original ist!)
Armeeberater überraschend Onkels!
 Ich hatte nicht viel an dem Tag zu tun, nachdem wir nach Hause kamen, so habe ich den Film aus der Verpackung genommen und legt ihn ins DVD-Laufwerk des Laptop ein. Dösend mit dem Dröhnen des Rasenmähers im Hintergrund hätte ich beinahe verpasst Onkel Martin und Onkel Roberto zu sehen! Dieses Mal werden sie als Armee-Berater untertitelt! Ich weiß, sie hatte die Rolle der Rechtsanwalte bei Debray und Bustos ' Prozess eingenommen. Nicht dass Ciro darauf geantwortet hätte, als ich eine Bemerkung über das machte; und das er irgendwie vergessen hatte, das seine Schwester Anna Maria seine Frau in der Hauptverhandlung gespielt hatte! Er hat ihren Namen nicht erkannt, wenn ich darauf hingewiesen habe. Das war am Sonntag, am Montag war Anna Maria ein Name, wie er sagte, der zu einem Enkelkind gehört.

Gut, dass ich in Pangina 12 las was sein Halbbruder geschrieben hatte, Anna Maria hatte die Rolle der liebende Frau gespielt, wenn die Gerichtsverhandlung stattfand.
Ciro reagierte nicht auf das Foto welches ich in der Akte von Anna Maria hatte, mit Elisabeth Burgos-Debray und Onkel Martin und Regis Debray in der belebten Straße, als sie zum Gericht gehen.

(Nicht für einen Moment denke ich Che / Ciro hat es zu verlieren! Er ist wie eine gewundene Schlange, der nicht will, dass Sie wissen, dass er wie ein Hase rennen kann.)

Ich habe einige Zeit damit verbracht über die Idee zu rätseln, dass zwei von Ches Brüder in der bolivianischen Armee als Captains waren und dann als bolivianische Rechtsanwälten bei der Verhandlung von Ciro und Debray. Sie haben Rollen als Military Intelligence Officers und sind mit dem Center of Instruction der speziellen Truppen verbunden. Es ist nicht ein Puzzle, das genau dort ist, wo sie sein sollten! Denn Felix Rodriguez und die Novo Brüder Guillermo und Ignaoio nahmen an dem Todesparty ebenso wie Gustavo Villida teil, sie alle waren CIA-Mitglieder. Sie können beim herumstehen mit bolivianische Soldaten bei Ches Todesparty gesehen werden.

(Gustavo verkaufte Haar im Internet, so wie man sagte Che gehörte!) Che teilte seinen Decknamen mit Felix Rodriguez; das war, warum ich dachte Che war in Kennedys Tod verwickelt; ich hatte nicht erwartet, ihn zu sehen in den Startlöchern zu stehen,

die Verantwortung für den geplante Coup zu übernehmen.
Jon Lee Anderson lebte in der Wohnung über Ciro Bustos.
Jon Lee Anderson lebte in der Wohnung über Ciro Bustos in Malmö! Silke und ich hörten dieses Ciro zu uns sagen. Warum sollte der Biograph das tun? Ist er einer von denen, die die Wahrheit wissen?

    Er lebte in Kuba für drei Jahren, als er sein Buch schrieb. Seine Familie hatte das gleiche Kindermädchen wie Che's zweite Frau für ihre Kinder. Dies ist eine gemütliche Familie. Die Gruppe wird die ganze Zeit kleiner.
Monica Ertl wusste wie man eine Filmkamera verwendet, ebenso wie ihr Vater; er hatte starke Naziverbindungen wie auch Klaus Barbie. Che's Schwester und Halbbruder sind mit dem Show-Business verbunden. Masetti und sein Sohn sind Filmproduzenten, Schauspieler! Masetti ist in Errol Flynns Film in der Szene, wo die Beerdigung stattfindet zu sehen, ebenso Anna Maria.
Ich habe gelesen, dass Ciro mit Masetti lebte, als er zum ersten Mal nach Kuba kam. Ciro bemalte Tontöpfe irgendwo in der Nähe von Santiago de Cuba.

    Andere böse Jungs / Brüder / Guerilla. Andere böse Jungs / Brüder / Guerillas haben ihre Namen und Fotos in den argentinischen Archiven von Terroristen. Sie können "La Petti, 'Anna Maria als böses Mädchen zusammen mit ihrem Bruder Martin in einer ähnlichen brasilianischen Terror

Archiv im Internet finden.

(Colectivoepprosario.Blogspot.com/2010_02_01_ a) Dieses Programm führt auch andere Namen von Onkel Martin auf, die er eingesetzt hat, zusammen mit dem Namen, den er als Rechtsanwalt bei der Gerichtsverhandlung verwendet hat.

Warum hat Ciro mein Foto in seinem Glaskasten?

Meine nächste Frage ist, wenn ich völlig falsch liege warum hat Ciro dann mein Foto in seinem Glaskasten zusammen mit Che's erster Frau, sie steht neben einem großen blonden Journalisten.

Er interessierte mich, weil er aussieht wie ein Filmproduzent, der Jean-Luc Godards Lobpreisungen in dem Film Nouvelle Vague gesungen hatte. Wenn er derselbe Mann ist, dann wird er auch in den Argentinischen Terror Archiven zu sehen sein. Der Name den er verwendet, ist Nestor Carlos Kirchner. Der gleiche Name kann in den Archiven gefunden werden.

(Eine kleine Wendung hier, Nestor Carlos Kirchner ist der Name des argentinischen Präsidenten. In der Tat können sie zusammen an einem Panzer gesehen werden!)

Mehr Filme zu betrachten.

Ich habe ein bisschen meine Gedankengänge aufzuräumen in meinem Kopf, wenn ich den Film suche, wo Silke Ches Flucht nach Chile und Kuba gefunden hat. Ich fand einen Film- 'Enter leyendas- Eresto Che Guevara in Bolivia. "Hier fand ich es das gleiche Material wie in **Path Way to Revolution**. Er zeigt auch die beiden Brüder in Uniform und das

Foto von Che / Ciro und ein interessantes Stück Film, wo man Che in Verkleidung sehen kann, er geht ins Lager, wo seine Männer gesagt wurde zu warten; zuerst erkennen sie ihn nicht!
(Ich habe dieses Stück Film vor langer Zeit gesehen. Ich habe ihn, sobald er in die Kamera kam erkannt, ich war ein wenig überrascht, dass es bei seinen Männer so lange gedauert hat, um durch die Verkleidung zu sehen.) Das war, bevor ich herausfand, es war eine Filmszene gefilmt für mich zu sehen, ein Teil des Skripts der in einer viel größeren Produktion zu sehen ist.

"Guerrilleros del" Che "Regresaran ala Habana.)
"Fronter De Chile Che Guevara. (Documental Completo) und die Internet-Filme. 'September De 1967 - Film 1 von 4 bis 4 von 4 hat die gleiche Information zu bieten. Legen Sie alle Filme zusammen, zerschneiden sie den Film in Gedanken, um ein besseres Verständnis für jedermanns Rolle in diesem Spiel zu bekommen.

Ich muss sagen, Silke und ich waren Bond-Girls! Ich habe eine andere Probe von Ciros Handschrift, auch Silke hat eine. Niemand kann sagen, das es ist eine Fälschung ist, es ist jetzt bezeugt.

Ich nahm seine Zahnbürste. Nicht mit der Idee, sie für eine andere DNA-Test zu verwenden, um zu ihm zu sagen: "Das ist ernst!"

Ich hatte die Zahnbürste in meine Socke gesteckt; es war nicht ein guter Ort, da es rutschte. Ich hatte die schreckliche Vision von der orangefarbenen Zahnbürste die Treppe hinter mir hinunter marschierend zur Haustür! Es passierte nicht, aber es ließ mich wieder in das Bad zurücktanzen.

Ich wollte für einen DNA-Test bitten, zu einem um zu sehen, wie seine Reaktion sein würde und zweitens als eine weitere Möglichkeit, um einen Kontakt zu knüpfen. Aber die meisten von Ciros Bemerkungen führen uns weg von dieser Frage Er hatte mich umarmt; er hat uns in seine Wohnung eingeladen, wo wir zusammen Kaffee tranken.

Als Silke und ich ankamen mussten wir im Park gegenüber seiner Wohnung sitzen, wir waren uns nicht sicher, dass er zurückkehren würde, aber als Bond-Girls haben wir herausgefunden, das seine Fenster weg von der Straße offen waren. In der warmen Sonne im Park zu sitzen war nicht so unkomfortabel.

Ich sah das Auto, Ciro fährt Rennen auf der Straße mit dem gleichen Eifer wie jeder Rennfahrer! Kurze Zeit später erschien er, und sah aus wie der alte Mann in der Verkleidung die er in Bolivar benutzt hatte. Ich nahm mein Handy heraus und wählte seine Nummer, wir waren nicht in der Lage Plan A zu benutzen da der Mann in dem Laden nebenan den Tür-Code vergessen hatte. Plan B war es, einen kleinen Jungen der vorbeikam, Ciro zu bitten, aus dem Fenster zu schauen, von wo aus er mich auf dem Bürgersteig stehen sehen konnte, er sah überrascht aus! In diesem Moment kamen eine Frau und ihr Hund aus der Tür. Ich zog Silke hinter mir her; wir erreichten die Tür, bevor sie schließen konnte. Dies ist das dritte Mal, dass ich ihn

überraschte, ich wünschte, ich könnte mich einladen ohne das Risiko einzugehen, dass Ciro von seinem Balkon fallen würde, wenn der schwedische Junge ihm zu sagen versucht, ein englisches Mädchen will eine Tasse Kaffee!
Ich schaue auf das Foto, das ich von dem Glaskasten habe, wo ich mein Foto sehe, ich kann mir nicht helfen, ich frage mich, warum er- Ciro Bustos mein Foto behalten hat.... und warum gibt es ein Foto von Che's erster Frau, aber es gibt nirgendwo andere Familienfotos in seiner Wohnung zu sehen.

Kapitel zehn
Pierre Kalfon

Pierre Kalfon ist ein Name auf Elizabeth Burgos-Debray Liste, er schrieb auch eine Biografie über Che. Ich frage mich warum, und er war dort, nicht nur war er da, er war auch ein Filmproduzent, ein Schauspieler, ein Drehbuchautor! In einem kleinen grünen Notizbuch von mir habe ichgeschrieben - "Ein Buch erklärt Pierre Kalfon ist ein Bruder." Was ich nicht tat ist zu sagen, in welchem Buch ich diese eine Bemerkung gefunden habe! Ich habe diese Bemerkung nicht wieder gefunden. Aber ich fand Jean-Pierre Kalfon wurde in einem Film namens 'Weekend' von Jean-Luc Godard dirigiert! Mit ihm spielte Mireille Darc. Dies ist einer der Namen die Ana Maria verwendet! –Che's Schwester (hcl.harvard.edu)

  Dies ist ein Französischer / Italien. Film von

1968, in Farbe, 105 min mit französischen und englischen Untertiteln.
Ich habe mich immer gefragt, warum die Filmqualität so schlecht war, wenn es um Dreharbeiten für Che's Todesparty ging. Spezialeffekte! Habe ich erwähnt, das Pierre Kalfon ein Rockstar und ein Professor in Chile war, er schrieb ein Buch über Salvador Allende und Bolivien! Als auch ein Diplomat und er verbrachte 25 Jahre in Lateinamerika.

Da ist ein anderer Mann, der eine Biografie über Che geschrieben hat, sein Name ist Josef Lawrezki. Er war ein russischer Spion! Sein Leben in einem kleinen Absatz zu nennen, erscheint mittelwertig; er war in Argentinien gegen die Deutschen tätig. Er muss seine Füße in den Pool dieser Geschichte haben oder er konnte nicht seine Bücher darüber geschrieben haben, auch er hat Bücher über Che und Bolivien und Salvador Allende geschrieben. Er wurde anständig und hatte einen Doktor in **russischer** Geschichte.

(Seine Bemerkungen entsprechen diesen Zeitung Ausschnitten aus Elizabeth Burgos-Debray Dateien. Niemand hatte von Che oder seiner Todesparty in den umliegenden Dörfern gehört.)

Als sein Buch in 1974 erschien könnte es mir mehr zu erzählen haben, aber es ist in DDR deutsch verlegt! Es würde mich Wochen, Monate, Jahre kosten, nur um den Saft auspressen.
.

Will Havana's streets shout my name?

The City stands as I knew it,
The peoples' voices are held within in its streets.
Is it my name that is on their breath?
I am here, but they cannot see me.

Am I the hero they think I am?
Were they told the jungle beat me?
The revolution goes where it can
I am here, but they cannot hear me.

Who told them I am a revolutionary man?
Why do they hold my name under their breath?
The words have been written before I ever spoke them.
I am here, what am I trying to give?

I am not the only one to have played this game.
Am I the only one to take the blame?
I have died so my name can live!
But, without my name I cannot rise again.

Will they understand I never went away?
It was a game I had to play.
The world did not want another way.
I am here to dread this day.

Now the truth is on their lips!
Will they stamp for joy, to hear I live?
Will Havana's streets shout my name?
Che! Che Guevara is here again!

Eine Liste von wer es weiß?
Ich weiß nicht, ob es jemanden gibt, den ich vergessen habe oder wenn all jene die ich genannt habe wirklich alles wissen. Aber die Liste stammt aus einem Bauchgefühl heraus; ich sage dass um einige der seltsamen Erklärungen zu entschuldigen.
Fidel Castro = er bildet die Privatarmee Salvador Allende aus und sie waren die besten Freunde.
Salvador Allende * = er hatte Che und andere Partisanen geholfen zu entkommen! Wie auf vielen Filmen gezeigt wird.
Miguei Bonasso = Reporter für Pangina 12 und Filmemacher.
Nestor Carlos Kirchner = wie er abgebildet ist mit Ches erste Frau in der gleichen Vitrine wie das Foto von Ciro und mir.
Sein Name und Foto sind in den gleichen terroristischen Archiven wie von Onkel und den Tanten zu finden.
Humberto Vazquez Viana = Ich sah ihn in Ciro Wohnung, es ist bekannt, das er beteiligt gewesen ist.
Pierre Kalfon = Er war es, der ein Buch geschrieben....
    'Benigo'- Dariel Alaron Ramirez.
    'Pombo .'- Harry Vallegas Tamayo.
  'Urbano .'- Leonardo Tamayo.
Ches überlebenden Partisanen.
Felix Rodriguez = er lebt von dem gefälschten Foto.
Es gibt eine kleine Gruppe mit der er arbeitete.

Orlando Lettelier = es wird gesagt, er soll für die Entlassung
Ciro Bustos und Debray's aus dem Gefängnis gesorgt haben.
Elizabeth Burgos-Debray = sie hat Dateien zu dieser Zeit angelegt und sie war da.
Regis Debray = er war mit Ciro!
Aleida Guevara March und Familie!
Josef Lawrezki. * Ich denke, er vermutete, dass die Dinge nicht so waren, wie sie hätten sein sollen,
Steven Soderbergh = er hat Filme über Che oder Bustos gemacht
Jonan Söderberg = er hat Filme über Che oder Bustos gemacht.
                        Könnte das Verwandtschaft sein!?
Ana Maria = Che's Schwester-Bustos 'Frau für den Prozess.
Alberto Granado * = ein bester Freund, lebenslanger Kamerad.
Lillian Betencort = für die Finanzierung.
Jon Lee Anderson = in der Wohnung über Ciro Bustos in Malmö gelebt und er lebte in Kuba über drei Jahre, als er
sein Buch schrieb. Seine Familie hatte das gleiche Kindermädchen wie Che's zweite Frau für ihre Kinder.
Monica Ertl * =, weil, wegen des Liebesgedichts.
   Und Ann Wright, als sie ist / war Monika Ertl.
Masetti und Sohn = Ciro lebte mit Masetti Senior, als er zum ersten Mal nach Kuba kam.

Sie sind beide Filmproduzenten usw.! Und Terroristen!
Che Vater * und zweite Frau = ihr Name ist auch in den Elizabeth Burgos-Debray Listen zu finden.
Che's Mutter * =sie lebte allein, als sie starb, ihre Taschen waren voller Kinokarten!
Alle von Che's Brüdern = Drehbuchautoren, Filmstars, Produzenten, Juristen.
Und ich! = Auf der Suche nach meinem Vater.
* = Diejenigen, die die Bühne verlassen haben.

Kapitel elf
Ein Brasilianischer Guerilla in Bolivien.

Es Ist ein diesem Punkt dachte ich, ich hatte alles was ich könnte, gelernt. Aber-
Sie werden nie erraten, war ich durch Zufall herausgefunden habe!?
Ich hatte gedacht, ich hätte mein Manuskript fertig bekommen, ich habe sogar eine Kopie in Englisch nach Ciro geschickt; ich habe ihm auch eine vom Internet-Computerprogramm ins Spanische übersetzte Kopie gesendet. Diese Methode des Übersetzens zu verwenden macht das Lesen des Manuskripts schwierig; genau zu entscheiden was da gesagt wird, ist eine Frage von harter Arbeit!

   Ich habe einen Kubaner getroffen; er lebt in der kleinen Stadt, die sich in der Nähe befindet, wo ich wohne. Auch er hat Pferde und liebt es zu fahren, nur weil er gerade die Organisation einer Spaßfahrt plante, kam er vorbei um uns zu sehen. Über den Kaffee fanden wir heraus, dass er von Holguin in

Kuba stammt. Wir kennen die gleichen Stellen, aber nicht so viele Leute da er dort nicht mehr seit 25 Jahren gelebt hat. Pedro passierte es zu sagen, dass sein Vater in der kubanischen Armee war. Ich hatte seinem Namen nicht richtig gehört, den Namen den ich hatte, führte mich zu Marchuncuto, Venezuela 1967, wo ich einen Pedro Cobrera Torres und Manuel Gil Custellonos fand, und sie waren getötet worden, weil die Insel des Terrors- Kuba einige Male in vierzig Jahren einen (Schweinebucht) Angriff auf Venezuela durchgeführt hatte. Dies geschah zur gleichen Zeit wie Che an seiner Todesparty teilnahm! Ein Buch von Brian Lawtell über Fidel Castro würde mir mehr erzählen.

Pedro erzählte mir das nächste Mal als ich ihn sah: das der Familienname seiner Mutter Cabrera ist und sein Vaters Name ist Pedro Julio Pena Quevedo. Zu dürfen, zu kommen und zu studieren, in dem Staat, was die DDR war, musste man in einem komfortablen Position in der kubanischen Regierung sein. In diesem Sinne habe ich den Namen in das entsprechende Feld der Internetsuchmaschine eingegeben. Um zu sehen, er war ein Mann des Militärs war keine Überraschung. Aber nach dem Spiel mit dem Namen wie Pedro vorschlug, erlebte ich eine Überraschung.

Ich gab Pedro Pena ein:

PDF Che: Behind the CIA's killing of a Revolutionary.

Das sagt mir, dass ein Pedro Pena informiert über Che war!

Es wurde von Michael Ratner und Michael Steven Smith geschrieben.
Es gab noch andere Pedro Penas, 'einen Balletttänzer, ein Fußballer. Aber ich war überrascht, mich wieder zurück in einem vertrauten Kreis zu finden.

Während ich mit dem Namen Pedro Pena arbeite, bat ich das Internet mir die Auswahl der Bilder zu zeigen. Ich hatte nicht erwartet, ein Bild mit zwei Personen und einem handgeschriebenen Brief zu sehen. Die Handschrift war mir vertraut, sehr vertraut. Es war die Handschrift von Che Guevara. (oder ein Konsortium)

Jetzt bin ich überrascht. Wie kann das sein?
Daniel Cassol hat einen Artikel geschrieben.
http://danielcassol.worldpress.com/2012/08/29/um-brasileiro-na-guerrilha-boliviana-2/

Ein brasilianischer Guerilla in Bolivien.
Die vertraute Handschrift hat einen Brief an Susanna geschrieben, nach Berichten zufolge von Luiz Renato Almeida Pires geschrieben. Er ist angeblich ein Mitglied der Guerilla in Bolivien, obwohl von ihm gesagt wird: er ist ein brasilianischer Staatsbürger. Er heiratete Susana, als er verschwand, erwartete sie ein Kind von ihm. (Ein Halbgeschwister?)
Daniel Cassols Bericht sagt mir, das Luiz Renato Almeida Pires als Kandidat für das Amt des Kommissars der Guerilla betrachtet wurde, aber es beschlossen wurde, dass Nestor Paz Bolivia Amora diese Position einnehmen sollte. **Von** Chato Osvaldo

Peredo wurde gesagt, er habe diese Möglichkeit berücksichtigt, aber Renato wollte diese Position nicht für sich, da er glaubte, dass sein spanisch nicht gut genug war!

    All dies ist um Teoponte geschehen.
Teoponte ist eine Stadt, die eine Guerilla-Gruppe unter der Leitung von Chato Osvaldo Peredo einnahm im dritten Quartal 1970. Sie sollten es für etwa 100 Tage halten. **General** Candia versprach einen Krieg ohne Kausalitäten oder Gefangene. Von den siebenundsechzig Männern die beteiligt waren, wurden neun Überlebende von Juan Jose Torres übernommen, als er von General Alfredo Ovando Candia übernahm. In '**Brazilian in Guerrilla Bolivian**' heißt es, dass Chato Osvaldo Peredo und Luiz Renato Almeida Pires unter den Überlebenden sind, jedoch Luiz Renato Almeida Pires hingerichtet worden ist. Der Schriftsteller sagt auch, dass der Umstand seiner Hinrichtung nie geklärt wurde, noch war sein Körper gefunden worden! (Wo habe ich so etwas zuvor gehört? Auch wenn Vazquez Vianas Körper in den Dschungel geworfen wurde, so hat er einen Totenschein als auch Luiz Renato Almeida Pires. Aber ich traf ihn in Ciro Bustos Wohnung und fand seine Adresse in Schweden. In Italien ist er auf dem Internet zu sehen, ein Buch über Che Guevara verkaufend!)

Apropos Ciro Bustos Ich schickte ihm eine E-Mail dieses Mal auf Portugiesisch, nicht in Spanisch. In der Regel bekomme ich eine Antwort, wenn ich sage, ich gehe um ihn zu sehen. Er sagt, in der Regel kann er mich nicht sehen, da er krank ist er oder es besteht ein anderes Problem, er schien nicht zu bemerken, dass ich Portugiesisch statt Spanisch benutzt hatte; es ist meine Angewohnheit ihm meine Nachrichten in Englisch und Spanisch zu senden.

Was bedeutet das!? Er sagt, er spricht kein Englisch. Die E-Mail die ich Ciro geschickt hatte, sollte darauf hinweisen das er beide Versionen hat, in Englisch und Spanisch.

Bei einer Antwort einer E-Mail die ich ihm am ersten Oktober zweitausendzwölf schickte, beendet er seine E-Mail mit den Worten:
"Ich mag es nicht meine Zahnbürste zu verlieren wegen der DNA eines Geistes. Der Winter kommt. Bis zum nächsten Sommer, Grüße. '

In der Wiederholung der E-Mail habe ich eine portugiesische Übersetzung benutzt, er sagt: "Ich teile nicht Obsessionen; Ich bin Co-Autor von einem, nicht ein Liebesroman Charakter. Ich mag nicht Druck oder das du meine Zahnbürsten stehlen tust. " Ich verstehe nicht, warum er bestätigt hat, ich nahm seine Zahnbürste! Nicht einmal, sondern zweimal!

Zu diesem Zeitpunkt bin ich verwirrt, es gibt es nun vier Namen die mit der gleichen Handschrift verbunden sind.

Che Guevara, seine bin ich in der Lage, von seiner Kindheit an bis zu den bolivianischen Tagebüchern zu folgen. Er hat die Angewohnheit, einen Wirbel von einem Buchstaben in seinem Skript zu machen.

Aber das tut Ciro Bustos auch! Und Luiz Renato Almeida Pires!? Und Monika Ertl in ihrem Lamento an Inti; so zeigt es der Film. Gesucht: Monika Ertl, von Christian Baudissin.

Regis Debray, sagt. "Monika schrieb es aus ihrer Trauer über den Tod von Guido Alvaro Peredo Leigue 'Inti'. Ciro hat mir bei meinem ersten Besuch eine Einladung für eines seiner Bilder-Präsentationen gegeben. In dieser Einladung gibt es eine handschriftliche Einführung. Bei anderen Beispielen welche er mir gab, eine von denen kann von einer anderen Person außer mir bezeugt werden: wir haben ihn mit der Ähnlichkeit der Handschriften konfrontiert. Das war, bevor ich es wieder von Luiz Renato Almeida Pires verwendet sah.

Vier Personen können nicht die gleiche Handschrift haben. Ein Mann kann!

Ich bin wütend! Er hat eine andere Familie! Es gibt weitere Geschwister! Warum bin ich verletzt? Ich möchte wissen warum, wie kann ich das herausfinden?

Ich bekomme die Kopien der Computer-Übersetzungen. Ich habe E-Mails an Daniel Cassol geschickt, zu wissen, das er ist nicht glauben wird, aber ich muss es wissen. Er sagt, kenne ich Mabel? Nein, ich weiß nicht, aber ich möchte, rückwirkend wusste ich nicht zu dieser Zeit, sie konnte die Halbschwester sein, nach der ich suche. Ich will ihm nicht zu allem etwas sagen, zu wissen, er wird mir nicht glauben. Aber ich wollte ihm sagen, er soll sich die Handschriften ansehen. Ich finde am Ende von Daniels Account heraus, es war ihm möglich Susana zu kontaktieren, Begleiterin von Renato und die Mutter von Mabel. Sie lebt in London. Am Morgen des vierundzwanzigsten Juli zweitausendzwölf ging Susan ans Telefon in England. Sie wollte nicht ein Interview geben. Daniel helfen Sie mir! Er weiß ihren Familiennamen. Ich schrieb ihm eine Email, ich werde ihn mit E-Mails bombardieren! Ich bin böse mit ihm, ich bin böse mit Ciro, und ich bin böse mit mir selbst. Wie kann ich von hier aus weiter vorgehen. Ich schreibe alle Namen in Daniels Bericht und aus einem Bericht über Teoponte von Gustavo Rodriguez Ostria nieder. Gustavo Rodriguez Ostria ist ein Historiker, er hat ein Buch über Tamara Bunke "Tania" geschrieben. Er arbeitet in den gleichen Kreisen. Er wurde stellvertretender Minister für Bildung von Bolivien.

Die Militär-Archive der Periode sind in Bolivien noch geschlossen, obwohl Gustavo Rodriguez Ostria es geschafft hat, Dokumente im Zusammenhang mit der Guerilla während seiner Recherchen für sein Buch zu bekommen. Daniels Bericht sagt mir, unter ihnen sind maschinengeschriebene Blätter von dem, was ein Teil von Luiz Renatotos Tagebuch sein könnte. Mit Gustavo Rodriguez Ostria zu sprechen wäre interessant!

Daniel sendete mir eine E-Mail zu fragen, wer ich bin; er sagte, er wisse nicht viel über Susana oder Mabel. Ich sagte ihm meinen Namen und ich möchte nicht die Verantwortung tragen, für das was ich alleine herausgefunden habe. Er hat nicht auf diese E-Mail geantwortet. Ich hatte ihm gesagt, dass die Familie Guevara beteiligt war: Ich entscheide mich für ihn aufzuschreiben, wie jeder einzelne in diesem Spiel verwebt war. Ich hatte ein Start getan und die Querverweise aller Namen in seinem Bericht und Gustavo Rodriguez Ostrias gemacht. Inti, eins und zwei, Guido Alvaro Peredo Leigue 'Inti'. Er hat ein Foto in 'cerrocolvo. Blogspot.com ", dieses Programm kommt aus Santa Clara, wo das Che Guevara Museum ist, sie würden denken, sie würden es wissen! Im gleichen Programm können Sie Lucio Ediberto Galvan Hidalgo sehen. Er sieht aus wie Guido Alvaro Peredo Leigue 'Inti', obwohl das Kinn fehlt!

Schauen sie in gehealogiadelcheguevara.blogspot.com und haben sie einen Blick auf ihre Fotos von den vier genannten Männern.

(Seit wann haben Männer mit welligen Haar beschlossen, festes lockiges Haar zu haben?) Es ist wie wenn man sagt, das jene Männer die glatzköpfig sind, ein volles Kopfhaar zu wachsen anfängt, während sie im Gefängnis sind!

Ich möchte sehen, ob die Onkel auf dieser Bühne sind. Sie können als Berater und Integratoren vor Che's Todesparty gesehen werden. Sie erscheinen wieder als Rechtsanwalt bei der Verhandlung von Regis Debray und Ciro Bustos. Wenn sie da sind, rund um Teoponte, wird es schwierig sein mit Beweisen dagegen zu argumentieren.

Nun bleibt mir zu denken, aber nicht zu wissen, in welche Richtung genau zu gehen. Ich wollte dort aufhören, wieder als Hausfrau und Künstler tätig sein. Aber die Tatsache, dass Che und Ciro die gleiche Handschrift teilen; Regis Debray sagt, zeigt Monica Ertl mit der gleichen Handschrift, den Tod Intis beklagend. Zu allem hat Luiz Renato Almeida Pires die gleiche Handschrift und so einen Eindruck in meinem Kopf hinterlassen, den ich nicht loswerden kann. (ähnliche Handschrift)

Ich begann, indem ich alle anderen Namen aller Onkel in das Suchprogramm auf dem Internet eingebe. Ich muss sagen, ich ging im Kreis, stoße auf Namen die ich kenne. Auf diese Weise kann ich zu den Namen Elvira Susana Miranda, es wird von ihr gesagt: Sie war Mitglied in der ELN. Unter anderem fand ich sie in 'Desaparecidos en Argentinien.' Www.desaprecidos.org/arg/victimas.

Ich stelle fest, das Wort Victmas.
In diesem Programm wird gesagt sie ist vermisst, Teoponte am elften Mai neunzehnhundertachtundsiebzig. Sie soll fünfundzwanzig zu dieser Zeit sein, eine Krankenschwester. Susana und eine andere Krankenschwester Domingo Mather wurden nach Santa Fe zu einer kleinen Waffenfabrik gebracht. Sie waren nicht dort um zu arbeiten oder zu spielen, sie scheinen in Haft gewesen zu sein, man hielt sie in Gefangenschaft für ihre Mitgliedschaft in der ENL.

In einem Internet-Programm "Stadt Rossario in der Provinz Santa Fe ' wird gesagt das Elvira Susana

Miranda und Jorge Horcio Novillo (Einer der Anwälte!)wegen Terrorismus angeklagt wurden. Eine Liste von ihr und Jorge Horicon Novellas Verbrechen sind in der PDF'informepara querellantes.
www.aph.argentina.org.ar/.../hijos20090818.
 Wie Jorge Horcio Novillo- no conapepa: 3628. Er wird in Listado de Detentidos-Desaparcidos en Argentinien aufgeführt.

    Ich finde das interessant! Er ist ein Bruder von Che und Ciro Bustos Rechtsanwalt und jetzt ein Mitgefangener!
 Luiz Renato Almeida Pires und den Namen von Elvira Susana Miranda habe ich in "Mortes e Despareaidoa 'gefunden, dieses Programm hat mir gesagt, sie waren gegen die Herrschaft von Diktatoren. Dieses Programm zeigt nur Listen. Ich bin nicht überrascht, den Namen Rodolfo Walsh zu finden, er ist in vielen der Programme zu finden. Als ich in Susana Elvira Miranda, Teoponte eingesetzt hatte, erschien folgendes Programm:
Colectivoepposario.blogspot.com/…/Bolivia.info…
Ich fand Rudolfo Walsh wieder; der Verweis auf der Seite über das Ausgraben der Leichen derer die in Teoponte gefallen sind. Auch er ist ein Ex-Häftling der kollektiven Pool-Überlebenden. Rosario. Zwei Brüder und eine Susana!

    Jean Pierre Kalfons Name ist in dieser Seifenoper.Er hat mit Jean-Luc Godard gearbeitet, ein anderer Name benutzt von Rodolfo Walsh und andere, die ich nicht hier wiederholen will, ein

Halbbruder zu Che. Jean Pierre war ein Filmstar, Rocksänger, ein Professor, ein Journalist und ein Diplomat, und er wurde aus Chile vertrieben, nachdem Salvador Allende gestürzt worden ist. Er ist Autor / Journalist mit Büchern über Che und die Ereignisse verbunden mit Teoponte Ich fand einen anderen Decknamen für den ihn- Andre Durand-Mareuil.
(In einem Film namens "Prenom Carmen ' produziert von Jean-Luc Godard. Jean Pierre sieht aus wie Che, sie haben ähnliche Gesichtsausdrücke. Könnte Jean Pierre Kalfon Che's Doppel gespielt haben? Das Jean-Luc Godard ist auch in einer Szene aus diesem Film zu sehen! Ich bin nur am nachdenken.)
Regis Debray ist auch in dieser Seifenoper. Er hat auch etwas zu Teoponte geschrieben. Ich habe ihre Bücher nicht gelesen, aber ich wette das sie nicht erklären, warum Luiz Renato Almeida Pires die gleiche Handschrift hat wie Che Guevara.

Kapitel zwölf.
Auf der Suche nach Beweisen

Die DNA ist nicht von Nutzen zu diesem Zeitpunkt! Ich hatte mich bei Freunden beschwert, das ich fühle das ich auf etwas sitze, das ist nicht meins ist. Sie fragten mich zum Kaffee an einem Sonntag. Sie sagten, sie kennen jemanden, der sich für meine Geschichte interessieren könnte. Aber wie immer gab es ein aber, diese Person wollte Beweise. Die Beweise, an die wir dachten war die DNA von der Zahnbürste. Es war mehr als ein Problem; der erste war, eine Firma zu finden, um diesem Test durchführen zu können. Um eine deutsche Firma zu verwenden, gab es das Problem der benötigten Zustimmung Ciros. Da er bestätigt hatte, dass ich seine Zahnbürste nicht einmal, sondern zweimal genommen hatte, kann ich nicht denken, er würde. Das nächste war, wenn ich unter einen anderen Namen der Test durchführe, würde es nur den Namen bestätigen, für den ein DNA-Test durchgeführt wurde. Nicht dass es Ciro Bustos war, noch würde es beweisen, dass er Che ist.

Nur den Namen des Che Guevara zu nutzen hatte mir genug Probleme gegeben! Nicht jeder kann sich mit dem Gedanken anfreunden, einen DNA-Test mit jemandem durchzuführen von dem sie sie denken er ist tot.

Die Verwendung dieses Namens macht es nicht zu einem legalen Dokument. Ein legales/juristisches Dokument meint: fragen Sie einen Arzt, um eine Probe von Ciro nehmen.

Ich habe seine Zahnbürste!

Eine englische Firma konnte mir einen Soft- Test für gedankliche Ruhe anbieten. Der Arzt oder eine bezeugte schriftliche Genehmigung würde es zu einem juristischen/legalen Dokument machen. Ich gehe im Kreis, um einen Test mit einem anderen Namen auf ihm zu machen, würde mir nicht helfen. Ich könnte meine Nachbarn verwenden, der Vater und die Tochter sind in der gleichen Altersgruppe. Belegt Immer noch nicht meine Beweise. Wie soll ich es mit Che Guevara in Verbindung bringen? Ich hatte geplant, nach Paris zu gehen und zu versuchen, Anna Maria, Che's Schwester zu finden. Ihre Adresse ist im Telefonbuch, genauso der Halbbruder. Der Gedankenapparat des Bond-Girl in diesem Sinne funktioniert wieder. Plan A wäre nur sie zu fragen. "Ihr könntest meine Tante / Onkel sein. Kann ich eine Probe für einen DNA-Test bekommen? "Ich glaube nicht, dass sie mir eine E-Mail zu schicken ..." Sie haben meine Zahnbürste genommen! Bitte ersetzen Sie diese! "

Ich fühle mich nicht sehr glücklich an diesem Punkt, bis zu dem Moment an dem ich dachte, 'Augen.' Augen?

Warum die Augen? In dem Moment als ich Ciro zum ersten Mal sah, zeigte das Licht mir ein Mann mit hellbraunen Augen und einem grün / blau blassen Außenring. Und einen braunen Fleck auf dem rechten Auge = Abschied Che-Hallo Ciro. So hatte ich gedacht. Nach der Rückkehr von dieser ersten Reise habe ich das ganze Wochenende über das Internet auf der Suche durchforstet nach dem Moment, in dem Sie in Che's Augen schauen können, um die gleichen Muster zu finden. Die Referenzen sind in meinem Tagebuch für dieses Jahr. Dann vergaß ich es. Die Tatsache das meine Augen die gleiche Farbe und den blauen Ring haben, was man sehen kann, wenn man von vorne hineinschaut, sowie man es bei Ciro zu sehen ist, hat mich auf dem Weg zu einem DNA-Test gepackt. Ich verbrachte das ganze Wochenende auf der

YouTube-Plattform auf der Suche nach dem Augenmuster von Che. Drei Filme gaben mir einen guten Blick auf die Muster die ich suchte. Aber meine Kamera war nicht in der Lage, eine klare Kopie zu erstellen.

Der Film Sacrefico macht es nicht so leicht, das Muster zu finden, es könnte sein, das mein Laptop Programm dafür nicht geeignet ist, um Bild für Bild zu zeigen. Ich war nicht so clever mit den YouTube-Filmen, aber sie zeigen was ich suche. Das Wochenende brachte mich zu einem Punkt, wo ich dachte, ich würde nicht finden was ich gesucht habe. Bis zu dem Moment wo ich das Augenmuster auf meinem Laptop-Bildschirm hatte und das passende Muster aus einem YouTube-Film gegeneinander gelegt habe, könnte ich falsch gelegen sein. Aber da ist es und eine Liste, wo sie zu finden sind!

Ein Gewicht fiel von meinen Schultern; die Nervosität in den letzten Tagen fiel ab. Der Stress sich in einer Position zu befinden , nicht in der Lage zu sein zu beweisen, das Ciro Che ist, war einfach verschwunden. Die Augen die mich ansehen sind ein und derselbe Mann

Dieser Moment hielt nicht lange vor, jetzt habe ich jemanden zu finden der die richtigen Programme auf den Laptop hat und eine Kamera, die in der Lage ist ein Foto zu tätigen, wo das Augenmuster eindeutig zu erkennen ist.. Frank hat ein Buch über die Insel, wir teilen uns den gleichen Verlag. Wir trafen uns am letzten Wochenende; er gab einen Vortrag über Ansichtskarten von der Insel und von älteren Städten auf der Insel. Als er vom reproduzieren von einigen der kleineren Karten sprach, so dass diese in einer Ausstellung verwendet werden konnten, fiel der Groschen. Einige der Karten sind von Visitenkartengröße. Frank kommt am Freitag. Frank kam nicht am Freitag, als der Winter Schnee über alles legte und der Wind füllte die Straßen, selbst als die Schneepflüge taten ihr Bestes, um die Straßen frei zu halten und nicht wieder gefüllt zu werden. Um die Enttäuschung zu überwinden, habe ich beschlossen ein Bad zu nehmen. Es war in der Badewanne als eine Idee mir unaufgefordert in den Sinn kam. Der Artikel aus der Berliner Archiven war per Post angekommen; es hatte mehr als ein Jahr gedauert; wie das Archiv verlagert worden war, hatte der Artikel in Umzugskartons gelegen, bis ich jemanden davon überzeugen konnte ihn herauszunehmen. Da es der Halbbruder war, der es unter dem Namen Luciano Monteagudo geschrieben und es Monika y el Che betitelt hatte, wurde meine Aufmerksamkeit erregt. Bis ich das Bad genommen hatte, war ich nicht beeindruckt mit ihm: Es war Werbung für den Film Gesucht: Monika Ertl, von Christian Baudissin.

Monika war unter Verdacht geraten für den Tod von Roberto Quintanilla in Hamburg 1971 verantwortlich zu sein. Sie machten Werbung für den Film im Jahr 1973 in einer bolivianischen Zeitung. Christian Baudissin war der Produzent des Films und Guerilla. Masitti ist mit Fliker Filme verbunden, es ist sein Foto in der DVD-Box, wie auch sein Sohn. Auf der gleichen Seite der Zeitung, welche ich aus Berlin bekam, Regis Debray hat in einer Kolumne Lobpreisungen für den Film geschrieben.

Der Punkt der dieses interessant macht ist das Timing des Films, zur Verteilung bereit kurz nach dem Tod von Monika. Der Gedanke der in meinen Kopf sich meldete, wenn Monika nicht getötet wurde wie sie es geschildert hatten, wer war sie dann geworden?

Ann Wright kam mir in den Sinn! Sie hat ein Buch mit Ciro Bustos und Jon Lee Anderson geschrieben. "Che will dich sehen."

Ich ging zu Bett und dachte, ich könnte nicht dümmer bekommen! Der nächste Tag wurde damit verbracht, Fotos im Internet zu betrachten.

Frauen sind nicht so einfach wie Männer, da sie ihr Aussehen so oft ändern.

Am Ende des Wochenendes hatte ich Bilder von Monika und Ann Wright auf dem Tisch vor mir liegen. Wie sollte ich beweisen, dass sie ein und dieselbe Person waren?

Bei jedem Foto wurde mit der Lupe ein guter Blick in das Auge genommen.

Hans Ertl hat blaue Augen mit einem dunkleren blauen Ringkanten. Monika hat diese, ihre Augen haben einen Fleck auf dem linken Auge über dem Fleck ist ein Zeichen, das kein Licht reflektiert. Ein gutes Beispiel kann man in dem Film über sie finden.

(Gut, dass Frank nicht kommen konnte. Hoffe, er kann davon auch eine Kopie herstellen.)
Anns Augenfotos hatten die Hilfe von Farbe. Ich fand den Fleck und die nicht reflektierende Markierung, aber der blaue Ring war nicht aus der Vorderansicht zu sehen. Ich fühle mich in der Nähe zur Panik! Nur um mich wieder zu beruhigen, als ich ein Foto fand, wo das Licht durch das Auge von einer Seite fällt und den blauen Ring zeigt. Am nächsten Tag hatte ich die Idee, die Bilder mit dem einen kleinen Bild zu vergleichen, das ich von Susanna gefunden habe und erlebte eine Überraschung. **Aus Monika Ertl wurde Elvira Susana Miranda.** Es wird von ihr gesagt, sie war Mitglied in der ELN. Unter anderem fand ich sie in 'Desaparecidos en Argentinien.' Www.desaprecidos.org/arg/victimas.

    Susanna war im Gefängnis mit Che's Bruder unter dem Namen Jorge Horcio Novillo- no conapepa: 3628. In Santa Fe.
Er wurde in der Listado de Detentidos-Desaparcidos en Argentinien aufgelistet.
 Monika / Susanna befand sich in der Identität von Ann Wright als ein USA Armeecornel, bis sie sich 29 Jahre später zurückzog. Wie Ann Wright hatte sie Bücher mit Elizabeth Burgs-Debray geschrieben. Übersetzt Bücher für Ciro, Benigno und - -.
 Als Susanna wie gesagt wurde, Luiz Renato Almeida Pires geheiratet hatte, wie es bei Daniel Cassol stand und in Berichten von Veranstaltungen rund um Teoponte Rodriguez 'gefunden wurde.

Der Buchstabe für Susanna den ich im Internet gefunden habe, ist in der gleichen wenn nicht ähnlichen Handschrift wie Che's. Diese Information stammt aus einem Bericht von Daniel Cassol.
Als Frank kam war ich zu aufgeregt, um die richtigen Momente in der DVD Sacrifico zu finden noch konnte ich die *YouTube-Programme ausreichend* steuern, um ein brauchbares Foto zu nehmen. Frank war sehr hilfreich, er hat ein Programm auf meinem Computer gesetzt, mit diesem ist es möglich, direkt aus dem Film zu drucken. Es wäre besser zu sagen, man kann den gewünschten Moment fangen, übernehmen ihn so auf Ihren Computer, so können sie drucken, ausschneiden von der Kamera aus. Klingt einfach! Ich frage mich, wie lange es für mich dauern würde zu lernen, dieses Programm zu verwenden. Frank kennt jemand, der das Know-how und die Ausrüstung hat, um Filme / DVDs Bild für Bild zu kontrollieren. Die gute Sache ist, sie sind nicht zu weit von zu Hause weg.
Ich rief sie an! Ich kam immer durcheinander. Kathleen ging ans Telefon, sie war freundlich, aber ich wagte nicht, ihr zu sagen, warum oder mit wessen Augen ich eine Übereinstimmung machen wollte. Alles was ich sagte, war Frank fragen. Am nächsten Tag ging ich in ein Büro mit fünf Personen rund um die Tisch- zum ersten Mal fühlte ich mich nicht wie ein Freak. Aber ich hätte es vorgezogen, ich könnte zwischen ihnen und dem Zahnarzt wählen.

Teil zwei
Es gibt mehr als ich dachte.
Ich möchte Ihnen nur die Fotos zeigen, die ich in meiner Nachforschung gefunden habe. Um sie zu verwenden müsste ich die die Erlaubnis von dem Eigentümer bekommen. Wie ich glaube, dass sie nicht so froh darüber sein würden, wenn sie wüssten warum ich will sie. Ich werde ihnen sagen, wo Sie sie finden können.
Ich habe meine Meinung geändert. Der Mißbrauch der Propaganda, die Lügen, die verwendet wurden, um das Bieten eines anderen zu tun, sollten nicht unangefochten bleiben.

                    Kapitel dreizehn.
                    Susan- Monica-Ann.
Es muss einen zweiten Teil dieser Geschichte geben. Um die Frage zu beantworten, was hat Che Guevara nun nach seiner Todesparty getan?
Ich hatte begonnen mich darüber zu wundern, als ich die Handschrift von Luiz Renato Almieda Pires in dem Brief an Susana gefunden hatte. Das führt mich dazu zu glauben, Susana war Monika Ertl und Monica nahm den Namen von Ann Wright an.

Monika.
Dieses Foto ist von 'Gesucht: Monika Ertl. Die Frau die Che Guevara rächte. von Christian Baudissin. Christian Baudissin- Er ist auch ein Guerilla Journalist und Filmproduzent der Zeit.

Susana. Susana Elvira Miranda desaparecidos.org Das Foto von Susana ist vom 'Desaparecidos en Argentina.

www.desaprecidos.org/arg/victimas. Mortes,e, Desparecidoa`

Der Name der für das Foto angegeben ist, lautet Elvira Susana Miranda.
Susanna wurde zufällig in Santa Fee, Argentinien zur gleichen Zeit gefangen gehalten wie Ciro Bustos, und da war ein Onkel mit dem Namen Mendizabel. Ich kann nicht sicher sind, welcher wer ist, da sie ihre Identitäten oft getauscht haben; beide waren Rechtsanwälte, nützlich um sich zu haben in der Umgebung, wenn Sie militante Überzeugungen haben. Diese Susanna wurde irgendwann vermisst, es wurde keine Leiche gefunden, war die Bemerkung die ich lesen konnte.

Ann Wright
Es gibt viele Fotos im Internet. Photo of Retired Colonel Ann Wright from ... islandbreath.blogspot.com

Ich hatte in Daniel Cassols Artikel gelesen, dass Susana eine Tochter hatte, als sie mit Luiz Renato Almieda Pires verheiratet war, ihr Name war Mabel. Mabel ist interessant für mich, da sie für mich eine weitere Halbschwester ist. Habe ich einen Weltrekord mit so vielen Halbgeschwistern?
Wenn ich meine Gedanken geordnet habe, beginne ich mit dem Prozess des Herausziehens der Beweismittel aus dem Internet, zunächst muss ich beweisen, Monika ist Ann Wright. (Das gleiche Muster in Monikas Augen kann in Anns gesehen werden.)
Ich weiß nicht, wie ich es beweisen kann, dass Susan Dixon Mable ist.
Susan Dixon ist eine Frau in dem Alter, das ihr erlaubt Ann Wrights Tochter zu sein. Sie arbeiten zusammen! Sie denken sicher, dieses ist nicht die Art und Weise zu denken! Hier werde ich hinzufügen, ich lerne für kleine intime Verbindungen zu suchen. Wer ist mit wem verbunden? Es gibt einen roten Ordner neben mir; auf dem Cover steht-
Der Nachweis der Augenmuster. Che Guevara / Ciro Bustos.
Wenn ich gewusst hätte das ich das Augenmuster finden würde! Ich hätte mir nie Sorgen um die DNA gemacht. Durch die Menge der Filme die ich durchgesehen und den Haufen von Fotos war doch beängstigend. Ich war zerrissen zwischen dem Wissen, ich habe in Ciros Augen gesehen, habe sein Augenmuster gesehen, und wollte es in Che's Film /

Bilder finden. Zwischen dem Glauben und nicht
glauben es zu finden hin und hergerissen.
Zu wissen, wenn ich es mit der Ausrüstung finden
konnte die ich habe, klar genug um mit dem bloßen
Auge zu sehen dann kann eine Spezialkamera meine
Erkenntnisse nur bestätigen. Diese Datei befindet
sich jetzt neben mich! Ich habe das gleiche mit Ann
Wright getan. Ich wusste das ich in der Lage bin die
Augenmuster zu sehen, ich musste wissen, dass sie
dort sind, wo es für andere diese zu sehen hart
werden würde. Ich hatte nicht damit gerechnet, dass
der Mann dem ich das zeigte, sich dann nicht die
Mühe machte sie zu betrachten, nicht ein
Vergrößerungsglas in der Hand zu nehmen, noch zu
versuchen, die Pixel zu vergleichen.
Um zu versuchen mit jemandem zu diskutieren, der
sich nicht die Mühe gemacht hat das Material zu
lesen oder einzusehen, dass sie ihm gegeben haben,
ist wirklich frustrierend.
Sie können keine Argumente vor jemandem
anführen, der ihnen nicht glaubt. Aber wenn es so
einfach wäre, dann würde jemand anderes die Dinge
vor mir gefunden haben; es gäbe eine Reihe von
Menschen in Front vor mir! Mit der Enttäuschung
wegen der Antwort über die Augenmuster, bildete
ich mir meine Meinung für die Beweise, die sich als
notwendig erweisen (für Sie). Es gibt noch andere
Optionen außer Augenmuster. Gesichtserkennung
zum einen und Sprachverfolgung zum anderen. Ich
habe Beispiele für die Handschrift, wie in
Fotokopien, ein Beispiel von Hand geschrieben

Ich habe E-Mails an Institute gesendet, die mir ihre forensische Expertise anbieten können. Da es Ostern ist werde ich zu warten haben, um eine Antwort zu bekommen.
Es gibt Grund zu denken, sie sind auf und die gleiche Person! Nicht nur Fotos.

Gary Hart verwendete ein Pseudonym, als er ein Buch namens "I Che Guevara." schrieb. Gary Harts Wikipedia sagt, mir: ein amerikanischer Politiker, Autor, Rechtsanwalt, Professor. Er diente als demokratischer Senator, repräsentierte Colorado (1984 und 1988) und er wurde als Spitzenkandidat für die demokratische Präsidentschaftskandidatur berücksichtigt. Die Tatsache, dass das Buch "Ich Che Guevara." über Che Guevara ist und nach dessen Rückkehr von den Toten eine neue Revolution in Kuba startet, interessierte mich stark. Das andere Buch unter seinem Pseudonym John Blackthorn, Titel (Sie können nicht schreiben über das, was Sie nicht wissen!) ist "Sünden der Väter" dieses Buch ist über den Kalten Krieg und den **Nuklearstand** mit Kuba befasste. Das Magazin

Revue erzählt mir, Gary Hart-Bücher liest sich wie jemand, der dieses Terrain für Jahre nachgeht.
Dies ist wo sich die Kreise kreuzen! Ann Wright ist ein aktiver Demokrat! Gary Hart ist ein Demokrat! Wie Daniel Ellsberg. Er war wie ich in Wikipedia las, ein politische Analysator; tätig in den sechziger bis siebziger Jahre und ein Übersetzer als auch ein Autor. Er hat das Vorwort zu "Dissent geschrieben: Voices of Conscience, von Ann Wright und Susan Dixon. Ich kann all diese Menschen in den gleichen Kreis bringen. (Ist Susan Dixon Ann Wrights Tochter, leben sie auf der gleichen Insel? Arbeiten am gleichen College und schreiben die gleichen Bücher.) Ist dies eine Frage möchte ich sie beantworten; dann habe ich eine neue Frage hinzuzufügen.
 (Ist Christoph Röckerath Ann Wrights Sohn?)
Im Hinterkopf ist ein wachsender Gedanke- Ich hatte vermutet, dass Christoph Röckerath Che's Halbbruders Sohn war. Konnte er Che / Ciros Sohn sein?
Es war lustig zu denken, dass der junge Mann neben den ich in Ciro Wohnung saß ein Cousin ist. Zwei Jahre später nun die Idee zu haben, er könnte ein Halbbruder sein! Wenn dieser Gedanke richtig ist dann ist die Anzahl der Halbgeschwister dreizehn. Ich bin einen langen Weg gekommen von der Frau, die unter einem dunklen Himmel ohne Sterne stand, ich bin ein Mitglied der menschlichen Rasse. Jetzt weiß ich, ich bin Teil einer Kette, denn jeder Mensch will wissen, woher er stammt.

              Die Kongo-Tagebücher.
Ich fragte mich die Frage- Kongo-Tagebücher?
Ich begann mit den Namen:
Monika Ertl wurde Susana Elvira Miranda, sie
benutzte den Namen Nancy Fanny auf einer Reise
nach Hamburg, jetzt unter dem Namen Ann Wright.
Es sollte nicht eine Überraschung sein ihren Namen
zu finden, verbunden mit den Büchern-
      Motorcycle Diaries. Geschrieben von Che.
           Bolivian Diaries.
         Kongo-Tagebücher.
Geschrieben von Ciro, Che will dich sehen.
Ich muss darauf hinweisen, dass die Titel sich
unterscheiden, wie sie die Verlage ändern.
Aber --- sie alle gehören einem Mann. Feltrinelli.
Ann Wright hatte sie übersetzt und Patrick Camiller
wurde auch als Übersetzer genannt. Ich habe noch
nicht vollständig in seinem Profil nachgesehen, aber
den schnellen Blick den ich machte, zeigt dass er aus
dem gleichen Stall kommt. Ebenso wie die anderen
Namen, die hochkamen. Das Lesen von
Namenslisten ist langweilig, aber ich weiß nicht, wie
am besten, dieses zu erklären ist.

       Die Bücherverbindung
         Ann Wright.
         Che / Ciro
         Daniel Ellsberg.
     Ein USA Militäranalytiker, der die
Vorworte zu schreiben mag.

Es gibt einen Dokumentarfilm mit dem Titel
"Der gefährlichste Mann der Welt.'
Jon Lee Anderson-
(Nicht zu vergessen er verbrachte drei Jahre mit Aleida March. Ein Jahr in einer Wohnung über Ciro Bustos. Wie Che / Ciro mir erzählte.)
Lucia Alvarez de Toledo-
Ihr Name ist Alberto Granados Buch zugeschrieben

'Travelling with Che Guevara, the making of a Revolutionary.' *(Mutter von Che's Halbbruder, Sie war die Sekretärin von Che's Vater.)*
Lucia Alvarez de Toledo's *Name ist verbunden mit-* Elisabeth Burgos-Debray.
Regis Debray.
Richard Gott.
Er mag es auch Vorworte zu schreiben.
Gabriel Garcia Marquez- er ist Besitzer eines Nobelpreises für Literatur. Elisabeth Burgos-Debray hat auch einen Preis von ihnen bekommen. Die Arbeit war über Rigoberta Menchú; eine Frau aus Peru. Es stellte sich als gefälscht heraus. Dies wurde von David Stoll entdeckt.
Gabriel Garcia Marquez gründet und diente als Executive Direktor für das Film Institut Havanna. Seltsam, dass sie dort Alfredo Guevara Che's Bruder finden. Kein Film in Kuba wird ohne seine Erlaubnis gemacht. Es ist leichter, einfach zu sagen, Gabriel Garcia Marquez ist in vollem Umfang beteiligt. Sein

Name taucht in einigen anderen interessanten Kreisen auf!

Giangiacomo Feltrinelli.
Verlagshaus Giangiacomo Feltrinelli, Editor.
Giangiacomo Feltrinelli.

Er veröffentlichte die Bücher von
Che Guevara
Fidel Castro
Regis Debray
Ho Chi Minh
Fidel Castros Name verbindet sich mit allen Listen. Bilder von ihm und denen die auf den Listen stehen, sind einfach über das Internet zu sehen.

Kapitel vierzehn.
Die Gäste der Todesparty.

In dem obigen Bild können Sie sehen - Onkel Martin. Uncle Roberto.

Elisabeth Burges-Debary-Regis Debray und Anna Karina - als Frau von Ciro Bustos.
Hier ist eine weitere interessante Liste.

su actividad "militante",se limita en los hechos, a no dejar de publicar
martinezestevez.wordpress.com

COMO ABRAZADO A UN RENCOR: Last tango in Bolivia?
tangodecoder.com
Schauen Sie sich die Zeitschrift an - um zu sehen, welche Spieler es damals gab! Dazu gehört auch Ciro Bustos 'Frau mit einem anderen Namen - verbunden mit Jean Luc Godard.

Magazin, Punto Finale, wo Artikel über-
  Salvador Allende, Anna Karina-Jean Luc Godard-
  Che Guevara und viele andere zu sehen.

Schauen Sie sich die Zeitschrift an - um zu sehen, welche Spieler es damals gab! Dazu gehört auch Ciro Bustos 'Frau mit einem anderen Namen - verbunden mit Jean Luc Godard.

Magazin, Punto Finale, wo Artikel über-
  Salvador Allende, Anna Karina-Jean Luc Godard-
  Che Guevara und viele andere zu sehen

Jean Luc Godard explica su arte

CON motivo de la presentación en Santiago del film Iban por lana (Bande a Part, con Anna Karina, Samy Frey y Claude Brasseur), del director francés Jean Luc Godard, es interesante analizar su modalidad cinematográfica a la luz de las propias explicaciones dadas por el cineasta. Dentro de una forma realista, multitemáticamente, este director va creando sobre la marcha, improvisando en el correr de la filmación, hasta dar con un clima, un espacio cinematográfico (que obedece a un elástico plan primitivo), y que se irá llenando con las captaciones que haga la cámara, junto al lenguaje y a los sonidos, en una banda sonora donde se confunden siempre —yuxtaponiéndose— la música y los ruidos de la calle.

Aunque cada película de Jean Luc Godard obedece a un tema central, el decurso del film muestra varias escenas o episodios que no siempre están imprescindiblemente ligados al asunto básico, sino que forman parte de cortes de la realidad, con los cuales se topa el ojo del director en los momentos en cine), es frecuente observar fuertes críticas a la estructura social que se da en la capital francesa. Hay, en la casi totalidad de sus films, escenas críticas captadas a la manera de un testimonio visual periodístico, pero elevado a una categoría estética; (por algo el propio Godard dice: "si algún sueño tengo, es el de poder ser algún día director del noticiero francés"). Esta dureza cinematográfica con el modo de vivir

Anna Karina, actriz que figura en el reparto de "Iban por lana" y en otros films de Godard.

Gründung, wer damals war.

Tío Robert y Martin- como abogados en Camiri para Ciro Bustos y Debray.

Website mit diesem Bild
... del Ejército Guerrillero del Pueblo (EGP), que no fue capturado, ...
martinezestevez.wordpress.com

m Film 'Wege der Revolution' www.icestorm.de
Regie: Manuel Perez, ein Kubaner.
In diesem Film sind zwei Männer zu sehen, Roberto Guevara - Martin Guevara - beschrieben als Berater und Integratoren! Vor der 'besagten' Aufnahme von Che Guevara.

Die Gäste der Todesparty.
Unterstützende Rolle, Guerilla-**Krieger**.
Giangiacomo Feltrinelli.
Er wird gesagt, er hat Fotos von Che's Tod genommen, um das Foto um die Welt zu schicken.
Richard Gott.
Ein freier Journalist für den Guardian in Kuba, sagt mir die Wikipedia-Seite, er hat bei der Bestätigung; dass das der Körper Che's war, eine Rolle gespielt.
Che's Brüder waren als Militärberater ebenfalls an

diesem Event anwesend. Nicht zu vergessen Che's Halbbruder, der das Drehbuch für Che / Ciros Film Sacrificio geschrieben hat und er ist ein bekannter Filmproduzent: Jean-Luc Godard. Andere Filmproduzenten wie Jean-Pierre Kalfon, Jorge Masetti und Nestor Carlos Kirchner, der ein Freund von Che's Halbbruder ist und sie haben Che und seine erste Frau in Mexiko gekannt; Mexiko ist das Land, woher Jorge Castaneda G kam, er ist Guerilla und Autor und Seniorpartner des Instituts für Internationalen Frieden. Ann Wright ist eine Friedensaktivistin.

  Elizabeth Burgos-Debray hat seinen Namen in ihren Dateien. Richard Dingo hat Jon Lee Anderson die bolivianischen Tagebücher gegeben, wie Jon Lee Anderson in seinem Buch bestätigt. Es wird auch gesagt, dass Giangiacomo Feltrinelli sie hatte. (Feltrinelli hat sie gedruckt.) Ich habe die Frage zu stellen, warum Castro sie haben wollte. Er soll Che im Stich gelassen haben, um in Bolivien zu verrotten.

            Fünfzig Millionen Dollar
Christian Baudissin, ein weiterer Filmproduzent machte den Film „**Gesucht: Monika Ertl, Die Frau die Che Guevara rächte**" Sie kam nach Hamburg um Roberto Quintanilla zu töten, den CIA / bolivianischen-Agenten, der angeblich den Befehl zum Erschießen von Che gegeben haben soll. Aber wenn man Jobst C. Knigge 'Feltrinelli's- Sein Weg in den Terrorismus gelesen hat "Humboldt Universität (öffentlicher Zugriff) Berlin 2010, wo es

heißt ---- Giangiacomo Feltrinelli hat Roberto Quintanilla fünfzig Millionen Dollar für das Leben von Che Guevara- angeboten.- Das macht mich nachdenklich!

Die Tatsache, dass Giangiacomo Feltrinelli als Eskorte fungierte und er besorgte die Pistole für Nancy Fanny / Monika Ertl, die sie verwendet haben sollte um Roberto Quintanilla in Hamburg zu erschießen. Meine Vermutung ist das Roberto Quintanillas Tötung nicht geschah um Rache wegen Che's Tod zu nehmen, denn er ist nicht tot, sondern für den Missbrauch der Gelder die Giangiacomo Feltrinelli angeboten hatte. Feltrinelli: es wird gesagt, er hat die Waffe zur Verfügung gestellt; sofern die Waffe benutzt wurde um Roberto Quintanilla zu töten, wurde Monika Ertl doch eine Auswahl von Pistolen angeboten. Als ich diese Aussage las, fragte ich mich, warum diese Aussage starten, warum wollen Sie dass ich in diese Richtung gehe, könnte Feltrinelli der Mörder gewesen sein? Monika Ertl hätte eine Perücke nicht nötig gehabt, warum ihre Handtasche fallen lassen, die Pistole und dann ihre Perücke verlieren.

Meine Vermutung ist, dass bereits alle entschieden hatten ihrem Tod vorzutäuschen, einem Datum zugeordnet zu werden. Feltrinelli war scharf darauf seine Schutzhülle zu halten; er brauchte niemanden der ihn beschuldigt, an Roberto Quintanilla Tod beteiligt zu sein. Fünfzig Millionen ist ein starkes Motiv.

(Feltrinelli's gewaltsamen Tod war ein Thema für diese Vermutung.)

Wenn ich all diese Leute zu einer Party einladen würde, und diejenigen, die ich nicht an dieser Stelle genannt habe, muss ich sie nicht miteinander bekannt machen, weil sie sich alle bereits einander kennen.

Giangiacomo Feltrinelli hat diese Maßnahmen mit seinen Millionen finanziert. Der Name Liliane Bettencourt wurde erwähnt, bevor ihrer finanzielle Unterstützung für revolutionären Ideen.

Elisabeth Burgos-Debray Inventory Collection Summary -Aufzeichnungen zeichnet Kommentare von Befragten aus ehemaligen Teilnehmern im Partisanenkrieg in Ländern wie Venezuela, Guatemala, Kolumbien und Peru sowie Bolivien auf. Andere Länder wären für die Revolution. Zu den bereits erwähnten Ländern hinzuzufügen wäre Chile. (Sky News berichtete am 2013.05.24, dass neun kolumbianische Soldaten von ELN; marxistische Guerillas getötet wurden, die sich aus dem Ideen aus Kuba berauschen.)

Die Aussage die Felix Rodriguez im Film Schnappschuss mit Che macht kommt mir in den Sinn. Das bolivianische Volk wollte eine Revolution nicht haben, noch war sie erforderlich. Ich fragte mich beim Hören dieser Aussage, warum dorthin gehen? Bolivien war der beste Ort für eine Todesparty!?

Fremde feiern in unzugänglichen Stellen, sie konnten jede Information die sie benötigten erstellen, ohne unterbrochen zu werden.

Elisabeth Burgos-Debray hat ausgeschnittene Zeitungsartikel von dieser Zeit behalten, wo sie feststellen, dass niemand etwas wusste von der Gegenwart Che's zum Zeitpunkt seiner Todesparty.

Ich frage mich, auf welcher Stufe ich all diese Leute am nächsten finden werde.

Feltrinelli- Sein Weg in den Terrorismus. Von Jobst C. Knigge.

Dieses Dokument erweist sich am interessantesten zu sein. Es wird mir einige Zeit dauern, um durch die einzelnen Namen, die bereits erwähnt wurden zu gehen. Ich hatte ein paar Minuten Zeit, so gab ich den Namen Lotta Continua ein. In meiner Unwissenheit hatte ich gedacht, der Name gehöre zu einer Person, nicht zu einer Zeitung.

Diese Zeitung wurde in Italien für die Fiat Gewerkschaften verlegt. Feltrinelli bot seine finanzielle Unterstützung an. Dafür dass seine Zeitung legal in Italien war, musste er einen anerkannten Reporter haben.

Ich hatte den Namen Pier Paolo Pasolini unter den Seiten von "Sein Weg in den Terrorismus ' gelesen, er war auf meiner Liste zu sehen. Er ist ein Filmproduzent, Journalist. Er wurde gewählt, um der Lotta Continua Journalist zu sein. Pier Paolo Pasolini, sein Gesicht erinnerte an einem der zwei Gesichter, von dem man sagte das von **Inti- Guodo Alvaro Peredo Leigue** zu sein. (Che`s Nachfolger nach seiner Todesparty.) Ich bin fassungslos von diesen Gedanken. Ich hatte gefragt, warum es Fotos gibt, die zwei verschiedene Inties zeigen, Inti sollte nur ein Mann zu sein. Es war meiner Meinung nach dass einer der Inties Roberto Guevara war, Che's Bruder und Bustos Anwalt. Ich ließ den Gedanke dort hängen, ohne zu wissen, was damit zu tun. Jetzt ist Pier Paolo Pasolinis Gesicht vor mir, die Ähnlichkeit mit dem zweiten Inti ist sehr stark. Als Gott ließe ich die Uhr zurückdrehen, um zu sehen wie das Spiel zu verstärken ist. Ich beschließe, dass die engen lockigen Haare auf dem Kopf des zweiten Inti zu sehen sind und das zu starken welligen Haar wurde, kann damit erklärt werden von denen, die lockiges Haar haben, diese wollen glattes Haar, gerade glatthaarige Menschen wollen Locken. Was jetzt! Feltrinelli und Pier Paolo Pasolini sind im Spiel. Auf der Suche nach Pier Paolo Pasolini hat mich das zurück in den gleichen Kreis, Teoponte gebracht. Teoponte ist wo Luis Renato Almeida Pires / Che und die Intis wieder gesehen werden. Daniel Cassol und Gustavo Rodriguez Ostra, er war später auch ein Guerillakämpfer, beide haben über diese Zeit geschrieben.

Der Tod eines Inti so wird erklärt, soll in einem sicheren Haus passiert sein. Wo, wie Luis Renato Almeida Pires / Che's Körper, nachdem er von der Armee erschossen worden war, wie gesagt, im Dschungel verloren wurde. Der Brief an Susan mit Che's Handschrift, man sagte der Brief sollte von Luis Renato Almeida Pires sein / Che bringt mich wieder in den Kreis, zeigend zu Ann Wright / Susana Elvira Miranda / Monika Ertl.

Guido Álvaro Peredo Leigue (Inti)

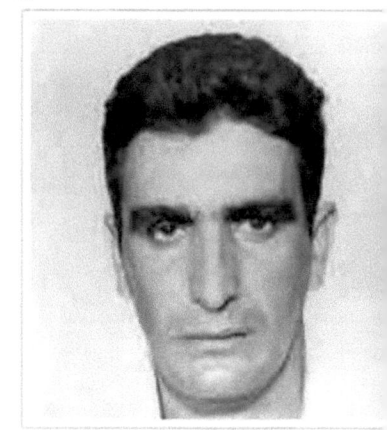

VILLACLARA
HÉROES ETERNOS DE LA
PATRIA
Combatientes caídos en Bolivia

Guido Álvaro Peredo Leigue
cerrocalvo.blogspot.com

Guido Álvaro "Inti" Peredo
genealogiadelcheguevara.blogspot.com

Guido Alvaro Peredo Leigue 'Inti'. 'cerrocolvo. Blogspot.com' da dieses Programm aus Santa Clara kommt, wo das Che Guevara Museum ist, würden Sie denken, sie würde es wissen! Im gleichen Programm können Sie Lucio Ediberto Galvan Hidalgo sehen. Er sieht aus wie Guido Alvaro Peredo Leigue 'Inti', obwohl das Kinn fehlt!

Hinein gehen in
gehealogiadelcheguevara.blogspot.com

Pier Paolo Pasolini- paginecorsare.my blog.it.
pasolinipuntonet.blogspot.com

!

Haydee Tamara Bunke/Susan Sontag
(Susan Sontag Name kommt auch am Ende des nach
oben "Fidel & Gabo.« Sie war die Dame, die Che

Guevara Werk übersetzt und sie ist mit dem ICAIC Insitituto Cubano del Art e Industria Cinematográficos und die UNEAC- Union der Schriftsteller und Künstler Kuba.)

Tamara Bunke und G Feltrinelli Anschuldigung ist in der italienischen Wikipedia zu sehen. Feltrinellis Verlag hat das Buch geschrieben von Ulises Estrada, über ihre Zeit mit Che. Ulises Estrada wollte ein Haus mit Tamara Bunke gründen und war mit Che in Prag.

Susan Sontags Buch "Einige Gedanken auf dem richtigen Weg (für uns), die kubanische Revolution zu lieben."

Haydée Tamara Bunke Bider - Wikipedia
https://it.wikipedia.org/.../Haydée_Tamara_Bunke_... ▼ Diese Seite übersetzen
Haydée **Tamara Bunke** Bider, più nota come Tania la Guerrigliera (Buenos Aires, 19 novembre .... inviata in Italia col nome di Marta Iriarte: impara l'italiano; (molto probabilmente è ospite presso l'editore Giangiacomo **Feltrinelli** a Milano).

There he attended high school and college, majoring in foreign languages
- 1960 Tania is the interpreter of Che Guevara, then Cuban minister, on a visit to the GDR
- 1961 Tania is chosen by Che to join the revolutionary underground, and began attending the courses secrets of "illegal school" in Cienfuegos , Cuba
- 8 March 1963 Tania is chosen by Che to join the revolutionary underground, and began attending the courses secrets of "illegal school" in Cienfuegos , Cuba
- 8 March 1964 Tania is sent to Italy by the name of Martha Iriarte, learn italian, (most likely a guest at the publisher Giangiacomo Feltrinelli in Milan)
- Summer 1964 It is the Cuban secret agent in West Germany and various European countries, Tania speaks several languages: German, English, Russian, French, Italian and Spanish
- Fall 1964 It is sent in Latin America under the name of Laura Gutierrez Bauer, ethnologist of the profession, with Argentine citizenship, before going to Peru then he goes in Bolivia

Beim Lesen von Herrn Knigge Feltrinelli- Sein Weg in den Terrorismus. Die Idee wuchs, wenn ich dachte, der Tod von Che und einer der Inties und Monikas wurden vorgetäuscht hätte, kann das dann von Tamara gesagt werden? Haydee Tamara Bunke wurde nicht weit weg von der Guevaras in Buenos Aires geboren. Ihrer Familie ging wieder nach Ost-Deutschland, wo sie studierte. Zufälligerweise in der gleichen Universität wo Herr Knigge sein Buch gestellt hat. Humboldt Universität in Berlin. Tamara

konnte vier Sprachen, Englisch, Russisch, Deutsch und Spanisch. Tamara liebte Fotografie, die meisten Fotos von ihr zeigen sie mit einer Kamera. Sie war in Kuba für einige Zeit als Lehrer tätig, ihr Lehrerausweis kann im Internet gefunden werden. Zu sagen, sie war / ist ein Spion ist extraordinaire nicht excaudate. Die Liste der Sprachen, die sie nutzen konnte, machte sie attraktiv für viele. Da ist ein Film 'Che Guevara: Der Tod und der Mythos. Dokumentation, 1 2007 5-807-307. (Ich habe nicht eine überprüfte Kopie), wo es startet weil Tamara an einer Tankstelle bemerkt wurde als sie mit Regis Debray und Bustos Ciro in Bolivien reiste, weil sie dort laut wurde! Und sie ließ wichtige Dokumente in einem Auto liegen. Es wurde daraus gefolgert, sie versuchte die Aufmerksamkeit auf sich und ihre Reisegefährten zu ziehen. **Sie** trainierte in kubanischen und ostdeutschen, russischen Ausbildungszentren, ein Spion ihres Kalibers würde nicht die Aufmerksamkeit auf ihre Gruppe ziehen, wenn sie nicht die Aufmerksamkeit auf Che's Todesparty richten wollte!
Wikipedia sagt ihr Körper wurde aus einem Fluss gezogen, mehrere Tage, nachdem sie angeblich ertrunken war. Ihr von Piranhas angefressenen Überreste sind jetzt in Kuba, Jan Lee Anderson gibt diese Informationen. Nach dem Lesen der Lektüre von Herrn Knigge Feltrinelli - **Sein Weg in den Terrorismus**, hatte ich eine kurze Liste von Frauennamen. Zwei Frauennamen erwiesen sich als interessant. **Yulene Olaizola und Susan Sontag**.

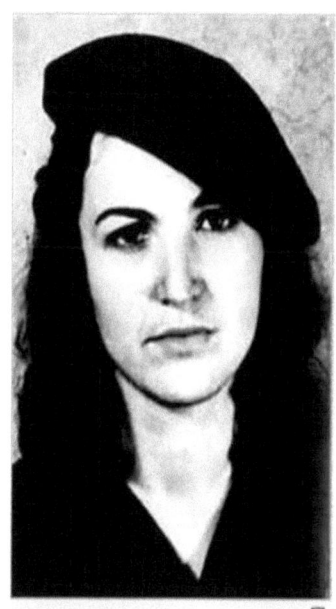
Tamara Bunke 1964 — Tamara.

http://www.juventudrebelde.cu/multimedia/fotografia/generales ...
martinezestevez.wordpress.com

 Susan

Susan Sontag-sisyphe.org.

Betrachten von Fotos von Tamara und Yulene war mein erster Eindruck, Yulene Olaizola konnte Susan Sontags Tochter sein!
Die Fotos von Susan Sontag und ihr Profil halfen mir sie zusammenzubringen. Sprachen und die Tatsache, sie ist als Übersetzerin bekannt. Eine begeisterte Fotografin! Die Tatsache, dass Susan Sontag Che's Guerilla Bücher übersetzt und bearbeitet hat, zementiert Tamara und Susan in einer Person. Susan Sontag ist im gleichen Buchkreis als Ann Wright und Feltrinelli's Verlagshaus.

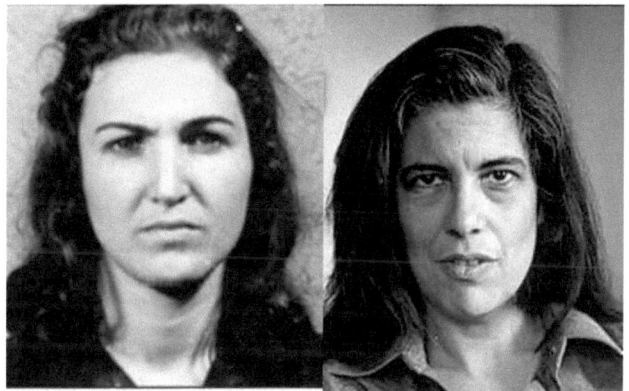

Es gibt ein paar Jahre zwischen. Aber auch so!
Ulises Estrada Lescaille

Ulises Estrada Lescaille hat ein Buch über Tamara geschrieben. Er sagt, sie wollte heiraten und Kinder haben.   Ulises Estrada Lescaille war mit Che in Prag als auch im Kongo. Sein Platz in der Planung der Dinge ist interessant, Guerillakämpfer, Heerführer, Spion-Controller, Drogenverkehr-

Controller. Er ist bekannt als ein Aufstand Aufrührer und eng verbunden mit Che und Fidel Castro.

Kapitel fünfzehn

Die Wahrheit über die Revolution die Kuba exportiert.

Wie kann ich jetzt damit beginnen die Frage zu beantworten, warum sich diese ganze Mühe geben? Vielleicht sollte dieses Manuskript betitelt werden- Die Wahrheit über die Revolution die Kuba exportiert.

Eine Revolution von Männern und Frauen exportiert, die unterschiedliche Namen nutzen, ihren Tod vorgetäuscht haben, um eine andere Identität in anderen Ländern zu nutzen und linke, extreme Gruppen, zu infiltrieren wie die Tupamaros, Black Panther und PLO. Rote Brigaden, Potere Operaio, und andere wie die RAF und Feltrinelli's GAP. Mit den Namen von Giangiacomo Feltrinelli und Regis Debray, Rudi Dutschke, Andreas Baader, Raul Sendic.

   Mischen Sie sie mit prominenten Filmproduzenten, Drehbuchautoren und Schauspielern um zu verschleiern und verstecken von Bewegungen und Plänen. Es gibt noch so viele Namen die ich hier hinzufügen könnte, viele Beteiligte sind heute noch am Leben.

 Eine Lüge würde keinen Sinn ergeben, wenn die Wahrheit ist nicht als gefährlich wahrgenommen wird.

Ich las dieses, während ich Rafael Munoz Rivero nachschaute. Er schreibt über die Karibik Verschwörung, er hat 55 Jahre Erfahrung im Bereich der öffentlichen Sicherheit im Sicherheitsbereich mit Staatsverbrechern.

Rafael Munoz Riveros Worte wiederholen die von Juan F Benemelis, der ein Dokument, das eine Erklärung bietet, geschrieben hat. 'Las Guerras secretas de Fidel Castro."

Juan F Benemelis besagt, dass Fidel Castro einen Spionagering auf der ganzen Welt verbreitet.

Castros Rings mischte sich in ganz Lateinamerika und afrikanischen Staaten ein, untergraben rechtskräftig gewählte Regierungen.

Castro platzierte seine Spione in Zivil-, Stammeskriegen in anderen Ländern.

Nahm uns alle nahe zu einem nuklearen Holocaust, viele Male!

Erhöhte die Luftpiraterie. Castro setzte weiterhin Desinformation in Unternehmen und Spionage ein.

Sabotage friedlicher Ansätze zur Lösung politischer Probleme.

Kubanische Armeen liefen für Moskaus imperialen Züge.

(Castros Guerilleros waren nicht nur zum Eigenzweck in Lateinamerika eingesetzt. Alle Länder aufzulisten auf die er Einfluss genommen hat, würde bedeuten, eine lange Liste über die Seite zu ziehen. Einfluss zu sagen, ist nicht ein Wort, das verwendet werden sollte, wenn die Gewalt entfesselt ist.)

Ich richtete mich auf zu sitzen, als ich sah, dass der Name Nordirland auf der Seite von Juan F Benemelis geschrieben, erscheint. Ich habe im Laufe der Jahre die Nordirland Probleme beobachtet, selbst saß ich zu Hause, während mein erster Mann in der englischen Armee dort diente! Ich wusste nicht, dass seine Pläne einen Einfluss auf mein Leben schon damals hatten.

Ich wusste damals nicht, das Fidel Castro die Kontrolle des Drogenhandels und über ihre Produktion besaß oder die Notwendigkeit Unzufriedenheit in der ganzen Welt; mit Waffen und Gewalt zu schaffen. Ich weiß jetzt warum Bolivien so wichtig war für Castros Plan. Das Land verfügt über eine Wasserstraße, als Green Road bekannt. Die Green Road Nebenflüsse haben Ausläufer, die in die Nachbarländer reichen. Die Transportmöglichkeiten waren es, welche Castro wollte.

Jean Michel Cousteau führte eine Expedition in den Dschungel des Amazonas in 1981 durch. Er fand ein kleines indisches Dorf mit Kokainlaboren. Die von Cousteau befragten Indianer, sagten vor der Kamera, dass Kokain wurde für die Waffen von der kubanischen Guerillagruppe Guerilleros 17group ausgetauscht. Nicht nur Länder wie Bolivien waren wichtig für Castros Drogenhandel. Angola hatte Ressourcen welche er benötigt. Schiffe kamen nach Hamburg um zu importieren und Rohstoffe zu holen, welches in der Verarbeitung von Heroin und Kokain benötigt wurde. Ich habe die Drogen zum

Ende meiner Aufzählung gelassen, da es mich schockierte zu verstehen, dass Fidel Castro seine Hände auf der ganzen Drogenproduktion und seiner Bewegung hat. Er sieht sogar dass es nach Amerika Eintritt hat. *Juan F Benemelis' Las Guerras Secretas de Fidel* Castro hat mir die Augen geöffnet, warum die Welt ist, wie sie ist. Er muss wissen wovon er spricht, denn er war ein innerer, kubanischer Minister, bis er 1988 Kuba verließ. Er lebt jetzt in Miami und er ist ein Gründungsmitglied des kubanischen Museum, wie auch Felix Rodriguez, der Mann, der das Foto schoss, diskutiert in Snap Shot mit Che von Wilfried Huismann.

Wilfried Huismanns Film weist darauf hin, dass das Foto eine Montage ist. Das war als ich begann daran zu zweifeln, dass Che's Tod real war. Juan F. Benemelis Aussagen ermöglichen eine Che Guevara Todesparty und macht Platz für alle anderen Änderungen der Identität. Castros Spione infiltrierten, schufen eine Welt, ich will nicht versuchen diese zu verstehen, aber wir leben in zu sagen, er war / ist gefährlicher als jeder Führer / Controller den die moderne Welt je gesehen hat; es ist wahr und das ist noch schrecklicher, da er verborgen in den Schatten ist und nicht wünscht ein Feind in der Öffentlichkeit zu sein. Er flüstert seinen Willen in eine bereits kranke Welt. Fidel Castro wandelte Kuba in ein Trainingslager für die Kriegsführung und Spezialisten für Spionage-Techniken um. **Bei** Juan F Benemelis heißt es, dass

die Russen in der letzten Zeit kostspielige Investitionen in die elektronische Überwachung in Lourdes, Havanna gemacht haben. Als Juan F Benemelis über Veranstaltungen wie Monika Lewinsky spricht und anderen **aktuellen**, neueren Ereignissen in der Welt von heute muss ich seinen Aussagen ohne Ausnahme akzeptieren. *'Las Guerras Secretas de Fidel Castro.' Juan F Benemelis'*
Die Dateien liegen neben denen von Elisabeth Burgos-Debray in dem Hoover Instruction Archiv. (Edward Snowden so wurde berichtet, plante, nach oder über Havanna zu fliegen!)

> Was hat das mit mir zu tun? Che Guevara / Ciro Bustos war / ist Castros Mann.

 Bei der Suche nach Informationen über Ricardo Alarcón de Quesada, einen kubanischen Minister und Sprecher in der EU; fand ich einen Paragraphen der mich interessierte. Der Schreiber spricht über den Prozess von Regis Debray und Bustos Ciro. Er erinnert mich daran, dass sie die Anwesenheit von Che in Bolivien bestätigt hatten. Aber die Bemerkung in der Tageszeitung The Guardian, die mich am meisten interessiert ist- "Die Anwesenheit von Ernesto" Che "Guevara in Bolivien wurde von dem argentinischen Castro-Kommunisten Ciro Bustos bestätigt ('hemeroteca-abc-es/nav/navigate.exe/…)

Ciro Bustos war ein Castro Mann, dann sollte es niemanden überraschen. Ciro hat ein Buch mit Hilfe von Ann Wright und Jon Lee Anderson, Richard Gott und anderen Mitgliedern des Feltrinelli Buchkreises geschrieben. 'Che wants to see you: Ciro Bustos. The untold story of Che Guevara.'
An dieser Stelle habe ich sein Buch noch nicht gelesen; ich fürchte, ich werde die Wahrheit nach der ich suche, in seinen Seiten nicht finden.

Kapitel sechzehn
Was nun

Es gibt nichts zu sagen, ich kann einen Kurzfilm nicht präsentieren. Ich kann die Frage stellen, könnte dieser Mann dieser Mann geworden sein? Warum ich denke dass es möglich ist. Und verwende das Foto das ich von dem Foto in Ciros Vitrine nahm.

Dieses Foto wurde von mir aufgenommen, als ich in Ciro Bustos 'Wohnung war. Das Foto von Ciro und ich wurde aufgenommen, als wir uns zum ersten Mal trafen. Über seinem Kopf ist die obere Hälfte von Hilda Gadea und neben ihr Carlos Nestor Kirchner der Journalist und Filmproduzent, der mit Jean Juc Godard arbeitete; Er ist bei dem gleichnamigen argentinischen Präsidenten.

(Es hat mich eine lange Zeit mit dem Sehen meines Fotos in Ciros Vitrine beschäftigt, sich damit zu arrangieren. Sie behalten Fotos von Menschen nicht, die ihnen nichts bedeuten. Ich würde schon längst das Foto weggeworfen haben, wenn es mir nicht etwas bedeuten würde.)

Mein Foto.
Carlos Nestor Kirchner ist der Name des Mannes, der neben Hilda Gadea steht; sie können nur die Oberseiten der Köpfe über dem Foto von Ciro und mir sehen.

Néstor Carlos Kirchner
Otro Cámpora, pero extemporáneo.

Carlos Nestor Kirchner ist ein Filmproduzent; Ich wusste schon, dass er in einem Film über die

Filmproduzenten wie Jean Luc Godard, Truffaut ist.
Dieser Film war im deutschen Fernsehen, 'Nouvella Vague-Außenansichten. "Ich sah sie auf der Internet-Seite von Arte, aber ich konnte es nicht öffnen, noch konnte ich seinen Namen bekommen. Er konnte einen anderen Namen als Filmproduzent verwendet haben.

Es ist sein Name und Gesicht in den Internet-Terrorprogrammen aus Argentinien. Zu finden das Carlos Nestor Kirchner der Name des Präsidenten von Argentinien ist, er war politisch aktiv zur gleichen Zeit wie der Guerilla Carlos Nestor Kirchner. Ich habe sogar ein Foto der beiden Carlos Nestor Kirchners gefunden, fahrend auf einem Panzer mit einer Che Guevara Flagge.

 Wieder nur sechs Personen auf diesem Foto, so ist hier seine Black Box und die Adresse, wo Sie es finden können!

abelfer.wordpress.com
2076896387. 86dc8d96f7 jpg Flickriver.com
Es sagt unter dieses Foto, wer sie sind, meiner Meinung nach ist Präsident Kirchner der dritte Mann von links. Bester Freund Kirchners ist der erste Mann von rechts; ich denke, das Fahndungsfoto welches in den Terror Programmen verwendet wurde, ist daraus entnommen.
Lahistoriaargentinacompleta.blogspot.com/2007
Diariopamperoarchivos.blogspot.com
sind Programme, wo Sie viele der Menschen, von denen ich spreche, zu finden sind.
 Als ich bei Ciro zum zweiten Mal war, war er es der mir sagte Hilda war die süß aussehende Frau in seiner Vitrine, die neben einem hochgewachsenen jungen Mann stand, und sie waren in Mexiko-Stadt. Es musste in den fünfziger Jahren sein! Bedeutung der Zusammenarbeit mit dem großen Bären Carlos Nestor Kirchner, das sie eine langjährige war. Der Präsident Carlos Nestor Kirchner war ein kleiner Mann mit Augen, die Ihre Aufmerksamkeit auf sich zogen. Die Namen der anderen Männer in dem Foto sind Eluardo Duhalde, Ramon Ortega und Carlos Ruckauf. Sie können in Programmen gefunden werden, wo sie auf andere interessante Persönlichkeiten stoßen wie Miguel Bonasso, ein anderer Guerilla, Filmproduzent und Rudolf Walsh, und der wie ich sage unter anderem den Namen Jean Luc Godard verwendet und er ist Che / Ciros Halbbruder.

Mit diesem Foto:
Cudando Duhale/Bolivia/Ruckauf vetaron a jaua, el bolivar Bolivariano. Photo 5. Jpg. Xa.ying.com. kann ich zeigen, das Teddybär Carlos Nestor Kirchner auch in Bolivien zu dieser Zeit war! Es gibt ein weiteres Foto, wo ich denke, beide Carlos Nestor Kirchners sind zu sehen, diesmal mit einer der Nestor Ehefrauen, Cristina sie nahm die argentinischen Präsidentschaft an nach dem Tod ihres Mannes.

Menenk png-Urgente24.com.

A) Carlos Nestor Kirchner war eng mit Jean Luc Godard assoziiert.

      Er wird fotografiert und steht neben Hilda Gadea-Che Guevaras erste Frau!
      Dieses Foto wurde genommen, als ich Ciro Bustos besuchte.

B) Carlos Nestor Kirchner war der Präsident von Argentinien,
              Seine Dame Frau war Präsident nach ihm.

Die Frage ist, haben sie Namen zu verwendet, wie es die Amerikaner taten, nur um jeden zu verwirren? Oder einfach nur, um mich zu verwirren?

Während ich in die Internet-Programme zu Carlos Nestor Kirchner eintauche, fand ich dieses Foto.

Soberania org – de como Fidel maneja a Chavez.
Ich sah es auch in einem von Juan F Benemdis Programmen. Ich hatte gedacht, dass Henry Engler einer der Männer in Album meiner Mutter gewesen sein könnte. Wikipedia hat gesagt, er wurde in 1944 geboren. Henry Engler war nett genug um eine E-Mail zu beantworten und zu sagen, er wäre neun Jahre gewesen zum Zeitpunkt des Fotos. Der erste Mann auf dem Foto ist Hector Perez Marcano, (el Macho) der Fußballer und der Mann im Album meiner Mutter?!   Der zweite ist ein Mann namens Almerico Siliva.
Der nächste ist Raul Menendez Tomassevich. (Toma)
Silvio Garcia und Moises Moleiro sind die beiden Männer auf der rechten Seite.
Es sind Raul Menendez Tomassevich und Hector Perez Marcano, die mich interessieren. Nach dem einen Fehler über Henry Engler war ich vorsichtiger mit meinen Recherchen, bevor ich eine Schlussfolgerung über sie traf. Raul Menendez Tomassevich war ein General in Castros Bruders Militär, er kann als ein enger Freund von Alfredo Guevara angesehen werden, der Kopf wenn es um Filme ging. Er war ein enger Freund von Fidel und ging zur Schule in Santiago de Cuba. Fidel Castro war auch in Santiago de Cuba eingeschult. Er war einer der Männer, die die Moncada-Kaserne am sechsundzwanzigsten Juli 1963 angegriffen hatten. Es wird heute gefeiert. (Bewegung des 26. Juli.) (Die 26. Juli Bewegung war mit 82 mitwirkenden

Herren die gleiche Anzahl wie die Männer, die die Granma auf den Weg nach Kuba trug.)

Hector Perez Marcano war auch ein hochrangiger Kommandeur. Er war bekannt dafür, mit den Castros ab den fünfziger Jahren zusammen gewesen zu sein! Die beiden oben genannten Männer scheinen eher die beiden Männer in dem Album zu sein. Ich habe in Klammern, die der Bewegung des 26. Juli wurde auf zweiundachtzig beigetragen Herren entsprechend erwähnt, die gleiche Anzahl wie von der Granma nach Kuba geführt, laut Wikipedia. Laut Wikipedia war die Granma ein Boot, gebaut um zwölf Männer tragen. Ich frage, wie kann ein solches Boot so viele Männer tragen und den zusätzlichen Kraftstoff, es wurde berichtet, der notwendig war, um die Reise von Tuxpan, Mexiko an das untere Ende von Kuba zu machen? Ein weiteres Lügenmärchen? Ich war nicht in der Lage, eine Liste der zweiundachtzig Männer zu finden, die an der Bewegung des 26. Juli beteiligt waren. Ich war nicht in der Lage eine Liste der zweiundachtzig Männer zu finden, von denen man sagte die auf der Granma gewesen waren (Eines der Wikipedia sagt, es waren zwanzig Mann, so sagt man, können auf der Granma einschließlich Castro und Che gewesen sein. Im gleichen Wikipedia steht, dass nur fünfzehn diese Reise überlebt haben.) Ich konnte nicht herausfinden, wer die Ausbildungslager in Mexiko besucht hatte. Tatsache ist, dass es dort ein Trainingslager gab. Ich fand den Namen des

Experten, der die Männer in Militärkampf und Guerillataktik unterrichtete, Alberto Bayo y Giroud. Albert Bayo wurde 1892 in Kuba geboren. Vikipedi 'das spanische Wikipedia' sagt mir, er war Lehrer für Englisch und Französisch und hatte Zeit in Frankreich verbracht; und er war aktiv im spanischen Bürgerkrieg. Er wurde einer der wichtigsten Kommandeure in der kubanischen Revolution. Er war es, der die Männer von der mexikanischen Ausbildung auswählte, die gehen sollen um die kubanische Revolution zu starten. Es gibt andere Wege, um nach Kuba zu reisen und nicht das Leben der ausgebildeten Männer zu vergeuden. Alberto Bayo hat so viele Bücher über Guerilla-und militärischen Kampf geschrieben, sie würden eine Bibliothek füllen. Ich frage mich ob das Album meiner Geburtsmutter der Beweis ist, dass Raul Menendez Tomassevich und Hector Perez Marcano im Camp anwesend waren. (Ich hatte immer gedacht, dass Frank Pais der jüngere Mann auf dem Foto war.)

 **Alberto Bayo, 1959**
(Charlie Seiglie/Bohemia)
cuba1952-1959.blogspot.com

Alberto Bayo – Wikipedia
de.wikipedia.org/wiki/Alberto_Bayo
Bayo war Sohn des spanischen Offiziers Pedro *Bayo*
Guia und der aus Puerto .... Mis versos de rebeldía
(Mexiko 1958); Sangre en *Cuba* (Mexiko 1958); Mi
aporte a la ... El *general* que adiestró a la guerrilla de
Castro y el Che, Debate 2007.

Alberto Bayo - Wikipedia, the free encyclopedia
en.wikipedia.org/wiki/Alberto_Bayo
Er wurde in Kuba geboren und studierte in den USA
und Spanien. Bayo die meisten ... die gleiche Zeit.
Alberto Bayo starb ein General der kubanischen
Streitkräfte.

Das Profil dieses Mannes ist interessant! Er wurde
für seine Taten im spanischen Bürgerkrieg bekannt.
Er war der General, der die Männer für die Granma-
Reise nach Kuba ausgebildet hatte. 1956. Das Bild
dieses Mannes stimmt nicht mit dem von General
Bayo überein, das in Che Guevaras eigenem Konto
(OTRA VEZ) gezeigt wird.

Oder ist er dieser Mann?
Alberto Bayo as seen in Back on the road.
(otra vez) Che Guevara.

Oder ist er dieser Mann?

 ATRÁS

generalisimofranco.com ….

General Enrique Jurado.
General Enrique Jurado- Es gibt mehr zu sagen über ihn
– Gabriel García Márquez, el creador del Che Guevara.

"Che" (centre) with Reinaldo Benítez Nápoles, Alberto Bayo and Universo Sánchez at the Miguel E. Schulz 136 prison.

Ein weiteres Paar von verschiedenen Männern mit den gleichen Namen, schließt Che Guevara?

General Bayo-   General Enrique Jurado- General Bayo-

Kapitel siebzehn
-WATERGATE 1972-

Sie fragen sich, warum ich über Watergate geschrieben habe.
Ich beschloss, über Watergate nachzusehen, weil ich mich daran erinnerte, dass gesagt wurde, dass die Einbrecher Kubaner gewesen waren.
 Die Namen welche ich sehe, sind Namen, die ich sah, wenn man den Tod von Kennedy 1963 nachschaut. Lustig zu denken, ich dachte- Che war in diesen Killer- Team, ich würde nie daran gedacht haben, das er in Dallas sitzt, wartend, um seinen Part in den Coup den Kennedy plante, einzunehmen.
(Ich kann immer noch nicht die Frage beantworten, war er Kennedys Mann oder Castros)

> Virgilio Gonazalez.
> Bernard Backer.
> James Mccord.
> Frank Sturgis.
> Eugeno Martinez.

Ich las Eŭgeno Martinez **Account** über den Einbruch in den Büros in den Watergate-Hotelkomplex. Er brachte meine Aufmerksamkeit auf Eduardo- Howard Hunt. (**Eine andere** Kennedy Tod- **Verbindung.**)
 Eugenio Martinez und die anderen wurden gebeten in das Büro von Dr. Fielding einzudringen. Sie waren aufgefordert worden, die Papiere von Daniel

Ellsberg zu bekommen. Dr. Fielding sollte Daniel Ellsbergs Psychiater sein.

Die fünf Kubaner waren überzeugt, Howard Hunt hatte eine wichtige Position im Weißen Haus. Eŭgeno Martinez sagte, ihnen wurde Ausrüstung gegeben, die sich nicht zum Weißen Haus zurückführen lässt. In Eŭgeno Martinez Konto sagt er aus, das ihm, Eduardo gesagt wurde, - Howard Hunt hatte Informationen, das Fidel Castro und andere Geld für George McGovern geben würden. George McGovern war der Präsidentschaftskandidat der Demokratischen Partei für die Präsidentschaftswahlen 1972. Ihre Gruppe sollte in das McGovern Hauptquartier einbrechen. Eduardo-Howard Hunt teilte ihnen mit, dass Castros Geld in die Democratic National Hauptquartier gehen würde.

Der Watergate-Einbruch diente dazu, Beweise dafür zu bekommen

Nixon hatte eine Million Dollar zu zahlen, damit die Männer nicht über die Suche nach diesen Beweisen sprechen.

Daniel Ellsberg ist ein Demokrat wie Ann Wright / Monika Ertl. Susan Sontag / Tamara Bunke sind auch in ihren politischen Kreisen.

Castro gab Geld für politische Party.

Frank Sturgis- er war mit Marta Lorenz verbunden, Fidel Castros Geliebten, sie wurde bei Frank Sturgis und anderen überredet, einen Mordanschlag auf ihn zu machen. Frank Sturgis war in der gleichen Arbeitsgruppe wie Lee Harvey Oswald.

Eduardo- Howard Hunt. Lesen Sie was das **Slate Magazine** sagt

Das **Slate Magazine** stellt Fragen wie; hat Hunt gewusst, was in den Tagen vor der Todesparty passiert ist? Kannte er die wahre Geschichte? Um die Antwort kurz zu machen, er sagte, dass unsere Leute von der National Security Agency die Spur auf Che's Bande halten. Die Bolivianer wollten ihre Hände von ihm freiwaschen. Hunts Leute hielten die bolivianische Armee informiert.

Hunt wurde gefragt wer Che getötet hat, war es Schweinebucht Mitglied Felix Rodriguez? Er sagte nein, es waren die Bolivianer.

Seltsame Bemerkung zu machen -Wir ermöglichten es, das Che getötet wurde. Was hat Hunt mit Belegbarkeit gemeint?

Slate fragte Hunt, ob er dachte Che würde ein Held werden?

Die Antwort war nein. Aber dann sagte er; dass der bolivianischen Oberst hat vorausschauend Che's Hände abgeschnitten. Als er gefragt wurde warum, antwortete Hunt, es war eine gute Idee, so konnte er nicht durch seine Fingerabdrücke identifiziert werden. Eine gute Idee, wenn Sie nicht wollen, das ein Körper identifiziert wird. In dem Artikel lese ich es nicht den Namen des Obersts!

Hunt sagte, er wisse nicht, wessen Idee es war; die des bolivianischen Obersts oder der CIA.

Interessant, wenn Hunt den Tod mit Felix Rodriguez diskutiert, er hatte gesagt, sie hätten mit dem Körper ein oder zwei Tage herumgealbert vor der Entsorgung des Körpers in der Umgebung.

Hier muss ich sagen, es gibt noch eine andere
Version über das, was auf Che's Todesparty passiert
ist. Ich habe viele Fotos von Che auf einer
medizinische Tabelle zu sehen bekommen, er hatte
seine Hände. Sieh an, Hunt bekam die Idee von
Felix Rodriguez, dass der bolivianische Oberst ein
flaches Grab schlampig hatte graben lassen, um
seinen Körper wegzuwerfen. Dieses Konto stimmt
nicht überein mit dem was er, Felix Rodriguez in
dem Film 'Schnappschuss mit Che ' sagt
Wenn ich lese, Che's Hände waren abgeschnitten
worden, damit sein Körper nicht durch seine
Fingerabdrücke identifiziert werden kann und dass
es eine ziemlich gute Idee ist, wenn Sie nicht wollen,
dass jemand identifiziert wird.
Ich konnte nur nicken

Felix Rodriguez Name ist dominant-

Juan F Benemelis- war Castros Innenminister bis
1988
Er hat Las Guerras secretas de Fidel Castro
geschrieben. Beide Männer sind in dem gleichen
Stall-Kubanisches Museum, Inc. und verwenden die
gleiche E-Mail Adresse!
Das kubanische Museum ist mit Erinnerungsstücken
von der Invasion in der Schweinebucht und
Artefakten die Felix Rodriguez mitbrachte von
Che's Todesparty bestückt.
Das Slate Magazine fragte Eduardo- Howard Hunt
über Kennedys Tod, Attentat. Er wurde gefragt, ob

er die Verschwörungsidee über David Atlee Phillips kennt-der Miami CIA-Chef-war an der Ermordung von JFK beteiligt. Hunt hatte nichts zu sagen.

Das Slate Magazin denkt, dass Eduardo- Howard Hunt David Atlee Phillips anheuerte, um mit ihm in Mexiko zu arbeiten und mit die guatemaltekische Propaganda zu unterstützen.

Sagte Hunt vor dem Ermittlungskomitee aus, dass David Atlee Phillips war einer der 'Unterstützer den er je gesehen habe ", was auch immer das bedeutet! Eduardo- Howard Hunt wurde gefragt, ob er in Dallas am Tag von JFK Ermordung war. Es gibt keine Aufzeichnung einer Antwort.

Frank Sturgis- war in und um Dallas zum Zeitpunkt der Ermordung Kennedys und so war auch Howard Hunt anwesend! Und so auch Che Guevara.

Dies ist kein Geschichtsbuch, sondern es ist ein Bericht darüber, wie ich herausfand, wie die Dinge zusammenkamen. Wenn Sie zwischen den Zeilen lesen, Howard Hunt wusste von Che Guevara aus seiner Zeit in Guatemala 1954 und er unterstellt, das Che in Kuba in dieser Zeit gewesen war.

Eduardo Howard Hunt, man konnte ihn als einem Super Meisterspion nennen. Wenn Sie denken, ich erzähle ein Lügenmärchen- es war Fidel Castro, der Geld an die Demokratische Partei in der USA zahlte. Zum Kreis von Menschen, die an dieser Vertuschung beteiligt sind, wie ich es sehe.

              Otto Reich.

Sonntagnachmittag kann es langweilig sein, also nahm ich eine alte Gewohnheit auf, und ich gab Otto Reichs Namen in den Suchprogrammen ein. Seinen Name fand ich beim Blick in Watergate, nachdem ich E Howard Hunt und seine Mitarbeiter verfolgt hatte. Otto Reich, wie es war, ist ein USA-Diplomat, er war Botschafter in Venezuela, ein Reagan Mann, ein Bush-Mann, und er wurde in Kuba geboren. An der Contra-Affäre in Nicaragua beteiligt. Sein Wikipedia Eintrag ist interessant zu lesen. Ich fügte Ciro Bustos 'Namen neben seinen, ich hatte Venezuela nicht entfernt. (Unter diesem Hut sind Konten der Che Todesparty, Leute wie Regis Debray Konto u.a.)
www.latogata.org/che/nuevos/che_ felixhtm gab mir Felix Rodriguez Mendigutia: der Mann der Che tötete. War der erste Artikel der erschien. Otto Reich ist nicht in diesem Artikel erwähnt oder anderen die darauf folgen und Ciro Bustos bekommt nur eine kurze Erwähnung beim Durchgang
Dieses Konto erklärt die Reihenfolge der Ereignisse, bis zu dem Moment an sie sagten, das Che erschossen wurde.   Den nächsten **Bericht** den ich gelesen hatte:
 Felix Rodriguez Mendigutia El Hombre que asesino… Archive C
www.Archivechile.com
Varios Relatos sobre el asesinato del Che Guevara. Baracuteycubano.blogspot.com/…/varios-relatos-sob…

Sie erklären auch die Reihenfolge der Ereignisse, die passieren, sobald sie sagten das Che erschossen wurde. Die Formulierung war dieselbe, aber die Namen die sie verwendet haben waren unterschiedlich.
Wie ein normaler Mensch nur einmal sterben kann. Erschossen/ getötet / von einem **Beauftragten**.

Kapitel achtzehn

Es sollte nur ein Konto sein.

Zur Beantwortung der Frage, warum es so viele unterschiedliche Versionen gibt- sie sind da um den wahren Zweck des Geschehens zu verstecken
Die zweite Version der Ereignisse, so wird gesagt, soll die glaubwürdige sein, so wie es von Jon Lee Andersons Ausführungen kommt. Jon Lee Anderson sagt, dass er mit Ciro Bustos in Malmö, Schweden sprach. (Ciro sagte genauso viel als ich dort war mit meiner Freundin Silke.)
 Der Text des Film 'Sacrificio' wurde von Luciano Monteagudo geschrieben (er hat eine Postboxadresse in Stockholm, Schweden) ein anderer Namen der von Jean Luc Godard, Che's Halbbruder verwendet wird. Der Film 'Sacrificio' das Unternehmen, das diesen Film machte ist in Jean Luc Godards Händen. Es ist ein schwedisches Unternehmen. Ich dachte, das es viele Kreise gab, aber es ist nur einer. Diejenigen, die als Guerillas mitwirkten führten mich in den Buchzirkel. (Daniel Ellsberg und Ann Wright u.a.!) Der Buchzirkel blutet in die USA demokratische Partei, mit der Konsequenz von

Watergate. (Watergate-Geld von Castro.) Watergate hatte die gleiche Gruppe von CIA-Männern, die in der Ermordung von Kennedy aktiv waren. Es ist bekannt, das CIA Männer sich den gleichen Code-Name teilten, die bei der Arbeit an gleichen Projekte beteiligt waren- Che Guevara und Felix Rodriguez und Oliver North zum Beispiel. Der Plan Kennedy zu töten war ein Plan, der beabsichtigte einen Mann zu liquidieren, der seine Nation zwischen den USA und der UdSSR stellte. Viele der Akteure waren in Dallas an diesem Tag! Nehmen Sie einfach eine andere Identität, starten Sie ein anderes Feld der Unruhe. Versteckte Drogenproduktion in den Nebeln des Kriegs, den Bedarf an Waffen zu nähren. In der Mitte dieses Kreises ist ein Name, Fidel Castro.

Von diesem Punkt an öffnet sich der Kreis um uns alle in sich zu nehmen. Es hat unser Leben berührt, hat unsere Männer in Kriegsgebieten geschickt, die erfolgreich manipuliert wurden. Länder wurden genötigt ihre Völker unbekannte Straßen hinunter zu gehen. Unsere Kinder bekamen Drogen, die in den Hände des Drogenpaten gewesen sind. Wenn du die Weltdrogen kontrollierst, dann auch unsere Medikamente. Das war nicht was ich erwartet hatte zu finden, als ich begann nach meinen Vater zu suchen. Ich wünschte, das wäre ein großes Märchen.

Kapitel neunzehn
Die Karte

Ich habe eine Karte angefertigt, die

Veranstaltungen und die Verbindung von Menschen zeigt. Ich tat dies auf hellem Papier, von oben sehen Sie ein Spinnennetz! Aber auf den verschiedenen Ebenen zu sehen ist: wer, wie und warum.

Das Zentrum dieser Webseite ist Fidel Castro, Che Guevara, und Raul Castro.
Kennedys Ermordung- Watergate- Che's Todespartei, wie sie verbunden sind. Mit den anderen Mitgliedern der Familie durch Einfädeln der Teile, die sie spielten, und wie andere Menschen zum Spinnennetz beigetragen haben. Um zu sehen, auf welche Art und Weise dem Geld zu folgen, von wem zu wem, warum, denen gibt ein klares Bild.

    Das nächste was ich tat, war nach Ciro Bustos 'Zahnbürste zu suchen.
Ich habe seine DNA, ich habe eine Zeugin die angeben kann, ich nahm es, und seine E-Mails, die bestätigen dass er nicht erfreut war, dass ich sie genommen habe.

    Es beweist, ich habe Ciros DNA. Wo sonst kann man seine DNA finden? Wir sind Künstler! Wir malen mit Hand und Verstand, was bedeutet, seine DNA wird in seiner Arbeit sein, wie meine in meiner Arbeit ist.

    (Ich kann Ciro Bustos 'DNA identifizieren).
Che's Briefe und Tagebücher waren durch viele Hände gegangen, seine DNA ist vielleicht verloren- es muss eine zuverlässige Quelle sein.
Ich würde eine DNA-Probe nicht vertrauen welche von denen gegeben wurde, die im Spinnennetz sind.

Obwohl die Onkels und die Tante diesen Schlüssel bieten könnten, sollten sie wollen!

   Es war, als ich auf der Suche war, wo Ciros Arbeit gefunden werden kann, als ich über etwas Unvorhergesehenes beim Suchen stieß. Unter den Proben von Handschriften die ich las, war eine die mir vertraut vorkam, es war eine von Tania. Tania Bunke. Aber so die Proben sagen, dass es ein Brief von 'Victor' Casildo Condori zu seiner Frau Nancy de Condori war und einem dritten Beispiel diesmal zu "Medico Moro ' geschrieben, auch wenn ich denke, das kann nicht möglich sein.

Museo Ernesto Che Guevara Primer Muse Suramericano:ania la argentina comba…
http://museocheguevaraagentina.blogspot.de/2013/05/tania-la-argentina-combatiene-...

Ich habe Stunden damit verbracht, Bustos / Che's Handschrift und der Klage um Intis Tod zu vergleichen, Regis Debray sagt aus, es ist in Monika Ertl eigener Handschrift geschrieben.

Fünf Leute mit ähnlicher Handschrift, nicht zu erwähnen die an Victor und Medico Moro. Alle im gleichen politischen Kreis, an der gleichen Stelle in der Zeit! Die Erklärung in Norberto Forgione Aussage bestätigt, die Briefe wurden vor kurzem gefunden, etwa fünfzig Jahre später. Die Briefe so wurde gesagt, sollten für deren Familienangehörige sein. Es ist interessant festzustellen, dass der Verfasser dieses Berichts, Norberto naheliegt, dass Regis Debray und Bustos Ciro beabsichtigten die Briefe an ihre Empfänger zu **geben**

(Es musste Ciro Bustos sein.-Wenn ich recht habe-
Es ist sinnvoll, solche Briefe zu schreiben, es ist
sinnvoll, das Ciro / Che solche Briefe schreiben
würde - Ich frage mich, ob sie eine Nachricht in
ihrem Wortlaut versteckt enthalten?) (Ich habe eine
andere Lösung für dieses
Handschriftendurcheinander, ich werde es in diesem
Kapitel wo ich das Thema übernehme, erklären

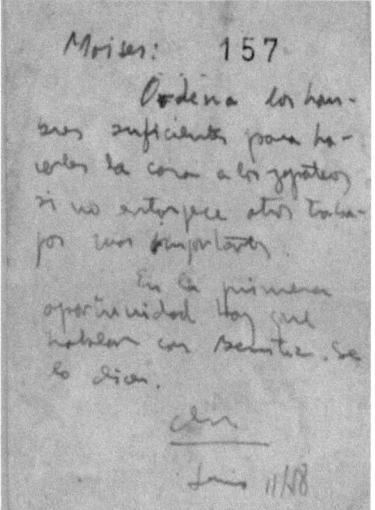 ... cuba-cuban-signed-che-guevara-autograph-manuscript-document-ebay.com

Ciro Bustos

Kapitel zwanzig
Briefe gefunden.
Ich gehe denkend herum und frage mich, bin ich eine verrückte Frau! Ich habe eine E-Mail direkt in die Höhle des Löwen geschickt. Norberto verdient seinen Lebensunterhalt mit der Che Guevara Geschichte; was mehr, da er Guevaraist ist! Und er ist Psychologe, Aktivist. Ich tat dies in dieser Sache, ohne auch nur nachzuschauen wer er ist!
 Während ich wartete, um zu sehen, ob Norberto meine E-Mail beantworten, sehe ich mir ihn an! In INFO / News- ist ein Film"- **the revolutionary**, 'The **official guerrila** -. " Es ist noch schlimmer als ich dachte! Norberto hat einen Film über Che gemacht. 'De Sus Queridas presencias "Es kommt noch schlimmer- es gibt einen weiteren Mann der neben

Norberto sitzt.
Jorge Denti, ein Filmemacher. Sein Film trägt den Titel: 'The footprint Doctor Ernesto Guevara.'
Der dritte Mann lässt meine Zehen drehen. Jean Martin Guevara.
Norberto sitzt neben meinem Onkel. Kleine Welt!
Die englische Abschrift dieses Programms macht Kommentare, die mich beruhigen.
Onkel Martin spricht über Che's Geburtstag, er sagt es ist der achtzehnten Mai, nicht der vierzehnte. (Ein bisschen verdächtig für einen Bruder, einen 4 Tage Unterschied bei Che's Geburtstag zu haben!) Das Raul Castro und Che für einen berühmten Arzt zur Erforschung von Allergien gearbeitet haben. Das Katzen und Hunde zusammen mit den Kaninchen rund um das Krankenhaus verschwunden sind. Jorge Denti legt nahe, dass ihr Verschwinden dadurch kommt, dass der Forscher Exkremente von lebenden Tieren benötigte. Onkel Martin bestätigt, dass Che Kennedy im Geheimen traf. Es gibt zwei Namen die Onkel Martin in seinem Satz über das Treffen mit Kennedy erwähnt.
Arturo Frondiz- Argentinien-Präsident von 1958 bis 1962.
Janio Quadros- Brasilien- Präsident 1961.
(Diese Namen habe ich in Renatos handgeschriebenen Briefen gesehen.)
Onkel Martin sagt, dass ein Guevara Vetter, Raul Lynch Argentiniens Botschafter in Kuba war, als die Revolution triumphierte.

Ich finde diese Aussage interessant; Che muss es als angenehm gefunden haben zu wissen, dass er einen Cousin in Havanna hatte

Die nächste Überraschung war, dass Norberto meine E-Mail beantwortete.

In seiner ersten Stellungnahme stellt er fest, dass die Proben-

(A) ist Che Guevaras Handschrift- es ist von der Probe für die Kunstausstellung/Einladung die von Ciro Bustos geschrieben wurde,1987.

(B) Probe (B) war aus dem Tagebuch an der Wand hängend in 'Benigno "Dariel Alarcóns Wohnung, welches ich aus dem Film" Schnappschuss mit Che' übernahm. Probe

(C) (C) war aus dem Brief an Susan.

(Alle sind ähnlich und passen zu Tania Bunkes Brief!)

In Norbertos Antwort schlägt er vor, das Schreiben einem Experten zu zeigen. Für mich ist das ein Schritt nach vorne! Ich erwähne in meiner nächsten E-Mail, dass ich sehr vorsichtig bin, wo ich meine Schreibproben hernehme. Hätte ich gewusst, dass Inge Feltrinelli- Giangiacomo Feltrinelli's Frau zu der Zeit jüdisch war, wäre ich misstrauisch gegenüber der Proben gewesen, welche die **Jewish emestocheguevara-oleida.blogspot.com** analysiert. Von ihrem Beispiel habe ich eine Kopie gemacht um sie als die Che's zu zeigen.

Bitte glaube sie nicht, dass ich gegen alles Jüdische bin.

Ich bin zu diesem Zeitpunkt nicht bereit, mit Norbert über Skype zu sprechen, aber ich schlug vor, während wir warten um Skype zu installieren, ob er einige meiner Fragen beantworten könnte. Ich wollte wissen, ob Onkel Martin ein Freund von Norberto ist, was war seine Beziehung zu Jorge Denti Norberto sagte mir, dass er befreundet ist mit Onkel Martin. Jorge Denti lebt in Mexiko. Dass sie auf dem YouTube-Film zu sehen sind-
http://www.youtube.com/watch?v=tvarybZjxOo
Ich wollte nicht seinen Spaß verderben mit den Worten, ich hätte es schon gesehen, und würde die Informationen schon nutzen.

Ich kam auf den Namen des Raffaele Bernetti als Norberto gesagt hatte, er war in Bolivien zu dem Zeitpunkt als der Körper Che's von dem argentinischen Forensic Anthropology Team und den kubanischen Geophysikern gesucht wurde. Raffaela Bernetti und Stefano Missio produzierten den Film "Che Guevara, the body and the legend." Ein B&B Film s.r.l Italy 2007. Ich habe nicht eine SBN-Nummer dafür, aber die Kopie die ich habe wurde mir glücklicherweise von Raffaela Bernetti vor einigen Jahren auf Englisch geschickt. **Ich habe** ihm eine Erklärung dafür angeboten, warum ich dachte, ihre Ergebnisse waren korrekt, aber sie haben mich nicht ernst genommen. (Sie sind nicht davon überzeugt, dass das der Körper von Che Guevara sein könnte.) Norberto sagte, er wisse das Raffaela Bernetti einen Film über Che gemacht hatte; ich fragte ihn, ihn sich anzusehen. Ich fragte

ihn, Onkel Martin die Proben von den Handschriften zu zeigen. Ich will wissen, was Onkel Martins Reaktion ist. (An dieser Stelle habe ich nicht gesagt, dass ich verwandt bin.) (Ich wünschte, ich könnte eine Fliege an der Wand sein, wenn er zu damit Onkel Martin konfrontiert!)
Während ich warte um zu sehen, was die Reaktion auf all dieses ist, beschließe ich, Jorge Denti nachzuschauen! Die erste Frage die mir in den Sinn kam, war- warum ist er interessiert an Che's frühen Lebensjahren? Alberto Grundy war ein Freund von ihm. Wo sollte ich nachsehen, in der Welt des Films oder Che's Beziehungen in Mexiko.
 Ich nahm einen Bleistift und machte eine andere Karte!
" On the Trail of Dr Ernesto Guevara." ist der Film den Jorge Denti gemacht hat, er ist in der Mitte, Onkel Martin ist auf der einen Seite von ihm und Ciro Bustos ist auf der anderen. In Wikipedia wird Ciros Buch als Referenz zitiert, die Jorge Denti verwendet. " **Che wants to see you.**"
 Es geht eine Linie in der Mitte meiner Karte runter, die zu Pier Paolo Pasolini- Jean Luc Godard, Che's Filmstar Schwester führt.
In einem Blog über Jorge Denti genannt Cinema vom 2013.11.06. Es sagt mir, er verbrachte Jahre in Italien von 1966 an. In Italien hat er den Collective Third World Cinema gebildet. Er filmte in seinem Namen, in Palästina und Vietnam und Bolivien. Er kehrte zu seinem Heimatland Argentinien im Jahr 1973 zurück, wo er solange blieb, bis er Zuflucht in

Mexiko im Jahr 1976 nahm, im Anschluss nach der Entführung und Ermordung von Raymundo Gleyzer, seinem Freund und Begleiter der Filmgruppe der Collective Third World Cinema. Als ich Raymundo Gleyzer nachschaute, fand ich, er sah aus wie ein junger Jorge Denti.

Wenn ich lese, dass Raymundo Gleyzer und Jorge Muller zusammen mit Carmon Bueno gefoltert wurden und dann im Jahr 1976 verschwunden sind, sah ich auch Rodolfo Walsh Name auf dieser Liste von denen, die verloren gegangen waren- (Rodolfo Walsh ist ein Name den Jean Luc Godard benutzt hat. Che Guevaras Halbbruder.) Ich war so überrascht Che's Halbbruders Namen zu sehen, das ich nicht die Referenz aufschrieb, aber ich habe keine Panik, es wieder zu finden, da es viele Websites gibt, die unter anderem angeben die vorher genannten verloren gegangen waren, ihre Körper noch nicht gefunden worden sind.

(Wo habe ich das schon mal gehört?) Jorge Muller und Carmon Bueno waren in dem Filmgeschäft tätig, Schauspielerin und Kameramann; ihre Namen sind in den gleichen Referenzen erwähnt.

Ich werde Norberto fragen, ob er Zugang zu Gesichtserkennungsprogrammen hat.

                        Fotos Raymundo Gleyzer.
Raymundo Gleyzer peoplecheck.de

   (A) <u>Website mit diesem Bild</u>

Se extiende el plazo para la mandar proyectos en el Concurso ...abcguionistas.com

(B) website mit diesm Build.

Desaparecidos:Raymund Gleyzer
Desaparecidios.org
Jorge Denti: "Ernesto Guevara era el ejemplo de cómo tiene que ser ...laprimeraperu.pe
Festival Internacional de Cine en Guadalajara - La huella del Dr ...ficg.mx
B) twicsy@searchles.com

Es war eine Überraschung als ich Norberto Forgione und Jorge Denti verbinden konnte. Sollten Sie sich die oben Fotos ansehen, werden Sie das gleiche denken! Ich erwähne das nur, um zu zeigen, verschiedene Identitäten zu haben ist häufiger als Sie denken.

Da es keine meiner Geschäftigkeit ist, habe ich die Fotos nicht wieder geöffnet

Collective Third World Cinema.
Jetzt wo ich weiß wer verantwortlich für die gesamte Filmindustrie in Lateinamerika war, verstehe ich besser, wie sie es geschafft haben, mit einem solchen Plan durchzukommen. Zu sagen die ganze Sache war geplant wie ein Film-Skript, ist nicht die falsche Metapher zu verwenden. Alfredo Guevara, Che's Onkel war der Big Boss der "Collective Third World Cinema in Lateinamerika." Die Filmgesellschaft hatte die Kontrolle über alle

Produktionen! Onkel Alfredo hat nicht nur Kubas Filmindustrie kontrolliert; er kontrollierte auch die Filmindustrie ganz Lateinamerikas. Wie soll ich Leuten wie Norberto erklären, dass wir durch das Licht der Familie Guevara und den Castros geblendet wurden?

    Die Mitglieder der Familie Guevara.
Alfredo Guevara Lynch- ein Bruder von Che's Vater, Lynch Seite
 Alfredo Guevara, Che's Onkel war der Big Boss der "Collective Third World Cinema in Lateinamerika."Die Filmgesellschaft hatte die Kontrolle über alle Produktionen
Onkel Alfredo hat nicht nur Kubas Filmindustrie kontrolliert; er kontrollierte auch die ganz Lateinamerikas. Raul Lynchs voller Name ist Raul Aureliano Lynch y Fri.
Er war Argentiniens Admiral-Botschafter in Kuba (1957-1983). Raul Lynch war Argentiniens Botschafter in Kuba, als die Revolution gesiegt hatte.

Wenn ich gewusst hätte, dass es mehr dazu gibt! Gabriel Garcia Marquez der Schöpfer von Che Guevara!

                      Kapitel einundzwanzig
                      Meines Vaters Buch-
     'Che wants to see you. The untold story of Che Guevara.'
Ich hatte das Original in meinen Händen, als ich zum ersten Mal Ciro in 2010 besuchte. Ich bot sogar

an, es für ihn zu übersetzen, da es nicht in englischer Sprache veröffentlicht wurde. Ein Scherz, wirklich dieses zu sagen, ich würde es mit einem Computerprogramm übersetzt haben! Ich habe nicht zum Zeitpunkt des Angebots gewusst, dass Ann Wright im Prozess der Übersetzung war. Der Buchzirkel! Es kam im März 2013 auf den Markt. Ich wollte es nicht lesen, aber Weihnachten 2013 beschloss ich ein Exemplar zu erwerben. Für mich ging es nicht darum ein Buch zu genießen, sondern ich hatte beschlossen es auseinander zu nehmen. Es wurden nun farbige Markierungen in seinen Seiten eingefügt und einen Kollege-Block mit Notizen und Fragen, die sich daraus ergeben. Es gab viele Namen, die ich erkannt habe. Ich arbeitete mich durch die Namen, die ich nicht kannte und vermischte neue Namen mit denen die ich kannte.

     Meine Notizen.

Kapitel 3 = Meine Reise auf die Insel-April 1961, erzählt von der Reise nach Kuba, wie der Kapitän des Schiffes sein Schiff in Havanna nicht anlegen wollte sowie der Schweinebucht-Invasion im Gange war.

 Ciro erzählt von den Menschen mit denen er zum internationalen Flughafen von Kuba geflogen war und die von der Aussetzung der Flüge nach der Invasion der Schweinebucht betroffen waren.

 Jon Lee Andersons Buch 'Che Guevara a Revolutionary Life.'

Gibt auf Seite 506 des Buches an das ich habe, der letzte Absatz sagt aus, das Ciro Bustos und seine

Frau in der Menge waren um die historische Rede von Fidel Castro zu hören. Dies ist der Moment in dem sich Ciro dazu entscheidet, sich der Revolution anzuschließen! Der nächste Absatz sagt uns, dass die 1500 Männer starke, kubanische Exilbefreiungsarmee in der Schweinebucht, Playa Giron an Land ging. Es war beim Lesen von Jon Lee Anderson ersten Verweis auf Ciro Bustos Beteiligung und Jorge Casantaneda mangelnde Interesse an Ciro in seinem Buch. Ich denke er war es der mir sagte, dass Ciro wunderbare Porträts von Menschen ohne Gesichter gemalt hatte. Ciro scheint interessant zu sein, da er ein Künstler ist.

 Ich bin ein Künstler! Das ist der Zeitpunkt, wo ich hereinkam. Dies könnte nicht ein wichtiger Punkt für einige sein, aber für mich ist er es, es war in der ersten Zeit als meine Aufmerksamkeit auf Ciro gezogen wurde, da bemerkte ich, es war wie ein neuer Schauspieler der in einer Novelle platziert wurde-, um später verwendet zu werden und irgendwo musste er anfangen! Jon Lee Anderson sagte, er verbrachte drei Jahre mit der Arbeit an seiner Biographie in Kuba, mit Che's zweiter Frau. Ciro erzählte mir und meiner Freundin Silke, dass Jon Lee Anderson in der Wohnung über ihm in Malmö für ein Jahr gelebt hatte. (Ciro zog eine Wohnung nach unten zwischen 2010 und das nächste Mal als ich ihn im Jahr 2012 besuchte.) (Jon Lee Anderson müsste zwischen 1993 und 1996 vor Ort gewesen sein, sechs Monate pro Strecke, bevor sein Buch 1997 veröffentlicht wurde.) **Copyright für**

Jon Lee Andersons Buch "Che Guevara a Revolutionary Life." ist datiert 1997.

Manuel Pineiro Losada

Manuel Pineiro Losada alias, 'Red Beard' Fidel Castros Meisterspion behandelt Jon Lee Anderson als einen Freund. Er, Red Beard kam aus dem Schatten um aufräumen zu helfen, bei einigen der Geheimnisse die rund um Che erstellt wurden! (Half er sie schreiben!?) Ciro Bustos sagt in seinem Buch, das Manuel Pineiro Losada alias 'Red Beard' Fidel Castros Meisterspion und sein Teamführer seine Identität kannten. (Gut, Freunde zu haben!) (Beim Schreiben!)

Tania Bunke

Tania Bunkes Name kam auf meinem Computer-Bildschirm in einem Artikel über ihren Tod. Sie hatten ihre Haare abgeschnitten und ihre Brüste entfernt. Schrecklich! Habe ich nicht gelesen, das in einem Fluss ertrunken war, nicht leicht zu erkennen, weil Piranhas sie angefressen hatten. Wenn ich es nicht gewusst hätte, dass sie eine neue Identität annahm, wäre ich so verwirrt gewesen. Man kann nur einmal sterben.

Norberto Forgione hat Kopien der Briefe erhalten, die zu Verwandten gegeben wurden, von denen ich glaube, das sie in der Handschrift Ciro / Che's sind, nun die Diskrepanzen können erklärt werden. Ciro / Che hatte Unterricht in der Erstellung von Dokumenten-Reisepässen, um sich an eine Situation anzupassen. Ciro ist ein Künstler / Handwerker. Alfredo Hellman nachschauend, er äußert in seiner

Website www.alfredohelman.it, das Che dreißig verschiedene Namen hatte, um damit auf der ganzen Welt zu reisen. Alfredo Hellman war Mendozers regionaler Sekretär und Mitglied des Zentralkomitees.

Lenardo Werthein

Lenardo Werthein Name führt mich zu einem Programm mit dem Titel "Journal Pampero Cordubensis. Der Editor ist ein Gabriel Pautasso. Drei Dinge kamen heraus, das was mich überraschte. (Punkt A Ich habe nicht viel gefunden, dies zu bestätigen.)
A)Meine Großmutter stammte von einer russisch-jüdischen Familie.
B) Das Mario Vargas Llosa sagt, dass die Knochen in Kubas Mausoleum nicht Che Guevaras sind. Mario Vargas Llosa Zeitungsbericht vom 10.03.2007 lautet: „die Knochen von Che"
C)Der Dossier wo Ciro erzählt über den Aufbau einer Guerilla-Armee passt fast Wort für Wort zum Dossier im "Journal Pampero Cordubensis. Von Masetti.
Ich habe den Herausgeber der Zeitschrift die den Bericht über die Salta Guerillas geschrieben hatten, gefragt denn ich war nicht sicher, ob die Computerübersetzung nicht den Autor durcheinander gewirbelt hatte. Wenn Masetti der Autor war, warum ist das Dossier so nahe, Wort für Wort zu dem Dossier welches ich in Ciro Bustos Buch gelesen habe? Wen nichts vorher zu passen scheint zwischen einem Autor zum anderen, das ist

seltsam. Ein Revolutionär sollte eine einsame Seele sein, aber die Geschichte zeigt, sie hatten viele Kinder, als ob der Ausgangspunkt für die Revolution die Liebe ist- **Che want to see you**. In meinem Kopf hält sich, beide Männer benutzten es. Masetti, um eine Revolution zu machen, es muss Liebe sein. - Im Pampero Journal.

Um über Männer zu sprechen die an Hunger sterben, die Wurzeln, Kräuter kochen müssen, ist eine Sache, aber die gleichen Referenzen zu verwenden ist eine andere! Der Bericht von Jon Lee Anderson von der Zeit vor der Todesparty geschrieben, ist auch vergleichbar zu Ciro Bustos und Masettis Bericht von Salt. Wenn Sie denken ich denke Müll, können Sie mir eine Frage beantworten? Warum den gleichen Fehler zweimal machen?

Ein Kind legt nur einmal die Finger in eine Flamme. Meine Großmutter war von einer russisch-jüdischen Familie. Ich weiß nicht wie dies zu nehmen, das Leben ist seltsam genug, ohne Angesicht zu Angesicht zu stehen - ist das möglich!? Im 'Journal Pampero sagt Cordubensis Antonio Rodriguez, das meine Großmutter eine Schwester von Ariel Sharons Vater war. Als über seinen Gesundheitszustand zu diesen Zeitpunkt berichtet wurde, nachdem ich den Bericht Antonio Rodriguez gelesen hatte, hatte ich die Gelegenheit sein Gesicht zu sehen. Erst als die Medien über seinem Tod berichteten, nachdem er seit acht Jahren im Koma lag, habe ich die Chance bekommen, in seine Augen zu schauen. Die Frage in meinem Kopf war; hatte er ähnliche Augenmuster

wie Celia Guevara? Die Frage war nicht leicht zu
beantworten, da die die Augen in die ich hineinsehen
konnte, welche im Fernsehen gezeigt wurden,
schienen ein weiches grau / braun zu haben, aber
zeigten einen dunkelblauen Außenring.
Wenn ich meine Forschung in anderen
Angelegenheiten fertig habe, werde ich sehen, ob es
einen Familienverbindung zu Ariel Sharon gibt.
Es gibt eine positive Seite zu diesem, als ich vor
meinem Bauernhaus vor dreizehn Jahren stand,
bevor meine Suche begann, blickte ich in einen
sternenlosen Himmel. Ich war allein, ohne andere
wie mich. Ich war wie ein Stein in einer Wüste, wo
keine anderen Steine waren. Nun gibt es viele
Steine, die zu Brüder und Schwestern, Tanten und
Onkels, eine Mutter, einen Vater und Großeltern
wurden. Alles was ein normaler Mensch hat. (Auch
wenn ich nicht in meine Arme nehmen kann, sie
sind ein Teil von mir.)
Das Mario Vargas Llosa sagt, dass die Knochen in
Kubas Mausoleum nicht Che Guevaras sind
Diese Zeitungsbericht ist vom 10.03. 2007 „Bones
of Che", ich fand seine Erwähnung im 'Jounal
Pampero Cordubensis".
Da es sich um den zweiten Hinweis handelt, was
mich darauf kommen, hindeutet lässt, der Körper ist
nicht der, wer sie sagen, er ist.
Das erste in dem Film von Raffaele Brunetti und
Stefano Missio; was ich sah. "Che Guevara: The
Body and the Legend.", wo sie sagen, sie haben die

gleiche Meinung; und sie zeigen wie sie sich ihre Meinung gebildet haben.
Die nächste Referenz auf die ich stieß ich war von Alvaro Vargas Llosa. Er sagt mir, dass Fidel Castro den Befehl gegeben hatte, um Beweise für seine Propaganda zu schaffen. Mario Vargas Llosa. Der Groschen wollte nicht fallen, bis ich ihre Namen verglich und sah beide Männer in 'Wikipedia' nach, sie sind Vater und Sohn. Dumm von mir, sie sehen gleich aus.
Mario Vargas Llosa. Er ist in meinem Buchzirkel. Mario Vargas Llosa- ist interessant; er war ein Kandidat für die regierende Schreibkunst in Peru. Nun lebt er in Spanien
 Alvaro Vargas Llosa ist ein politischer Kommentator, seine Bücher über Fidel Castro oder Che Guevara scheinen sich nicht ergänzen. In der Nachforschung um E-Mail-Adresse und seine Adresse zu finden fand ich Susana Abad. Die Internetmedien sagten mir, dass sie mit Alvaro Vargas Llosa verheiratet ist. Mit nichts zu verlieren fragte ich sie in einem Twitter, ihren Mann zu bitten seinen Kommunikations-Manager zu kontaktieren. Ich hatte ihm eine E-Mail geschickt, um Alvaro Vargas Llosa E-Mail-Adresse anzufordern, die er mir gab, aber keine E-Mail ist seitdem beantwortet worden. Ich beschloss andere Methoden der Kommunikation zu versuchen. Meine E-Mail-Seite von der ich meine Twitter gepostet habe, gab mir eine Überraschung. Das letzte Mal habe ich Twitter vor etwa einen Jahr vorbenutzt, wenn ich Jon Lee

Anderson fragen wollte, sich etwas anzusehen, was ich auf eine Homepage gestellt hatte. Die Homepage war nicht in der Lage zu sagen, wer sie besucht hatte, nur wie oft sie besucht worden war, also gab ich die Idee auf bei Verwendung von Twitter jedermann zu kontaktieren; bis ich sah, Alvaro Vargas Llosa Frau benutzt Twitter.
Meine Twitter-Account hat mir von anderen erzählt, die von Interesse waren.
Amy Davidson Name wurde gezeigt; ihre Adresse sagte, sie ist die Herausgeberin des New Yorker Was seltsam ist, ihr Name kam vor einem Jahr hoch, als ich versuchte Jon Lee Anderson zu twittern! Ich war sogar so weit gegangen es aufzuschreiben. Es gab eine andere Twitter Adresse, Twitter hatte als interessant- FNPI_org aufgenommen. Der Übersetzer-Programm sagte mir das Twitter sagte: "Diese Organisation arbeitet für die journalistische Qualität und Beiträgen zu den Prozessen der Demokratie und der Entwicklung in den Ländern Lateinamerikas und der Karibik." Nächste Überraschung! Wie soll ich Gabriel Garcia Marquez beschreiben? Er ist der Unterstützer der oben genannten Organisation. Die FNPI bietet Auszeichnungen für Journalismus an, gesponsert von Gabriel Garcia Marquez. Sein Spitzname ist Gabo, er ist jener Schriftsteller, der den Nobelpreis für Literatur im Jahr 1982 gewonnen hat. Bester Freund von Fidel Castro, sagte nie ein Wort gegen Castro- so steht es in seiner Wikipedia. Unter der Überschrift ' **Fame**' in Gabriel Garcia Marquez

'Wikipedia heißt es, dass Mario Vargas Llosa Gabriel Garcia Marquez ins Gesicht schlug!? Ich dachte mir dabei weniger, als ich diese Zeilen las. Gabriel Garcia Marquez Name ist mir bekannt; fair zu sagen, sein Name ist Teil davon. Sein Name wird auch in Ciro Bustos Buch erwähnt, " **Che wants to see you.**"
Gabriel Garcia Marquez Name war oft zu sehen, und er erscheint in der "Buch-Verbindung", die ich fand. Elisabeth Burgos-Debray hat eine Akte mit seinem Namen. Was sie nicht hat, ist eine Akte mit Ciros Namen darauf: (Seltsam, wo er doch in der Gefangenschaft mit ihrem Mann war! Sie legte Akten über der Liste der Bücher die er gelesen hatte und über seine Briefe an.) Frage, warum habe ich seinen Namen gefunden, als ich versuchte die Frau von Mario Vargas Llosa Sohn zu twittern?

Seite 347 in Ciros Buch.
Auf dieser Seite sagt Ciro, das Gabriel Garcia Marquez die Vernehmung von Dr. Gonzalez übernahm. Ciro sagt das-
   Gabriel Garcia Marquez auch ein CIA-Agent war.
Fidel Castro und Elisabeth Burgos-Debray.

Website mit diesem Bild
Elizabeth Burgos is shown here with Fidel Castro in 1970; the photo is part ...
media.hoover.org

Fidel Castro und Gabriel Garcia-sagen? Muss ich mehr

Libertaddigital com

Gabriel Garcia Marquez.
- A) Fidel Castro's bester Freund.
- B) In Elisabeth Burgos-Debray's Akten
- C) ein CIA Agent.
- D) 1982 Nobelpreis für Literatur.
- E) Kontakt zu Giangiacomo Feltrinelli's Verlagsimperium

F) Ciro Bustos nennt ihn *Gabriel!* Gabriel Garcia Marquez.

> (Er sagt auch, er wurde verhört von-Möchten Sie über Ihren Vernehmungsbeamten mit seinen Geburtsnamen sprechen?)

Ist es meine Fantasie?
Die Pläne für Che's Todesparty wurden unter Verwendung des Salta Guerillas Erlebnis gemacht. Ändern Sie den Namen des führenden Mannes ab von Masetti zu Guevara.
(Masetti war nicht der einzige Mann in Erfahrungen mit der Filmherstellung.) Ciro Bustos lebte gegenüber dem Gerichtshaus, im Hauptquartier der 4 Divisionsstäbe. Wo Ciro von sich selbst sagt, er hatte dort ein Zimmer.
Ein weiterer bestätigt dies in seinem Bericht über den Prozess Die Südamerika Jahre-
Kapitel 18
www.mogarcia.raintreeeditors.com/...chapter18.ht.
Elizabeth Burgos Debray hat auch Berichte über Regis Debray Zeit in Camiri angelegt, Hoover Institution der Stanford Universität. Ciro Bustos kann auf der Anklagebank im Gerichtssaal sitzen und erscheint am Set im Dschungel mit einer Perücke, bereit seine Rolle in der Todesparty zu spielen. Dies erklärt exakt das Missverständnis über das, welcher Tag genau war. Nicht alle Akteure konnten am gleichen Tag kommen.
Das Theater war in der Luftlinie nicht so weit weg voneinander. Da Ciro sagte das es zwei Landebahnen in der Nähe von Camiri gab. Eine militärische, eine private; Helikopter, Jeeps und Busse waren an der Tagesordnung.

  Die Rolle der Anwälte wurde von Che's zwei Brüder übernommen, sie waren auch am Set für die Gefangennahme von Che, zu dieser Zeit traten in der

Rolle als Armee-Berater und Vernehmungsbeamte auf. Wie zu sehen ist und im Film erklärt **wird**, "Wege der Revolution, Che Guevara."
 Che's Schwester spielt seine Frau; obwohl sie mit Che's Halbbruder verheiratet ist, den ich als Jean Luc Godard kenne, ein prominenter Filmemacher, auch er nutzt die Verwendung von vielen Namen. Hinzufügend Feltrinelli, einen mehr als reichen Verleger, verbunden zu vielen von Castros Betrügereien und er genießt seinen Kontakt zur Medienwelt.

$50.000.000.

50 Millionen Dollar ist eine Menge Geld, auch jetzt noch! Feltrinelli bringt diese Summe ins Spiel. In der Jobst C. Knigges Arbeit "Feltrinelli-Sein Weg in den Terrorismus." (Seite 35), berichtet er, dass das Geld Roberto Quintanilla angeboten wurde, um Geld für die Sicherheit Che's bereitzustellen.

    Fügen Sie so die Fortsetzung: 'Monica Ertl erschießt den bolivianischen Botschafter "in Hamburg, Roberto Quintanilla. Derselbe Mann, welcher der Empfänger des Geldes gewesen war! Klaus Barbie spielt die Rolle des Patenonkels von Monica Ertl und als Gegenpart als Guerilla-Militärtrainer sendet er seinen Sohn um den Körper des unglücklichen Mannes zurück nach Bolivien zu bringen. Ein weiterer Film ist über ihren vermeintlichen Niedergang gemacht. Eine ganze Industrie wurde mit dieser Pantomime aufgebaut, mit Menschen zu verschwinden und sich dann selbst neu zu erfinden. Bücher geschrieben, T-Shirts gedruckt-, bis ich kam und mehr über meinen Vater wissen wollte! Viele wollen nicht ausgelassen werden, Tania Bunke hat ein Buch über sie geschrieben. Eines der Bücher, die ich mich beziehe, war co-written durch beste Freunde Che Ricardo Rojos Tochter Marta. **Nicht unerwähnt zu lassen, über Tania Bunke wurde auch ein Buch geschrieben.** Eines der Bücher auf die ich mich beziehe, war co-geschrieben von Ricardo Rojos Tochter Marta, Che's bestem Freund.

Che Guevara and Ricardo Rojo.

Sie sind alle zusammen in Camiri!
(Ricardo Rojo scheint mit Che's bester Freund und auch der Ciro Bustos zu sein! Dieses ist in Ciro's Buch ' Che Wants to see you " angegeben.)
(Ricardo Rojo steht hinter meiner Mutter in einem Foto, wo Che und seine erste Frau erscheinen, in Jon Lee Anderson Buch "Che Guevara ein revolutionäres Leben.') Ricardo Rojo verwendet den gleichen Editor für sein Buch über seine

Freundschaft mit Che, ebenso wie Rudolfo Walsh, der wie ich sage, ein anderer Name von Che's Halbbruder war, der derjenige verwendet hat, der Che's Schwester heiratete. Pierre Kalfon nutzte Jorge Alvarez als Editor; er schrieb über Che Guevara und die politischen Ereignisse in der Umgebung, er ist auch in den Dateien, die von Elizabeth Burgos Debray in der Hoover Institution der Stanford University gelagert werden.
Jorge alvarez/rock.com.ar. Dieses Programm spricht über seine Musik. Pierre Kalfon war auch ein Filmstar und ein Popstar, Jorge Alvarez produziert Musik in Paris. Ich erwähne sie nur, um zu beweisen, was herum geht, kommt herum.

Ich zitiere aus Ciro Buch "Eine große Lüge wird von unzähligen kleinen Wahrheiten gemacht."Ich kann mich nur wundern über das Leben der anderen neunundzwanzig, die er hatte.

Wie man Ciro Bustos in Che Guevara verwandelt.

Und wieder zurück!

Kapitel zweiundzwanzig.
Weitere Überraschungen aus meines Vaters Buch.
In dem offenen Brief Peru 21 heißt es, dass Mario Vargas Llosa gastfreundlich war zu-
Celia de la Serna Llosa. Che's Mutter, meine Großmutter.
Die Dame, die ihn gebeten hat Celia zu unterstützen war-
Hilda Gadea- Che's erste Frau.
(Mario Vargas Llosa bemerkt, "Celia de la Serna Llosa hatte kein Geld um ein Hotel zu bezahlen. Sie war in seinem Haus vor der Rückkehr nach Buenos Aires, wo sie ins Gefängnis gesteckt wurde und bald nach ihrer Freilassung sterben würde.) Mit dieser Bemerkung in meinem Kopf und in Anbetracht der Tatsache, das ist der Mann der den Körper in Santa Clara in Frage gestellt hat, der von Che Guevara zu sein. Ich begann zu schauen, was ich über sie finden konnte. Mehr über Ihre Großmutter zu wissen, ist

wichtig für Sie. Wenn Ciro / Che mich zum ersten Mal traf, begleitete er mich zum Busbahnhof. Wenn wir uns umarmten gab es Tränen in den Augen, die ich mir nicht erklären konnte. Später fragte ich mich, ob er meine Großmutter in meinem Gesicht sah!?)
Ich bin an dieser Stelle nicht sicher, dass es eine jüdische Verbindung gibt, aber ich bin sicher, dass Celia de la Serna Llosa ein enger Freund der Familie von Mario Vargas Llosa war. Er und seine erste Frau Julia Urqnidi, eine Drehbuchautorin, wie es so passiert, waren im Jahr 1955 verheiratet. Julia Urqnidi sagt in ihrem Interview, dass ihre Beziehung eine sehr enge war; sie lebten zusammen, sie und Celia ging zusammen in das Theater und wenn Hilda Gadea Hilfe brauchte, war sie da, um sie zu unterstützen.
(Von meinen Halbbruder Omar hatte ich gehört, dass beide, sowohl Hilda und ihre Tochter Hildita, unsere Halbschwester Depressionen hatten und die Probleme bekämpften die Alkohol bringt. Das war als ich ihn im Jahr 2009 besuchte.)
 Nur zu spekulieren hilft mir die Informationen, die ich festgestellt habe, zu schätzen zu wissen. Aber ich fand Informationen das Mario Vargas Llosa ein größeres Interesse an Kuba und Fidel Castros Plänen hatte. Celia de la Serna Llosa spricht über ihre Jungs „ Beteiligung an Unruhen!"
Es gibt Hinweise darauf, dass peruanische Männer als zusätzliche Soldaten in der Sierra Maestra waren: luzpensamientoylibertad.blogspot.com/…/libro-hilda

Geschrieben von Ricardo Gadea Acosta.
Celia de la Serna Llosa. meine Großmutter.
Ihnen zu sagen, sie lernte Englisch und Deutsch und sie war eine begeisterte Leserin, sie ging aus um wichtige Autoren zu treffen. Sie war eine vorausschauend, denkende Frau für die zwanziger Jahre. Celia übernahm die Verantwortung für die Unterrichtung ihrer Kinder.
Erwähnt wurde dieses von Froilán González- einem weltbekannten Rennfahrer, bereiste frei die Welt ; ein Argentinier und Verleger.
 Adys M Cupull- ist ein Autor für einen politischen Herausgeber.
 In 'Unfinished Song. ", für das sie Literaturpreise in Kuba im Jahr 1998 gewonnen hatten. (Ich fand heraus, dass sie Teil der Propagandamaschine sind. Schön, dass sie Preise für ihre Bemühungen bekommen haben Politische Herausgeber-,, 'Unfinished Song. "
Celia reiste von Salto, Uruguay mit reichlich Material, welches Fidel Castros Marke der kommunistischen Propaganda proklamiert; wo sie verhaftet wurde. Sie sagen mir, es war der dreiundzwanzigste April; da wurde sie als gefährlich registriert. Celia wurde vor ein Gericht gebracht, mit dem Vorwurf der Korruption und kommunistischen Tendenzen belastet. Ich mag es nicht zu glauben, dass sie verhört, noch Kontakt zur Außenwelt in dem örtlichen Gefängnis hatte, wo sie festgehalten wurde. Sie wurde an ein Frauengefängnis in Buenos Aires übergeben. Sie wurde bei diesem Verfahren

freigesprochen. Aber die Exekutive wollte die Entscheidung nicht akzeptieren. Warum wollte er einen Offiziellen von Fidel Castros Regierung. (Der Artikel sagt nicht warum?) Es scheint, dass Celia im Gefängnis für weitere zwei Monate einsitzen musste, bis ein Richter eingegriffen hatte, sie beendete ihre Haft in den frühen Stunden des 24 Juni. Es ist interessant dieses zu lesen, draußen waren ihre Söhne und ein leitender, argentinischer Militär, er hatte mit seinem eigenen Auto gewartet, um sie zu seiner Ranch in der Nähe der brasilianischen Grenze mitzunehmen.

Die Aussage sagt, dass Celia dort blieb bis sie irgendwann vorgab die Frau des älteren argentinischen Militärs zu sein, und so das Überqueren der Grenze nach Montevideo zu erreichen.

All dies geschah im Jahre 1963. Ich möchte sagen, meine Großmutter war sehr beteiligt in dem, was damals passierte. Sie entschied sich nach Argentinien zurückzukehren, obwohl Argentinien unter Militärherrschaft war und Celia war einer der meistgesuchten Frauen geworden, sie musste im Untergrund leben. Celia weigerte sich ins Exil nach Kuba oder Uruguay zu gehen.

An dieser Stelle wollte ich aufgeben! Aber irgendwie konnte ich nicht; der Gedanke, dass meine Großmutter in all dem beteiligt war, wurde faszinierend für mich. Ich stellte die Frage, wer war hinter Celia? General Jose de la Serna war der letzte Vizekönig von Peru.

(Ich fange an die Verbindung zu Mario Vargas Llosa zu verstehen.)

Juan-Martin de la Serna war ihr Vater, Edelmira Llosa war ihre Mutter. Sie waren beide gestorben, bevor sie sie hochziehen konnten, Carman de la Serna, Celias ältere Schwester wurde ihr Vormund zusammen mit Cayetono Cordova Iturbara. Cayetono Cordova Iturbara- bekannt als ein Dichter und Schriftsteller, seine Literaturkontakte führten zu Kontakten mit anderen Schriftstellern wie mit seiner politischen Auffassung, wie seinen politischen Überzeugungen. Carman de la Serna- hatte starke, linksgerichtete Überzeugungen, sie war eine Sozialistin als auch besorgt mit den Bürgerrechten von Frauen, eine antiklerikale Feministin.

Sowohl Carman de la Serna und Cayetono Cordova Iturbara waren Mitglieder der kommunistischen Partei und politisch aktiv.

Nun ist es nicht so schwer zu verstehen, wie Celia in diese Weltevents verwickelt wurde. Auf der Suche nach mehr Informationen über meine Großmutter, fand ich einen Verweis auf eine Einladung zu dem Theater in Paris. Julia Urquidi und Mario Vargas Llosa hatten die Einladung von Jorge Edwards erhalten. Die Einladung wurde erweitert für Hilda Gadea und Celia. Jorge Edwards teilt mir selbst in seiner Erklärung " **Cuba and We**" mit, welche Aufführung sie sich angesehen haben: "Galileo Galilei" und in der Rue de Tournon war es, wo Mario Vargas Llosa seine Wohnung hatte. Nach der Erholung, dass Jorge Edward Valde nicht nur ein

Dichter war, schmollend in Paris, dass er auch Chiles Botschafter in Frankreich war. Er hatte Fidel Castro im Jahr 1959 nach dem Sturz von Fulegencio Batista am **Woodrow Wilson Center Affaires Public and International** getroffen. Wo Jorge Edward Valde ein Aufbaustudium in Vorbereitung auf seiner chilenischen diplomatischen Laufbahn studierte. Mario Vargas Llosa war Mitglied des peruanischen Parlaments. Verantwortlicher für Angelegenheiten zu Chile. Schriftsteller und Dichter mit einem Nobelpreis und er hatte den venezolanischen Romulo Gallegos-Preis erhalten.

Gabriel García Márquez ist auch ein Schriftsteller und Dichter mit dem Nobelpreis und der venezolanischen Romulo Gallegos-Preis. Er war auch Kubas Botschafter in Frankreich. Beste Freunde mit Fidel Castro.

Ich habe meinen Weg durch preisgekrönte Schriftsteller, Dichter und Journalisten gebahnt, um zu sehen, was ihre Verbindung war. Je mehr ich mich umsah umso mehr bekam ich das Bild, ihre Verbindungen könnten über Poesie hinausgehen. Alego Carpentiers Namen ist verbunden mit öffentlichem Geld, übergeben an den Guerilla Che Guevara, es gibt es viele Gerüchte über dieses die im Umlauf im Internet sind. Wie Alego Carpentier verantwortlich war für das kubanische Staatsverlagswesen und eine Freundschaft mit Jouis Jorvet genoss, ein Französischer Theaterregisseur und Kubas Botschafter in Frankreich 1975 und er gewann den Cervantes-Preis 1977. Das gab mir die

Idee, dass "Dichter und ihre Preise könnten eine sehr nützliche Weise der Übertragung von Geld und Informationen sein.

    Julio Cortazar- Übersetzer / Dichter / UNESCO Übersetzer. Schauspieler / Autor. Er ist verbunden mit Jean Luc Godard und ist in Pier Paolo Pasolinis Filme zu sehen.
Und er ziert sich mit Fidel Castro und Salvador Allende.
Nur aus Interesse, Wikipedia sagt mir, er verbrachte seine Kindheit vor den Toren von Buenos Aires, er war ein Lehrer an einer High School in Buenos Aires, Chivilcoy und später in Bolivien. Interessant zu lesen, dass er ein Französisch-Professor für Französisch in der National University von Cuyo Mondoza war. Eines der Wikipedias sagt mir, das er Chiles Botschafter in Frankreich war. Er starb in Paris 1984.

                      Kapitel dreiundzwanzig
     Andere Schriftsteller /Dichter/Journalisten!
 Peru-
Lucho Loayza – Schriftsteller / Dichter / Journalist. (Ist auf vielen Fotos mit Mario Vargas Llosa.)
Raul Porras Barrenehea = Schriftsteller / Dichter, Literaturpreisträger. Peruanischer Abgeordneter in Salvador Allendes Regierung. Es wird vermutet, dass er kurz nach Allende Ableben ermordet wurde,
Argentinien-
Jorge Luis Borges = Schriftsteller / Dichter / Journalist.
Ausgezeichnet mit dem Jerusalem Literaturpreis

1971.
War in der Schule mit Ernesto Guevara Lynch, Che's Vater, der aus dieser Schule für das Schlagen desselbigen, Jorge Luis Borges, vertrieben wurde!
Er arbeitete mit Mario Vargas Llosa in der National Broadcasting System von Argentinien.

Kuba-
Guillermo Cabrera Infante = Schriftsteller / Dichter / Journalist und Übersetzer / Drehbücher / Filmkritiker.
Arbeitetet In Brüssel / Belgien / London.
Bekannt zu einer Zeit als Castro Fan.
Jose / Pepe Rodriguez Feo = Schriftsteller / Dichter / Journalist / Übersetzer. Spanisch auf Englisch, Literaturkritiker.
Nicolas Guillen = Schriftsteller / Dichter / Journalist, Liedermacher. Er schrieb den Song-Che Guevara. Er war politisch aktiv.

Chile-
Jorge Edwards Volde = Schriftsteller / Dichter / Journalist.
Hat Literaturpreise gewonnen.
Chile-Botschafter in Frankreich
Pablo Neruda = Schriftsteller / Dichter, Diplomat.
Akzeptiert eine Auszeichnung von der peruanischen Regierung.
Er war Mitglied des Salvador Allende-Regierung.
In jedem Wikipedia welches ich lese, wird mir ich gesagt, dass Pablo Neruda Che Guevaras Lieblingsdichter ist.

Venezuela-

Republica Bolivarian de Venezula
Romules Gallegos = Schriftsteller / Dichter / Anwalt. Politiker. War ein gewählter Präsident der Republik. Nobelpreisgewinner.

Spanien-
Carlos Barral = Schriftsteller / Dichter / Journalist / Schauspieler / Herausgeber
(Sozialistische Partei Katalonien, Spanien.)
Und in Filmen von Pier Paolo Pasolini, unter Regie zu sehen.

Lucia Alvaraz Toledos Buch "Die Geschichte von Che", der Leitartikel ist von Seix Barral. (Nur eine Bemerkung!) Diese Dame ist mit der de la Serna und der Familie Llosa verwandt, einem stärkeren Kontakt als das Leben in der gleichen Nachbarschaft. (Sie könnte die Mutter zu Che's Halbbruder Fernando L. Chavaz Alvarez sein, der wie ich sage andere Identitäten verwendet wie Jean Luc Godard.) Alle diese Menschen können miteinander verbunden werden, als Schriftsteller / Dichter/ Preis Gewinner- Politiker.

Dichter wie Vidadyo Telleboim. Er war der chilenische Führer der Kommunistischen Partei. Nicolas Guillen erhielt den Stalin-Friedenspreis. Emir Rodriguez Monegal aus Uruguay erhielt auch Literaturpreise. Ich weiß nicht ob sie zusammen Tee tranken, aber ein Netzwerk von Kommunikation hat sich auf der Karte entwickelt, welche habe ich auf ein Stück Tapete gezeichnet habe. Es ist wie meine Großmutter mir die Welt zeigt, es ist ein größerer Ort, als ich dachte.

Alberto Szpunberg = Albertito. Dieser Name lässt einige Gedanken jagen. Zum einen ist er Poet, ein Argentinier, Gründungsmitglied von '**Brigada Masetti.**' Alberto Szpunberg- Mistica, Lirica y politica - Revista N – Clarin
www.revistaenie.clarin.com/La_Academia de_de_Pi,
ein enger Freund von Ciro Bustos, in Ciros eigenen Buch angegeben.
Alberto Szpunberg war ein Künstler, dessen Arbeit habe ich oft irrend als Ciros Arbeit im Internet gesehen habe.
(Ciro kam zu meinen Notizen in einem Absatz von Jon Lee Andersons Buch, in dem er sagte, Ciro Bustos malt wunderbare Porträts von Menschen ohne Gesichter. Diese Bemerkung machte ihn interessant für mich. Es ist eine Frage in meinem Geist-Sie teilen sich die gleichen politische Bühnen-, das sie beide Argentinier sind, dieses hat mich nicht gestört, aber ihre Nähe in ihrem Kunstwerken stört mich.
Portraitmalerei ist eine Kunst die Sie lernen können. Die Tatsache, dass sie so viel gemeinsam haben, eröffnet die Möglichkeit, dass die genannten Zeichnungen durch eine andere Hand gezeichnet worden sind.
Ciro Algaranaz- er ist interessant, da es nicht klar ist, was er vorhatte! Ich habe Ciro Bustos und Ciro Algaranaz in das Netzwerk eingetragen. Die Antworten die ich erhielt, waren: - er war

der Bürgermeister von Camiri -
Che's Nachbarn in bolivianischen Gefängnis!
Auf Seite 361sagt Ciro Bustos mir, Ciro Algaranaz
bewohnte die gleiche Zelle wie er. Ciro Algaranaz
wurde für seine Verbindung zu dem vermuteten
Kokaingeschäft festgehalten. Ricardo Gadea Acosta-
ist ein Autor, ein Journalist, der ein Klagelied über
den Tod von Javier Herard schrieb. Einer der
Dichter-Guerillas, verloren in der Salsa-Kampagne.
Als Autor hat Ricardo Gadea Acosta über die
Revolution gesprochen und Einfluss in Südamerika
ausgeübt. Viele seiner Bemerkungen sind in einem
Philosophie-Programm auf dem kubanischen
Netzwerk. Ich hatte in Ricardo Gadea Acostas 15.
Mai. 2013, "Javier in der Erinnerung" gelesen, dass
er in Kuba gewesen war, um an der Verteidigung in
der Schweinebucht im April 61 zu teilzunehmen.
http://nuestrabandera.lamule.pe/2013/05/18/javier-
en-el-recuerdo
Als Peruaner hatte er eine militärische Ausbildung
unter Fidel Castro Anweisungen erhalten. Er ist
Peruaner!?

Ricardo Gadea Acosta ist Hilda Gadea Acosta
Bruder.
Hilda Gadea Acosta war Che's erste Frau.
Hilda Gadea Acosta war Che's erste Frau, Mutter
von Hildita, meiner Halbschwester, ich habe ein
Foto von ihr (Ich wünschte, ich könnte sie zu
umarmen.)mit Alberto Grundy gefunden. Auf
diesem Foto sieht sie so süß aus, ich wünschte, ich

könnte sie getroffen haben; es wird gesagt, dass sie tot ist, es gibt Fotos von ihrem Grab. (Wer weiß, so viele haben auf diese Weise eine neue Identität gewonnen-nur wünschend) Eine gute Sache ist das Hildita zwei Kinder hatte und nicht nur eins.
„Diario de Bolivia" books.google, de / Bücher informierte mich über die Bruder / Schwester-Beziehung und wie Ciros Buch sich auch auf das zweite Kind bezieht; für mich zu sagen Familienbande sind von großer Bedeutung ist nicht unfair.
" **Surviving Mexico's Dirty War**. 'Kurzbiografie eines politischen Gefangenen, ist ein Buch geschrieben von Aurora Camacho Schmidt. Sie wiederum ist Hilda Gadea Acostas Nichte, die Tante meine Halbschwester.
Aurora Camacho Schmidts Foto ist in einem Artikel der von Mario Vargas Llosa geschrieben wurde. Der Artikel sagt dass sie ihn bat, als Ghostwriter ein Buch für sie zu schreiben. "Black and White". Leereluniverso-blogspot-.com.
Aurora Camacho Schmidt ist noch am Leben und ist Professor für Spanisch in den USA.
Es ist seltsam für mich zu glauben, dass so viele Menschen die mit mir verwandt sind, sich in Mario Vargas Llosa Wohnung aufhielten!

Kapitel vierundzwanzig.
Fidel Castros große Waffen und ihre Unterstützer. Mit der Benennung der großen Kanonen und ihrer Unterstützer hoffe ich Ihre

Meinung über die Bewegung die in Gang gesetzt wurde, wie gesagt wurde, um an Ort und Stelle Che Guevara das Leben zu retten, zu ändern. Warum? Er war in den Augen der meisten Menschen ein Ärgernis. Sie führen ein Verfahren gegen Ciro Bustos und Regis Debray als Verräter von Che Guevara durch. Ich möchte zeigen, es gibt andere Gründe für die Erzeugung von Massenhysterie. Es ist üblich, dass Helden und Antihelden kreiert werden, Blick auf Harry Potter jetzt wo seine Zeit vorüber ist, ein neuer wird erstellt, es ist in mehr als vierzig verschiedenen Ländern hergestellt worden. Che Guevara war ein großer Hit in den sechziger und siebziger Jahren und ist jetzt auch noch, gehen Sie einfach ins Internet und sehen sie was gesagt wird und von wem, mehr und mehr Informationen werden freigegeben. Die ganze Geschichte ist es, Geld zu verdienen, viel Geld!
Es braucht eine große Organisation, die diese Sensation produziert, ich nenne einige von denen ich fand, die im Epos von Harry Potter tun mir leid, an Che Guevara Todesparty beteiligt sind.

1) ***Fidel Castro-*** Ist der erste Mann zu erwähnen, weil alle Verbindungen gehen über ihn.
2) 2) ***Manuel Pineiro***, Rotbart- Barba Roja-Er ist Leiter des Geheimdienstes von Fidel Castro. Meisterspion!

3) ***Luis Hernandez Ojeda***--Er ist auch ein Mann Castros. Er war der erste Sekretär in der kubanischen Botschaft in Mailand, Italien Seine letzte Aufgabe war Kubas Botschafter in Nicaragua. Er hatte einen Ruf von Manipulation des politischen Systems und der Medien.

4) Jan Stage- er war in Kuba für acht Jahre, ein Geheimagent; ihr Geheimagent. Es überrascht nicht, er übersetzte Gabriel Garcia Marques Arbeit für Feltrinelli.

5) ***Giangiacomo Feltrinelli***- Er war der Besitzer des Verlags, der Doktor Schiwago veröffentlichte. Er erwarb die Rechte von Fidel Castro für die bolivianischen Tagebücher von Che Guevara. Er war ein Aktivist in seinem eigenen Rechtsempfinden.

6) ***Colonel Roberto Quintanilla-*** Seine Teilnahme an all das, Drehungen in den und aus dem Masterplan. Ihm waren 50.000.000 $ für die Dienste angeboten worden, die er liefern könnte. Er ist der Mann der in Hamburg durch das Team Giangiacomo Feltrinelli und Monika Ertl und Jan Bühne erschossen wurde.

Jan Bühne war Giangiacomo Feltrinelli's Kontakt in La Paz im August vor Che Guevaras Todesparty. Oberst Roberto Quintanilla hielt Giangiacomo Feltrinelli für zwei Tage fest und eine Nacht oder zwei Nächte und einen Tag, abhängig von dessen Version, die Sie gerade lesen. Carlos Feltrinelli's Buch `Senior Service.'Oder Claire Sterling's The Terror- **Network**. Denken Sie daran, dass sie

gebeten wurde, Nachweise im USA-Kongress anzugeben. Ein großes Tier!?.
Oberst Roberto Quintanilla ist der Mann der für verantwortlich für die bolivianischen Militärs an Che Guevara Todesparty ist. Oberst Roberto Quintanilla so war gesagt worden, ist der Vernehmungsbeamte von:
Giangiacomo Feltrinelli.
Che Guevara.
Ciro Bustos.
Riges Debray.
7) Antonio Arguedas Mendieta-
Die bolivianische Minister Antonio Arguedas Mendieta, um ihm seinen vollen Namen zu geben: sein Name kann verbunden werden, mit denen jener 'Inti', die als Führer nach Che übernahmen. Antonio Peredo war ein Freund von dem bolivianischen Minister Antonio Arguedas seit geraumer Zeit gewesen. (Schauen Sie sich dieses an und von wo die Information stammt.)

Guido Álvaro Peredo Leigue
cerrocalvo.blogspot.com

Guido Álvaro "Inti" Peredo
genealogiadelcheguevara.blogspot.com

Pier Paolo Pasolini- paginecorsare.my blog.it.

Der bolivianische Minister Antonio Arguedas Mendieta.
Des bolivianische Ministers persönlicher Geheimdienstberater war Gabriel Garcia Marquez.
8) Gabriel Garcia Marquez-
Gabriel Garcia Marquez Antonio war Arguedas Mendietas persönlicher Geheimdienstberater sowie ein Berater von Ciro Bustos, Giangiacomo Feltrinelli veröffentlichte seine Bücher. Ein Castro Anhänger.
9) *Tania Bunke-*
Claire Sterling, die uns sagt, das Tania Bunke die Polizei informierte. Giangiacomo Feltrinelli war in La Paz, so dass Oberst Roberto Quintanilla ihn

interviewen konnte! Tania Bunke wurde als Spionin angesprochen.

10) ***Ulises Estrada-***
Er arbeitet in der kubanischen Botschaft als Koordinator der Kommunikation und Kontakte. Er war persönlich involviert mit Tania Bunke oder so, sagt er.

11) ***Elizabeth Burgos-Debray-***
Ihre Rolle war es, Riges Debray zu unterstützen. Ciro Bustos in seinem Buch bemerkt das sie ein Dolmetscher an dem kubanischen Ministerium war. Mit welcher Debray eine Beziehung hatte. Ciro Bustos erwähnt nicht, dass sie sich mit Fidel Castro in einem Foto zu sehen ist, dass Sie auf dem Internet finden können, sie ist in ihrer frühen Jugend als Teenager zu sehen, es schaut aus das sie bei einem gemeinsamen Frühstück sind.

11a) Daniel Alarcon Ramirez 'Benigno'-
seinem Buch "Memorias de un soldado Cubano. 'wurde von Elisabeth Burgos-Debray bearbeitet wie das von Jorge Masetti- EL furor y el delirio. Die Bücher, die von der Feltrinelli-Gruppe veröffentlicht wurden.

(Rigoberta Menchú wurde eines der anderen Projekte von Elisabeth Burgos-Debray. Sie war daran beteiligt, es erwies sich auch als eine Medien Erfindung. Eine Lüge.) (Es wird gesagt, diese Geschichte war es, die Unruhen in Guatemala auslöste und sehen sollte, dass die politischen Veränderungen zu Castros 'Vorteil waren.)

Sie werden überrascht sein zu erfahren, welchen Namen Ciro Bustos Herausgeber und Übersetzer verwendete, um ihn zu benutzten.)
Elizabeth Burgos-Debray hat Datensätze in der Stanford University; eine Liste finden Sie im Internet, es sehr nützlich in meinem Studium gewesen. Sie hat Zeitungen aus dieser Zeit, wo es heißt: niemand wusste, wer Che Guevara war und andere interessante Fakten. Man könnte sagen, sie hat die Unterstützer aufgeführt. Die Zeitungen zeigen auch was, wer Ciro Bustos und Riges Debray's Anwälte waren. Ihre Gesichter sind bemerkenswert ähnlich, wie die der Brüder von Che Guevara. Sie können die gleichen Gesichter in-Lahistoriaargentinacompleta.blogspot.com/2007 sehen.
Diariopamperoarchivos.blogspot.com-
Dieses Mal als Argentinischer Terrorist.
Ana Maria, je nachdem welche Namen sie gerade benutzte- spielte den Part als Ciro Bustos 'Frau; sie ist Che Guevara Schwester. Sie war eine Filmschauspielerin. Sie heiratete Jean Luc Godard mehrfach unter verschiedenen Namen.
12) Pier Paolo Pasolini- er ist nicht der einzige Filmproduzent, der beteiligt war. Er war auch Schriftsteller, dessen Arbeiten von Giangiacomo Feltrinelli's Verlagshäusern publiziert wurden. Und sie waren persönliche Freunde.

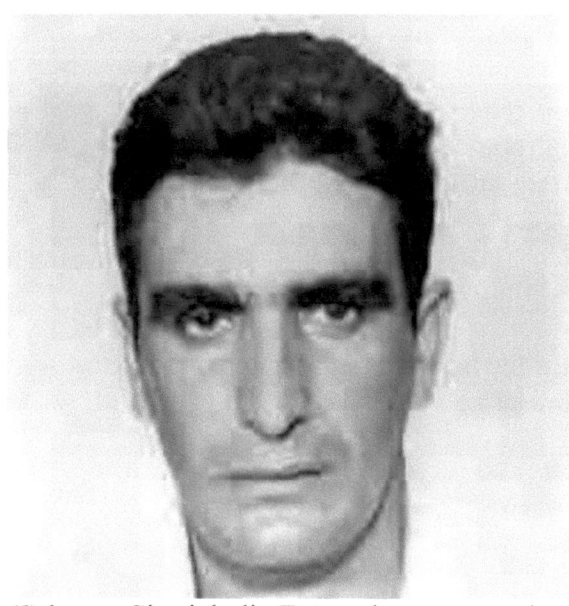

(Schauen Sie sich die Fotos oben an, er nahm die Rolle eines der Intis an.) Nehmen Sie das Magazin: **Punto Final**, datiert Mai 1968, um zu bestätigen, wer war wo etwa zu dieser Zeit).

Ich weiß nicht, welcher Inti, mit dem Monika Ertl so wurde gesagt, persönlich mit involviert war, jener der Roberto Guevara ähnelt oder Pier Paolo Pasolini. Ich kann Ihnen nicht sagen, welcher eigentlich in der Kampagne von Teoponte getötet worden ist. Gustavo Rodriguez Ostria schreibt in "Bolivien-Zyklus in Guerrilla in Kontinuität und Unterschiede 1963-1970 über drei Veranstaltungen. Salta. Bolivien. Teoponte. Sie alle wurden entwickelt, um einen Punkt zu machen.

Eine kurze Liste der Mitglieder

Für sie eine kurze Liste der Mitglieder der Medien,

der Teil des Apparats war, der von Fidel Castro verwendet wurde.
Eduardo Jozami.
Carlos Barral- der Führer des Verlags
Seix Barral - langjähriger Freund von Che Guevara.
Alfredo Guevara- der Mann leitet die Film- und Nachrichtenverteilung in Südamerika. Und er ist der Kopf der Filmindustrie mit Sitz in Kuba.

Rechtsanwälte im Zusammenhang mit Ciro Bustos / Che Guevara!

Tract pour la libération de Juan Martin Guevara, en 1976.
(©Coll. personnelle de la famille Guevara de la Serna)

Tract pour la libération de Juan Martin Guevara, en 1976.

Roberto Guevara Linch

Hermano del jefe de guerrilleros argentino-cubano Ernesto "Che" Guevara. Abogado de una clara definida vocación subversiva. Fue miembro de la banda terrorista "EjÉrcito Revolucionario del Pueblo" (ERP) En Europa militó en los denominados "Comités de Solidaridad" del "ERP", "JCA" y "CATS", con la misión de apologizar la guerrilla e instrumentar campañas de desprestigio al país Se hizo prófugo de justicia Argentina.

Website mit diesem Bild
... Argentine lawyer Roberto Guevara brother of Ernesto Che Guevara is shown ...
gettyimages.co.uk

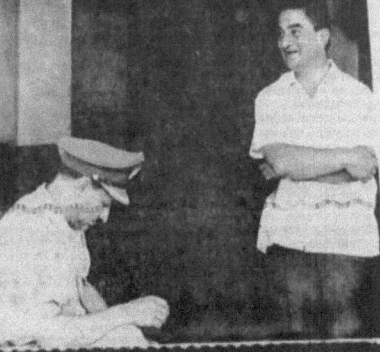

La sala donde se llevará a efecto el proceso a Debray y los otros acusados, simplemente se le agregará un telón detrás de la mesa correspondiente al jurado, que llevará el escudo nacional y una leyenda en la que Bolivia reitera su derecho al mar.

El doctor Novillo, defensor de oficio para los acusados de complicidad con las guerrillas, conversa con el Cnl. Remberto Iriarte, Fiscal de Guerra, quien se hace lustrar los zapatos, en el Casino Militar de Camiri.

Das gleiche Paar ist wieder mit dem Nachfolger von Inti zu sehen.

Osvaldo Chato Peredo, sucesor del Inti

Website mit diesem Bild
Osvaldo Chato Peredo, sucesor del Inti. '
elortiba.org

Kapitel fünfundzwanzig
Meine Schlussfolgerungen an dieser Stelle.
Eine der Schlüsselfiguren ist Giangiacomo Feltrinelli, er kann mit den meisten erwähnten Figuren verbunden werden. Von den

Buchinformationen bis zum Drucken ihrer Bücher-
Wie viel Geld hat Doktor Schiwago gebracht?
Wie viel Geld haben die genannten Tagebücher von Che Guevara gemacht?
50.000.000 $ waren Erdnüssen zu den Einkünften aus dem Verkauf von Harry Potter, Entschuldigung der Che Guevara-Trilogie, und immer noch ist. Ist es nicht besser, wenn man sagt, dass der Erlös an Revolutionäre ging, um ihre Kämpfe in Südamerika zu finanzieren?
Nehmen Sie ein E-Fit Fotoprogramm und fügen sie Fotos von Che Guevara und Ciro Bustos Gesichtern ein, als junge Männer, alte Männer, mit Haaren und ohne Haare ein. Ich habe Fotos, die Sie verwenden können, da sie sie aus dem Internet präsentiert bekommen, können Sie Ihre eigenen runterladen.
Die Tatsache, dass ihre Kopfform passt, hat mich fasziniert. Schauen Sie sich die Babyfotos von Che Guevara an und vergleichen sie sie mit einem kahlen Ciro Bustos, es ist auch die Glatze von Che Guevara verfügbar. Nehmen Sie ein Foto von einem jungen Ciro Bustos und kritzeln einem Bart auf und widerspenstiges Haar.
Seien sie nicht überrascht zu sehen, dass die beiden Männer zu einem Mann werden.
Warum! 50.000.000 $ waren Peanuts.

              Fußnoten

Eine Fußnote a- Warum ist Tanias schwarzer Jeep relevant?
Weil es beweist, es gab Straßen!
In der Tat gibt es eine Pipeline, die zwischen

Cochabamba und
Camiri verläuft. Es kann auf Karten, gedruckt vor zehn Jahren, gesehen werden
Fußnote b- die handgeschriebenen, bolivianischen Tagebücher wurden von einem Konsortium geschrieben, bestehend aus mindestens drei Männern, die in Havanna in die Fähigkeiten der Fälschung ausgebildet wurden. Ciro Bustos, Riges Debray und Giangiacomo Feltrinelli.
Giangiacomo Feltrinelli sah, dass die Tagebücher innerhalb weniger Wochen nach der Todesparty veröffentlicht wurden.

Fußnote c-
Salta- Konnten die Ereignisse in Salta verwendet worden sein, um Jorge Masetti aus dem Mittelpunkt zu entfernen? Er war in dem Film " **Cuban Rebels Girls**" der von Errol Flynn gesponsert wurde. Er war immerhin zu gut bekannt, wurden Akteure zum Arbeiten für diese manipulierten Veranstaltungen angeheuert? Sein trauriger Niedergang erzeugte viel Interesse. Sein Untergang so sagte man, hatte viel Interesse geschaffen. Diese Idee könnte es sein, die immer wieder verwendet wurde.
Bolivien. Wurde als Bühne verwendet, für die Schaffung einer revolutionären Romantik.
Teoponte. Teoponte wurde verwendet, um für die Notwendigkeit für Helden zu promoten, auch weiterhin für die Finanzierung des riesigen Marktes zu sorgen, den die
"Big Guns ' für revolutionären Ideale in Südamerika kreiert hatten.

Kontinuität und Unterschiede 1963-1970 Salta. Bolivien. Teoponte.
Nach Querverweisen im Buch meines Vaters "**Che Wants to see you. The untold story of Che Guevara**" und durchkämpfend durch Elizabeth Burgos-Debray's Listen von Dateien. Sie hat an der Universität Stanford geschlossene Dateien hinterlegt, die nicht vor ihrem Tod geöffnet werden können. In der Tat haben viele die daran beteiligt gewesen sind, haben Dateien dort gespeichert!
 Ich konnte Gesichter zu bereits genannten Namen zusammenstellen, und fand andere mit diesem Wissen.
Ich habe sogar eine Kopie des Magazins das besagt, die meisten der Schauspieler waren in oder in der Nähe von La Paz oder sonnen sich gerne in der Nähe, in Chile!
Ponto Final. Datiert vom 8. Mai 1968.
Schönes Foto von Allende auf der Vorderseite!
Schönes Foto von Anna Karina, Che´s Schwester, der Artikel wird von Jean Luc Godard geschrieben, ich sage er ist Che's Halbbruder.
Auch Regis Debray Foto ist in der Zeitschrift! Das Foto von Che ist einen Blick wert, es zeigt einem viel jüngeren Mann, kein Mann der Anfang der vierziger Jahre ist.
Ich will nicht alle von ihnen nennen, weil ihre Namen bereits aufgeschrieben sind!

Wie eine Todesparty in Bolivien zu organisieren.
Schritt 1) Gehen Sie dahin, wo niemand von ihnen gehört hat.
(Zeitungsausschnitte von Elisabeth Burgos-Debray's Aufstellung.) Ich habe eine Kopie die das belegt.
Schritt 2) Wählen Sie Orte die in der Nähe von einander liegen, schnell erreichbar.
(Verwenden Sie ähnliche Karten wie die in
The Bolivian Campaign-Che Guevara a Revolutionary Life von Jon Lee Anderson.
Jon Lee Anderson, er war mit Aleida March, der zweiten Frau Che's für drei Jahre, beim Schreiben seines Buches. Jon Lee Anderson war bei Ciro Bustos- er wohnte über Ciro für ein Jahr.
Südamerika. Verlag Volk und Welt. Berlin-1957.
Diese Karte und dessen Buch zeigen, wie kultiviert Bolivien in 1947/1957 mit ihren Terrassenfeldern war. Eine Pipeline verläuft von Cochabamba durch Camiri, wo der Prozess gegen Bustos / Debray an der argentinischen Grenze stattfand.
Welt Atlas, printed in Germany 1972.
Innerhalb dieses Areals der Todesbühne wurde alles in einem Radius von 100 Kilometer platziert. Pipelines und Straßen, es waren einmotorige Flugzeuge dort im täglichen Gebrauch. Immer alle an einem Tag zusammen zu bekommen war wohl ein Problem-Erklärung, warum es einen Unterschied gibt genau zu datieren, an welchem Datum es aufgeführt wurde.

Schritt 3) Holen Sie sich Ihre Familienangehörigen, um an ihrer Seite zu spielen.
Im Film "Weg der Revolution" sind Che's Brüder als Verhörspezialisten und Berater als diejenigen zu sehen, die planten Che zu fassen.
In Elisabeth Burgos-Debray Sammlung gibt es Fotos von den gleichen Männern, diesmal als Rechtsanwälte gekleidet! Die Rechtsanwälte von Ciro Bustos und Regis Debray. Es gibt auch andere Webseiten, die auch diese Informationen wiedergeben. Ciro Bustos lebte in einer Pension gegenüber dem Gerichtsgebäude. Er war nicht hinter Schloss und Riegel. Dies erklärt er in seinem eigenen Buch. Er war frei, um seine Che Guevara Perücke aufzusetzen, und rüber zum Set des Todes in La Higuera zu gehen für seine Todesszene.
Regis Debray steht als erster Frontmann, seine Mutter war in der Französischen Regierung; Danielle Mitterrand und Elisabeth Burgos-Debray waren Freunde. Francois Mitterrand war nur ein Französischer Präsident. Che´s Schwester spielte Ciro Bustos 'Frau, auch wenn sie mit Halbbruder-Fernando L Chavaz Alvarez verheiratet war, dessen Mutter in der Nähe der Guevaras lebte und sie hat auch ein Buch über Che's Leben geschrieben.
Ann Maria war ein Filmstar- sie verwendet viele Namen. Wie ihr Halbbruder, unter anderem ist Fernando auch bekannt unter Jean Luc Godard-Regisseur! Er hat sich mit verschiedenen Pseudonyms ausgestattet. Ich habe eine Zeitung welche beweist, sie waren auf der Bühne in der Zeit,

zusammen mit vielen interagierenden Menschen, die sie vielleicht kennen. Alfredo Guevara Lynch war der verantwortliche Mann, für lateinamerikanische Filme und der Nachrichtenverteilung.
Schritt 4) Verteilen Sie die Tagebücher.
Giangiacomo Feltrinelli, ein Castro vernarrter Verlagsdirektor druckte und verteilte sie weltweit. Jobst C.Knigges Feltrinelli-Sein Weg in den Terrorismus- weist darauf hin. Nicht nur Feltrinelli war verantwortlich für seine Veröffentlichung, er war auch an sehr großen Zahlungen an Personen beteiligt, involviert an der Verschleierung, in Bolivien beteiligt. 50,000.000$, eine Menge Geld, auch jetzt noch. (Ich habe meine Theorie über die Tagebücher da Jon Lee Andersons Arbeit Wort für Wort mit einem Bericht über eine Kampagne, in Salsa von Masetti geschrieben, übereinstimmt!) (Auch ein Filmproduzent.) (Masettis Schilderung passt zu eng mit Ciros-Version.) Sie kennen die Macht der Werbung. Das sehen sie in Star Wars oder Harry Potter. Sie wollen Menschen auf der Suche nach Ihrem zweiten Kopf stoppen, so müssen sie der Welt zeigen wie sie ihn abgeschnitten haben. Sie zeigen der Welt, das sie tot sind, schleudern ihr Barett weg, schneiden ihr Haar, ein Mann ohne Haare kann ungesehen; die Castro-ise Menschenpolitik; sein Leben fortsetzen.
Sie benutzten Mitglieder des gleichen Team um einen bösen Streich mit Rigoberta Menchú auszuführen, das führte zu einer massiven Unterbrechung in Guatemala.

Datiert im Buch 1944/1957 From Cochabamba to the Argentinean border.

Punto Final Magazine, setzt das Datum.
Ich will die Menschen von Interesse für Sie markieren und weise darauf hin, an welchem Datum dieses Magazin gedruckt wurde. (Sie haben einen sehr jungen Che als Foto verwendet.)

Jean Luc Godard or **Fernando L Chavez Alvarez-?**

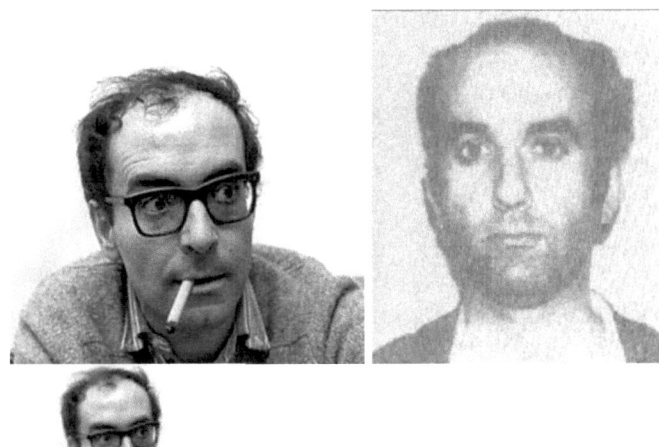

Jean-Luc Godard. "'cupblog.org

Fernando L. Chavez Alvarez:

Cuñado de Ernesto "Che" Guevara. Integrante de una familia tradicionalmente apátrida y terrorista. Es miembro de las bandas terroristas "EjÉrcito Revolucionario del Pueblo" (ERP), y de la "Juta de Coordinación Revolucionaria" (JCR). En Europa desplegó tareas afines a las que desarrolló su cuñado Roberto Guevara Lynch. Se hizo prófugo de la justicia Argentina.

<u>r   </u> Cuñado de Ernesto "Che" Guevara.
Integrante de una familia tradicionalmente ...
lahistoriaargentinacompleta.blogspot.com

Lucia Alvarez de Toledo

Lucia Alvarez de Toledo- La History Del Che Guevara.
Author of 'The story of Che.' Forward by **Gabriel Garcia Marquez**.
Worked for-the National Broadcasting System of Argentina.
She was Editor and translator of- Young Che by Ernesto Guevara Lynch, - said to be Che's father.
Mother of-   Che Guevara's half brother,
**   Fernando L Chavaz Alvarez.**

(B) translator of- Travelling with Che Guevara. By Alberto Granado.

(C) **Friend of -   Liaison officer *Ciro Bustos*.**

(A) [bol.com | the story of che guevara | Boeken](www.bol.com/nl/s/engelse.../index.html)

(B) The Story of Che Guevara | *Lucìa Àlvarez De Toledo* ... Featuring a foreword by *Gabriel Garcia Marquez*

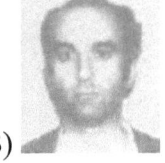

(B) Cuñado de Ernesto "Che" Guevara. Integrante de una familia tradicionalmente ...
e.sb-10.com

Cuñado de Ernesto "Che" Guevara. Integrante de una familia tradicionalmente ...
e.sb-10.com

Klaus Barbie and sohn.

Teil drei
Kapitel sechsundzwanzig

Es gibt etwas, was ich nicht erwartet hatte herauszufinden!

Wer hätte gedacht, eine Tochter von Che Guevara würde sich selbst finden, die in einem kleinen Dorf lebt, neben einer ebenso kleinen Dorf, wo der Sohn von Klaus Barbie lebt. Ich kann das Dorf in dem er lebt, von meinem Fenster aus sehen.

Als ich Dr. Günter Schwesinger zum ersten Mal traf, waren seine Garagentore mit Autokennzeichen aus Bolivien dekoriert. Sie können nicht etwas was Sie getan haben, rückgängig machen, warum ich ihm sagte was ich entdeckt hatte, weiß ich nicht. Ich dachte, ich fragte einen pensionierten Pathologen über das Licht in den Augen des sogenannten toten Che. Ich hatte nicht das Wissen was ich jetzt habe. Günter erzählte mir, Che war ein sehr charmanter Mann. Ich mag diejenigen zu schockieren, die dieses Thema interessant gefunden haben, vielleicht habe ich nicht seiner Überraschung bemerkt, als er sagte: "Von allen Menschen, die in mein Haus kommen!" Aber ich habe bemerkt, als er mir sagte, dass Hans Ertl, Monika Ertls Vater gesagt hatte, dass Che ein guter Ehemann zu Monika gewesen war. Hatte Günter nichts gesagt, so hätte ich nie gedacht, sie und die Ereignisse um sie zu untersuchen. Nie zu dem Schluss zu kommen, dass sie die Identität der Ann Wright genommen hat. Ohne den Film- 'Gesucht: Monika Ertl. **„Die Frau die Che Guevara rächt.** " hätte ich nie eine Probe von Che's Handschrift gefunden, nach seiner Todesparty geschrieben. Hätte nie herausgefunden, dass Klaus Barbie Monikas Patenonkel war! Aber während ich durch diese Phase gehe, wusste ich nicht, dass Klaus Barbies Sohn unter meinen Bekannten war. Er tat mich genug beeinflussen, um mich dahin zu verlangsamen, zum ersten Mal Ciro in Malmö zu treffen. Ich habe es für ein Jahr verschoben. Ich hatte gelesen, dass Klaus Barbie einen Sohn hatte, der bei einem Unfall beim Drachenfliegen gestorben war. Das war vor der Zeit, bevor ich über das Ändern von Identitäten mehr verstand, bevor das Buch über

Kennedys Ermordung mir erklärte, wie die Verwendung von Code-Namen und Decknamen, wie Namen Personen mit Projekten verband, wie alles sich ineinander fügt.

Ich würde immer noch nicht die Annahme gehabt haben, dass Günter ein anderes Leben hatte, bevor er als ein pensionierter Gentleman in dem Dorf lebt, das ich von meinem Fenster aus sehen kann. Ich habe das Gefühl, er wusste mehr, aber wenn Sie Fragen stellen oder versuchen nachzufragen, ihnen mehr zu sagen, so blockt er.

Ich bin es gewohnt, nicht ernst genommen zu werden, ich habe es nicht erwartet eine Kaffeefreundschaft in meinem Dorf mit der Ausrede zu verlieren, dass ich meine Freunde in Gefahr bringe, dass die CIA eine Gefahr für mich sein würde und für jene die ich kenne, wenn ich mit meiner Untersuchung fortfahre. Ich habe nur Fakten aus nicht verwandten, bezogenen Programme genommen, die ich öffentlich zugänglich auf der Internet fand -, um daraus dann meine Schlussfolgerungen zu ziehen. Diese habe ich seit vielen Jahren getan. Ich habe dies getan, weil ich beweisen will, dass ich meines Vaters würdig bin. Wenn jemand sagen würde,
Evelyn du hast recht; Ich würde sein, wo ich ankommen möchte.

Es gibt ein weiteres Dorf, das ich von meinem Fenster aus sehen kann. In dem ein lokaler Schriftsteller lebte, im Winter gibt es Vorträge und Diskussionen über die Geschichte dieser seltsamen

Insel. Das Wochenende vor dem Sturm, der mich immer zum verstecken zwingt vor dem starken Wind, war Günter bei einem Vortrag über seine halbe Stadt anwesend. Der Vortragende hat es nicht gern sehen, dass jemand in seinem Vortrag schlief. Mit seiner erhobener Stimme konnte er nicht die Aufmerksamkeit des Mannes zurückbringen. Andere fingen an zu fragen, wann die Vorlesung im Begriff war zu enden. Das war der Moment als Günter sich von seinem Sitz erhob, um den armen Dozenten zu danken. Ich hatte Günter für einige Zeit nicht zu sehen bekommen; ich wusste etwas von ihm, als ich die Unterhaltung dieses Nachmittags am genießen war, aber sein Gesicht war frisch in meiner Erinnerung. Der Sturm blies drei Tage lang, ich hatte keine Dinge mehr zu tun! Es war ein Programm geplant, im Phoenix-TV gezeigt zu werden, aber es war abgesagt worden, es war zu Klaus Barbie. " **Klaus Barbie= My Enemy's Enemy**.' Ich fand es auf YouTube.

 Ich hatte nicht mehr als ein Drittel durch diesen Film gesehen, als ich von den Ähnlichkeiten zwischen Klaus Barbie und Günter Schlesinger getroffen wurde. (Er hatte bolivianischen Autokennzeichen in seiner Garage, aber er kannte Monika Ertl.) Nachdem ich die Verbindung zwischen Norberto und seinen Vater gefunden hatte, habe ich beschlossen, meinem Instinkt zu vertrauen. Informationen zu Klaus Georg Altmann, Klaus Barbie Sohn ist in dem Buch- „**The Devil's Agent' von Peter McFarren and Fadrique Iglesias!**" von

Peter McFarren und Fadrique Iglesias zu finden. Aber Informationen über Dr. Günter Schlesinger sind nicht zu finden.

Es ist interessant festzustellen, dass der Körper des Botschafters Quintanills, dessen Erschießung Monika Ertl vorgeworfen wurde, zurück nach Bolivien von Klaus Georg Altmann gebracht wurde. Klaus Georg Altmann hat für seinen Vater in seinem Unternehmen gearbeitet und war Teil der politischen Aktionen seines Vaters weltweit.

    Es ist auch interessant zu wissen, dass Regis Debray an Klaus Barbies Abschiebung in Frankreich involviert war.

Wenn ihnen die spanische Staatsbürgerschaft fünf Mal verweigert wurde, haben sie ein Bedürfnis nach einer anderen Identität.

Die Fotos die ich von Günter in der nächsten Sitzung am Haus des lokalen Schriftstellers nahm, haben meinen Verdacht nicht widerlegt. Ich frage mich nur, warum ich so nervös war die Fotos aufzunehmen. Mein Herz schlug genauso wie vor der Haustür von Ciro, bis ich mir selber sagte nicht so dumm zu sein. Ich wäre nicht so weit gekommen, nur um von meinen eigenen Nerven aufgehalten zu werden.

Es gibt eine weitere Bemerkung die Gunter machte, an die ich mich erinnere; er erklärte, dass ein rotes Licht in dem Fenster von Hans Ertl Haus gesetzt wurde, um Che Guevara zu warnen, nicht zu kommen, ein grünes Licht bedeutete, es war sicher zurückzukommen.

(Diese Erklärung wurde auch vor anderen Zeugen als nur an mich gemacht.)
In dem Film über Monika Ertl "Gesucht" beschreibt Hans Ertl das gleiche Warnsystem, das er verwendet hatte, um sich selbst zu schützen.

Kapitel siebenundzwanzig.
Handschriftliche Notizbücher, Tagebücher und andere Dinge

Es ist etwas falsch irgendwo! Felix Rodriguez erklärt in `Schnappschuss mit Che" von Wilfried Huismann, dass er die Rolex-Uhr besitzt, die Che gehört hatte; komme ich zum nachdenken, dass er auch sagte, das er `das 'Notizbuch des zuvor oben genannten hat.

In-`Che wants to see you." von Ciro Bustos sagt Ciro er habe die Rolex-Uhr die Che gehört hatte.
 Ciro Bustos sagt aus, das er Argentinien verlassen musste; es war als er in einen Zug stieg, um diese Reise zu starten, wo er ausgeraubt wurde und das war der Zeitpunkt, wenn die Uhr weggenommen, verloren oder gestohlen wurde.

Frage: Wie viele Uhren hatte Che besessen? Die gleiche Frage kann über die Tagebücher gestellt werden.

Ich habe den gleichen Fehler schon einmal getan und dachte, es kann nur eine geben. Nur eine Handschrift! Ich bin sogar in die Falle getappt, indem ich fragte, welches von den Tagebüchern ist das Original. `Schnappschuss mit Che' von Wilfried Huismann zeigt das Tagebuch angebracht an der

Wand in Benignos Wohnung. Das Datum des fertigen Films ist 2007. Benigno wurde als einer von Che's Gefährten erwähnt, er hatte auch seine Darstellung der Ereignisse geschrieben, ich meine, verlegt für ihn von Elisabeth Burgos-Debray und sein Name ist auch auf ihrer Liste. Daniel Alarcon Ramirez. `Benigno"
Die bolivianische Regierung in YouTube.com Film. Hqdefault jpg; zeigt ein Che Guevara-Tagebuch; für uns alle dort in dem Internet-Programm`amigosdeboliniayperu.org." zu sehen. Dieses Programm datiert die Veröffentlichung des Tagebuchs am 7.Juli 2008.
Uns wird gesagt, Bolivien enthüllte das ursprüngliche Che Guevara Tagebuch am 10. Oktober 2012.
Claire Sterling schreibt in ihrem Buch, `Das Terrornetzwerk." Feltrinelli ging nach Bolivien, um Che dort zu helfen. Sie deutet an, dass er Regis Debray im Gefängnis besucht hatte, der zufällig in der nächsten Zelle zu Ciro Bustos sitzt,. Der seinerseits aussagt, er studierte Fälschung in Kuba. Carlo Feltrinelli, Feltrinelli's Sohn bemerkt in seinem Buch' **Senior Service** ", das sein Vater mit Regis Debray in Kuba war. Sie studierten Fälschung zusammen. Sie studierten alle zusammen?! Sowohl Claire Sterling und Carlo Feltrinelli geben die Bemerkung, Feltrinelli verbrachten zwei Nächte im Gefängnis, als er in Bolivien war. Aber nicht, warum er eingesperrt wurde! Die Erfahrung muss einen Eindruck auf ihn gemacht haben, er schrieb ein

Pamphlet darüber. (Ich war nicht in der Lage eine Kopie davon zu finden, noch nicht.) Von den drei Kopien des Tagebuchs habe ich einen Blick darauf geworfen, als ich von der Idee, dass nur eines ein Original sein könnte, geblendet war. Es war nicht die Handschrift die mir gesagt hat, aufhören zu versuchen, um zu entscheiden welche, nein, denn es war die Tatsache, die Farben unterschieden sich von dunkelrot bis kirschrot für die Abdeckungen der Tagebücher von 1967. Das Papier war oder war nicht verknittert- die Tinte verschmiert, so dass sie passt, noch nicht oder wenig Biss auf den Titelseiten angezeigt. Tatsache ist aber, dass jedes von den Tagebüchern gefälscht wurde.

Eines wurde, musste in dem Prozess gegen Ciro Bustos und Regis Debray als Beweis verwendet werden. Benigno musste eine Kopie für seine Wand haben; sie kann in dem Film `Schnappschuss mit Che." von Wilfried Huismann gesehen werden. Feltrinelli, so wird gesagt, filmte es auf Mikrofilm, damit es im Jahr 1968 gedruckt werden konnte. Castro sah die Straßen von Havanna gefüllt mit denen, die eine Kopie erhalten wollten. Großes Geld war in der ganzen Welt zu machen. Tatsache ist dass der Handschreibstil den sie verwendet haben nicht übereinstimmt mit dem von Che. Der Gesamteindruck zeigt eine Ähnlichkeit, von der ich mich auch habe täuschen lassen. Aber schauen Sie sich die Handschrift auf der Flagge in "Che ... en. Wikicollecting.org "verkauft für

100.000.000 an. Viel Geld für ein romantisches, kubanisches Revolutionsartefakt!
(Fidel Castro hat auch seine Unterschrift auf dieser teuren Flagge platziert.)
Diese Signatur von Che entspricht der Probe die ich von Ciro Bustos habe viel besser. Es ist ein weiteres Beispiel dem ich vertraue, als ein Beispiel für Che's originale Signatur, es kommt von 'pfcauctions.com., datiert **1958,** ein Ort im Osten von Kuba, in der Sierra Maestra. Jemand bezahlte 1.400. 000 $ für diese Notiz. Alle Mitglieder waren erfahrene Fälschern, von den ursprünglichen Reisepässen mit unterschiedlichen Identitäten, die sie hinzugefügt haben; genug Tagebücher zum Kopieren, um allen zu gefallen.
 Ich habe eine Theorie. Um Zeit zu sparen über neue Abenteuer nachzudenken, nahmen sie die Tagebücher von Jorge Masetti, er schrieb über seine Probleme, beim Start der Revolution in Argentinien, Salta. Er soll sein Leben verloren haben, aber nicht bevor er das Material schrieb, das sie benötigten würden. Natürlich könnte ich mich irren, es ist nur ein Bauchgefühl, das ich habe nach dem Lesen aller Accounts von beiden Veranstaltungen.   Das Team war in anderen Gebieten aktiv. Wenn ich für die Ähnlichkeiten von Handschriften gehen würde, ich fand sie in demselben Gebiet, auf der gleichen Bühne, sie verbindet die gleichen Leute und Ziele zusammen. Die Reise des jungen Che war ein solcher Erfolg; die Idee, Tagebücher zu anderen Jahren zu schreiben, musste verlockend gewesen

sein. Es gibt noch ein weiteres Tagebuch, das Che zugeschrieben wird! Dieses Mal ist es betitelt mit, "Tagebuch eines Kämpfers", Erscheinungsdatum 16/6/2011. Dieses umfasst die Jahre 1956 bis 1959. Sie sagen, es soll einen neuen Einblick in die Vater und Sohn Beziehung zwischen Castro und Che geben. Kein Kommentar.

Fußnote- die handgeschriebenen bolivianischen Tagebücher wurden von einem Konsortium geschrieben, bestehend aus mindestens drei Männern, die in Havanna in den Fähigkeiten der Fälschung ausgebildet wurden. Ciro Bustos, Riges Debray und Giangiacomo Feltrinelli.

Kapitel achtundzwanzig
Kordas Foto!

Wenn der Ausdruck auf dem Foto, welches Alberto Korda von Che Guevara aufnahm, mit dem Lächeln der Mona Lisa vergleichbar ist, können sie sich nicht vorstellen wie mein Ausdruck war, als ich merkte, was ich darüber las, das meine Erkenntnisse unterstrich. Das Copyright für dieses Foto wurde von Feltrinelli im Jahr 1967 übernommen. Im Frühjahr oder Frühsommer des Jahres 1967, abhängig von wessen Account Sie es lesen: Feltrinelli war in Havanna, wo er die Rechte bekam um den bolivianischen Tagebücher zu veröffentlichen. Ich schreibe wieder, `im Frühjahr oder Frühsommer 1967` erhielt Giangiacomo Feltrinelli die Rechte von Fidel Castro!

1) Warum von Fidel Castro?

Das Foto wurde urheberrechtlich geschützt, ©
Libreria Feltrinelli 1967. (In der unteren linken Ecke
des Bildes.) Es war auf der Titelseite der ersten
Ausgabe in Italien innerhalb weniger Wochen nach
der Todesparty von Che veröffentlicht worden.
Trisha Ziff- in aworldtowin.net sagt es mir.
Hier habe ich mehr Fragen zu stellen-

    2) Warum hatte Fidel Castro die Rechte von Che
Guevaras Tagebuch vor Che's Todesparty verkauft?
Vor seinem Tod !?
Vor Che's Tod.
Es kann nachgewiesen werden, das Feltrinelli ein
Bild suchte, um das Tagebuch von Che mit einem
Bildcover zu decken vor seiner Todesparty.
Feltrinelli versuchte die kubanische,
kommunistische Partei für ein solches Foto zu
bitten.
Wie, warum Korda weder bezahlt noch das
Copyright bekam ist leicht zu erklären, weil er
Mitglied in der zuvor genannten kommunistischen
Partei war.

    3) Warum ging Feltrinelli nach Bolivien im
August des Jahres 1967?
Ist er wirklich nach La Paz geflogen um zu sehen,
was er vor Ort tun konnte um einem seiner Autoren
zu helfen, Riges Debray; der im Gefängnis mit Ciro
Bustos war?
Es wird gesagt, dass Tania Bunke die Gelegenheit
nutzte um die Polizei zu informieren, das Feltrinelli
dort war. Sie selbst war ein Schriftsteller von
Feltrinelli's Verlagshaus unter dem Namen Susan

Sontag; sie bearbeitete und übersetzte für Che selbst (Es ist Claire Sterling, die uns sagt, das Tania Bunke der Informant war.)

Feltrinelli war verschwunden, es ist in den Zeitungen der Zeit.

La Notte von Mailand datiert dieses auf den 19. August. Viele weitere italienische Zeitungen melden dieses.

Es gibt so viel Aufhebens, so dass der italienische Präsident Saragaty und sein Außenminister Fanfani intervenierten. Feltrinelli wurde aus Bolivien am zwanzigsten August vertrieben.

Je nachdem welche Version Sie lesen; sei es Clare Sterling oder die von Feltrinelli's Sohn Carlo Feltrinelli, Feltrinelli verbrachte zwei Tage und eine Nacht oder zwei Nächte und einen Tag im Gefängnis.

Irritierte Feltrinelli's Kontakt mit Vazquez Vianas Familie Oberst Roberto Quintanilla. Oder war es die 4000 Dollar, die er bei sich hatte? (Ich traf ein Mitglied der Vazquez Viana Familie in Ciro Bustos Wohnung 2010.)

Oberst Roberto Quintanilla unterhielt Feltrinelli, während er in seinem Gefängnis war.

Oberst Roberto Quintanilla war der Mann, so hieß es, der Che gefunden und umgebracht hatte!

Oberst Roberto Quintanilla war der Mann, den Monika Ertl und Giangiacomo Feltrinelli der Tötung in Hamburg im November des Jahres 1967 verdächtigt wurden. 50.000.000 $ ist eine exorbitante Menge Geld! Es kann nachgewiesen werden, das Feltrinelli bat, diese Summe von seinem New Yorker Büro geschickt zu bekommen. Was ich möchte vorschlagen ist, dass es nicht zu dem Zweck war, um Che Guevara das Leben zu retten. Es war die Art und Weise alles zu glätten, vorzubereiten, um das Schauspiel der Todesparty durchzuführen. Feltrinelli war der Verleger, der sich sehr große Mühe gegeben hatte an, um zu sehen, das Doktor Schiwago veröffentlicht wird. Das Buch sowie der Film erbrachten mehr Geldeinnahmen, als das sich jemand das vorstellen konnte. Genauso wie für die Tagebücher von Che Guevara.

50,000.000 $ war Erdnüsse in diese Arbeiten zu investieren.

Wenn Oberst Roberto Quintanilla von Feltrinelli und Monika Ertl erschossen wurde, wie Jobst C. Knigge aussagt. Ich lege nahe, dass Oberst Roberto Quintanilla sich nicht an das Abkommen hielt, das er mit Giangiacomo Feltrinelli vereinbart hatte.

50.000.000 $ ist eine Menge Geld. Schauen Sie genau hin, wer uns was erzählt -
Claire Sterling- lesen Sie das Kapitel über meine Großmutter.

Ich muss darauf hinweisen, sie wurde aufgefordert, Zeugnis im US-Kongress abzugeben.

Eines ihrer Bücher trägt den Titel "Das Terror-Netzwerk."

Carlos Feltrinelli- erklärt in seiner Biographie über seinen Vater

Giangiacomo Feltrinelli. "Senior Service."

Trisha Ziff- in aworldtowin.net, Kordas Che geht hinaus in die Welt, datiert von Januar 2005 hat Trisha Ziff einen Film über Che gedreht, 'Chevolution "Interessant ist dass diese Dame zu einem spanischen Bürgerkriegsflüchtling verheiratet war, der Zuflucht in Argentinien, Mexiko suchte. Wenngleich er ein Baby war als er Spanien verließ. Jerry Adams der IRA Führer war auch ein enger Freund von Trisha Ziff, sie war in Nordirland mit ihm, wenn es viele politischen Unruhen gab. Nur aus Interesse, ihr Name ist mit dem von Robert Capa verbunden, der so hieß es, nahm das Foto eines fallenden Soldaten in dem spanischen Bürgerkrieg auf; dieses Foto wurde nachweislich gefälscht, wie er nach eigenem Bekunden selbst zugibt. Ich sage das, um auf die Macht der Beratung hinzuweisen!

Che Guevara war ein für die Massenmedien produzierter Held.

Eine Fußnote oder zwei- die andere Version ist, dass im Frühjahr 1968 das Tagebuch aus La Paz von dem desillusionierten, bolivianischen Minister Antonio Arguedas, der ein Castro Folger geworden war, herausgeschmuggelt wurde: die Operation so wird gesagt, wurde 'Tante Victoria' genannt. Es gibt noch andere lustige Geschichten, wie lange es für Feltrinelli dauerte um das Tagebuch, zu übersetzen, zwei Nächte. Während es bei einem Zehn-Mann-Team von niederländischen Journalistin einen Tag in Anspruch nahm! Dieser Leckerbissen

kommt von Carlos Feltrinelli's Buch "Senior Service."
Der bolivianische Minister Antonio Arguedas Mendieta, nur um ihm seinen vollen Namen zu geben: sein persönlicher Geheimdienstberater war Gabriel Garcia, diesen Namen schon vorher gehört? Und der Name des bolivianischen Ministers Antonio Arguedas kann verbunden werden mit denen jener 'Inti', die als Führer nach Che übernahmen. Antonio Peredo war seit geraumer Zeit ein Freund von dem bolivianischen Minister Antonio Arguedas gewesen
Es gibt drei weitere Namen, die von Interesse sind an dieser Stelle: Manuel Pineiro, er hat eine interessanten Decknamen, Rotbart- Barba Roja, aber was interessanter ist, er war Castros Mann, der für die Sicherheit des Staates Kuba zwischen 1964 und 1968 verantwortlich war. Er musste diesen Posten verlassen, weil die Russen durch seine Handlungen zu verärgert waren. Nicht überraschend, da er gut als Castros Meisterspion bekannt ist. Denken Sie daran, Meisterspion!
Dann gibt es einen Mann namens Luis Hernandez. Er war schwer aufzuspüren, bis ich einen Namen fand den ich hinzufügen könnte, unter Luis Hernandez Ojeda gab es mehr zu finden. Er war der erste Sekretär in der kubanischen Botschaft in Mailand, Italien. Seine letzte Aufgabe war Kubas Botschafter in Nicaragua. Er hatte den Ruf der Manipulation des politischen Systems und der Medien. Einer der Artikel, die ich über ihn gelesen habe, beschrieb ihn als einen Berufsspion. In der Tat

ist es nicht leicht zu sagen, für welche Seite er gehandelt hat. Ich fand nur etwas über seine Tätigkeit heraus, wenn ich Claire Sterlings Name neben seinem eingab. (Lesen Sie, wer ich denke, wer sie ist, im nächsten Kapitel.)
Today in History: Career Spy Posted as Ambassador to Nicaragua
Tags: America Area of the International Department of the Cuban Communist Party (PCC/ID/AA), America Department (DA), Daniel Ortega, Luis Hernandez Ojeda, Nicaragua

Luis Hernandez Ojeda « Cuba Confidential
https://cubaconfidential.wordpress.com/.../luis-herna...

Anmerkung des **Editor:** Das amerikanische Gebiet der Internationalen Abteilung der Kommunistischen Partei Kubas (PCC / ID / AA) ist der Intelligenzflügel des Parteizentralkomitees. Es wird nun sich vor allem auf politische Geheimdienstoperationen konzentriert. Zuvor als Amerika-Abteilung (DA) bekannt, war der Spion Service bei der Unterstützung von Revolutionären und Terroristen während des Kalten Krieges beteiligt. Ich möchte nur darauf hinweisen, dass die beiden genannten Männer nicht kleine Fische sind! Sie waren Berater von Fidel Castro und Feltrinelli. Es war unter ihrer Anleitung, das Feltrinelli nach La Paz reiste, im August 1967.

Es ist ein anderer Mann von Interesse den ich jetzt möchte erwähnen, - Jan Stage. Im Gegensatz zu Luis Hernandez Ojeda gibt es einen Wikipediaeintrag über ihn und Manuel Pineiro geschrieben, rot beard-Barba Roja hat in seinem Wikipediaeintrag die Aussage stehen, dass sein Bart in Wirklichkeit weiß war!

Jan Stage war ein Komplize bei der Erschießung von Roberto Quintanilla in Hamburg?

Von Jan Stage wird gesagt, er ist Däne, ein Journalist, ein selbstständiger Schriftsteller. Ein Übersetzer, was erklären würde, warum er eine dänische Übersetzung der bolivianischen Tagebücher vornahm, wie Jobst C. Knigge bemerkte in "Feltrinelli den Weg in den Terrorismus." Dieser Jan Stage wurde der Mittäterschaft bei der Erschießung von Roberto Quintanilla in Hamburg verdächtigt. Ich hätte von meinem Sitz fallen sollen! Ich tat es, als ich in Carlo Feltrinelli's Buch las, das der gleiche Jan Stage in Bolivien mit seinem Vater war.

Jan Stage hatte interessante Aufgaben zu erfüllen. Eines war, ein Flugzeug, ein kleines Frachtflugzeug zu mieten. Jan Stage hatte den Spaßjob Feltrinelli's Freundin der Zeit, Sibilla zu begleiten. Er zerstörte Feltrinelli's Kontaktdaten, Bücher und seine Notizen als Sibilla festgenommen wurde, kurz nach Feltrinelli's Festnahme. Ich wollte sagen, Jan Stage begleitete sie zum Flughafen, aber es war Roberto Quintanilla. Warum überrascht sein, wenn es angedeutet wird, dass der gleiche Jan Stage der

Fahrer des wartenden Autos vor der bolivianischen Botschaft in Hamburg war, um Monika Ertl und Feltrinelli nach der Erschießung von Roberto Quintanilla mitzunehmen. **Jobst C. Knigge** und ein Journalist, Jürgen Schreiber haben sich zu diesem Thema geäußert. Der gleiche Jan Stage Wikipediaeintrag sagt mir, er war in Kuba für acht Jahre, ein Geheimagent, und deren Geheimagent. Es überrascht nicht, er übersetzte Gabriel Garcia Marques Arbeit für Feltrinelli. Es gibt eine Menge zu behaupten, er sei ein Meisterspion. Drei große Meisterspione lauernd im Hintergrund zu haben, schwebend über die sich entwickelnden Ereignisse; dieses scheint mir, als ob sie zu beeinflussen wünschen, ihr Vorhaben zu steuern Also sage ich es noch einmal, dass die Tagebücher nicht original sind, denn die Todesparty wurde in der Zeit organisiert in der Feltrinelli mit Roberto Quintanilla war. Es gibt 50 Millionen Gründe, warum Roberto Quintanilla in Hamburg exekutiert wurde.

Kapitel neunundzwanzig
meine Großmutter.

Sie hätte gedacht, dass meine Großmutter eine einfache Mutter wäre, nur eine Mutter zu meinem Vater -meine Großmutter. Die einzige Sache die einfach ist, ist die Namen und Identitäten die ich gefunden habe, diese aufzuschreiben. Oder an wen ich dachte, als ich diese Liste anfertigte! (Es ist ein anderer Name hinzugekommen!)

Celia de la Serna Llosa. Großmutter-Terroristin-Journalistin
Anna Magnani.-Filmschauspielerin-Terroristin.
Clair Sterling. –Terrorist-Experte- Journalistin.
   Journalistin!
Großmutter-Celia de la Serna Llosa.
An eine Großmutter mit dem Namen Celia de la Serna Llosa musste ich mich gewöhnen. Ich hatte immer das Gefühl gehabt, das sie beteiligt gewesen sein müsste. Ich war aufgeregt zu lesen dass sie Zuflucht in Paris bei Mario Vargas Llosa und Julia Urquidi gesucht hatte, im Jahre 1963. (Es wird auch festgestellt, dass Hilda Gadea zur gleichen Zeit dort war.)
Zu wissen, dass es Sinn ergab aus der faszinierenden Mischung der literarischen Kreise in denen ich herum schwamm.
Sie hatte Argentinien zu verlassen, als sie Castro Propaganda verbreitet hatte. Ich habe sogar festgestellt, dass ein Foto existiert, wo sie angeblich von der Polizei verhaftet wird. Es ist ein Ebayfund, datiert 2012.

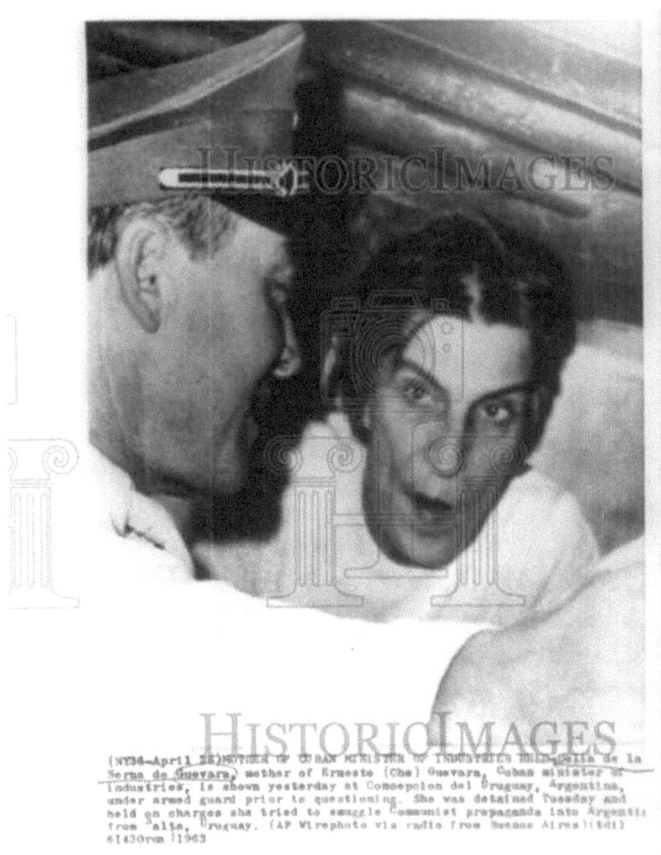

(NY36-April 28)MOTHER OF CUBAN MINISTER OF INDUSTRIES HELD-Celia de la Serna de Guevara, mother of Ernesto (Che) Guevara, Cuban minister of Industries, is shown yesterday at Concepcion del Uruguay, Argentina, under armed guard prior to questioning. She was detained Tuesday and held on charges she tried to smuggle Communist propaganda into Argentina from Salta, Uruguay. (AP Wirephoto via radio from Buenos Aires)(tdl) 61430rcm)1963

Jemand der ins Gefängnis gesendet wurde, nur wegen Castros Propaganda zu tragen und zu verteilen, jene muss mehr als nur eine Broschüre in ihre Handtasche getan haben. Ich sagte nur so viel zu meinem Partner am Abend, bevor ich mit der Checkliste begann, die ich nach der Lektüre, 'Terrousmo Subvesivo er la Argentine' gemacht hatte. Dies ist ein nützliches Dokument, wenn Sie verstehen, wie das Leben in Bolivien war zum Zeitpunkt von Che's Todesparty. Es ist eine Gewohnheit geworden, einen beliebigen Namen den ich nicht kenne, i diesen im Internet nachzusehen.

Google Bilder

Website mit diesem Bild
Katy Jurado, photographed by Sammy Davis, Jr.
undervintage.blogspot.com

Unter dem Foto steht- (Ny36-April126) Mutter des kubanischen Ministers für Industrie „festgenommen"-Celia de la Serna de Guevara, Mutter von (Che) Guevara, kubanischer Minister für Industrie, gestern dargestellt beim Concepcion del Uruguay, rgentinien, wurde unter Bewachung mit zur Vernehmung geführt, sie wurde Dienstag festgenommen und unter dem Vorwurf festgehalten, sie versuchte kommunistische Propaganda in Argentinien aus Uruguay einzuschmuggeln. (AP über Radio von Buenos Aires) (tdil 61420ron) 1963.

Onkel Martin- Juan Martin Guevara war im Gefängnis zur gleichen Zeit. Er verbüßte ein Urteil für die Benutzung von Waffen.
Roberto, Che's Bruder ist auch als einer der terroristischen, bösen Jungs benannt
Lahistoriaargentinacompleta.blogspot.com/2007
Diariopamperoarchivos.blogspot.com

Anna Magnani-Katy Jurardo-Celia de la Serna- Claire Sterling.

Sterling war ein Journalist, der in Italien lebte. Sie nahm alle "Beweise" von .... Bbc.co.uk

Aktualisieren auf " The Terror Network "
 - Ein Interview mit Claire Sterling (1982)
youtube.com

Clair Sterling

Clair Sterling sieht mich durch den Bildschirm meines Laptop an. Ihr Gesicht, mein Gesicht und das von Celia de la Serna Llosa verschmelzen zu einem! Der Schock presste mich auf meinem Platz. Ihr Gesicht mein Gesicht- Zu sehen, dass Celia gute 30 Jahre mehr zu leben hatte, als ich gedacht hatte, sie lebte, war tröstlich für mich. Trost war nicht etwas, was ich bekam, als ich Clair Sterlings Ruf als Terrorismus-Expertin sah.

Zur Erinnerung das sie eine Aussage im amerikanischen Kongress gegeben hatte. Wikipedia kann man nicht immer trauen um genau zu sein,

aber wenn es mir erzählt, sie habe viele Bücher über das Thema des Terrorismus geschrieben, muss ich es glauben.
Ich habe eine Kopie von "Das Terror-Netzwerk. (Beim durchlesen litt ich zwei Tage an dem Gefühl verantwortlich zu sein; was sie darüber schreibt, ließ meine Haare zu Berge stehen.)   Es gab Zeiten wo ich murrte, dass ich nicht die Chance bekommen hatte, daran beteiligt zu sein. Jetzt bin ich froh, dass ich darauf hinweisen kann, dass nicht alles so ist, wie sie sagte es sei so.

Genau dort zu stoppen!
Anna Magnani!

Das Foto von Che Guevara verkleidet als Pirat, niederschauend auf meine Großmutter, die stand neben einem Mann, von dem ich später herausfand, dass er Clair Sterlings Editor war. Aber unter dieses Foto steht, der Name meiner Großmutter war Anna Magnani! Wikipedia sagt mir das sie ein bekannter Filmstar war - Ich fühlte mich krank.
Anna Magnani hatte Filme mit Pier Pablo Pasolini gemacht- Ich fühlte mich kränker. Bevor ich jedoch kränker werde, will ich hinzufügen, wie ich es zusammengesetzt habe.
Damit möchte ich Ihnen Möglichkeiten aufzeigen an die nicht zuvor gedacht worden ist. Ich will beweisen, dass die ganze Che Guevara Geschichte erfunden wurde: erfunden, um die Idee der Revolution zu romantizieren, um die schmutzigen Tatsachen der Übel des Krieges zu verbergen. Wenn

Sie wieder einen Kuchen backen dekorieren Sie ihn, einen Krieg zu führen geben Sie den Anlass für einen Held. Wenn Sie noch keinen in der Tasche haben, sie erfinden ihn. In diesem Fall Che Guevara.

Medea 1966 regia giancarlo menotti anna...

Medea 1966 regia giancarlo menotti anna magnani 1973 regia f enriquez valeria moriconi 19 regia mario missiroli valeria moriconi altri

Medea 1966 regia giancarlo menotti anna.
archiviofoto.unita.it
Schauen Sie sich dieses Foto von der oben genannten Website an. Sie werden erstaunt sein zu sehen, ein Pirat aussehend wie Che. Er steht neben Anna Magnani, die, ich werde Ihnen sagen, dass sie seine Mutter ist. Unter ihren vielen Rollen spielte sie

auch Celia de la Serna. (Der Mann, der auf dem Foto mit Anna Magnani und Che ist, ich fühle es, ist William Abrahams. Er war ihr / Claire Sterlings-Editor. In einem anderen Foto könnte er verwechselt werden als Thomas Sterling, Clair Sterlings Ehemann.)

Anna Magnani und Clair Sterling geteilte Herausgeber und Ehemänner- (Warum sind ihre Identitäten gemischt worden?)
Thomas Sterling-Ehemann zu Clair Sterling

About Thomas Sterling · 39104. Thomas L. Sterling (* 1921; secretary, ... goodreads.com

William Abrahams

Website mit diesem Bild
USA. Museum of Modern Art re-opening. -
USA. New York,
magnumphotos.com

William Abrahams war der Herausgeber von Clair Sterling:
    - spielte er auch den Teil ihres Mannes? Max Ascoli-

Max Ascoli　　　　　Thomas Sterling

USA. New York, NY. 1964. Editor, Max ASCOLI, at the reopening of the Museum of Modern Art.

Claire Sterling-Editor sieht aus wie Thomas Sterling! Auch bei schlechten Fotos ist die Ähnlichkeit mit ihrem Redakteur Max Ascoli zu sehen.

Max Ascoli als Redakteur der Zeitschrift "The Reporter" kann gesehen werden umarmt Anna Magnani.

MEDEA 1966 REGIA GIANCARLO MENOTTI ANNA MAGNANI 1973 REGIA F ENRIQUEZ ...

Nicht in der Lage zu sein, dieses Foto zu zeigen ist traurig, weil man sie dabei sieht, wie sie den gleichen Pelzmantel wie Ana Maria, Che's Schwester trägt.

<small>Medea 1966 regia giancarlo menotti anna magnani 1973 regia f enriquez valeria moriconi 1996 regia mario missiroli valeria moriconi altri</small>

Anna Magnani

Anna Magnani.corradorizza.it

Betrachten Sie diesen Pelzmantel! Dies ist der gleiche Pelzmantel wie der von Che's Schwester Ana Maria; sie trägt den Mantel in dem Nachrichtenbericht, es ist nicht ungewöhnlich die Kleidungsstücke zu tragen, welche deine Mutter trägt. Übrigens im Hintergrund können Sie den Kopf von Che's Halbbruder sehen, den Namen Jean Luc Godard verwendend. Ana Maria schaffte es ihn viele Male unter verschiedenen Namen; die sie in ihrer Filmkarriere verwendete; ihn zu heiraten. Beide,

Ana Maria und ihr Halbbruder verwendeten viele andere Namen. Ap::Images::Enlarged View::610805021-CHE GUEVARA AND SISTER 1961 Seite 1von 2

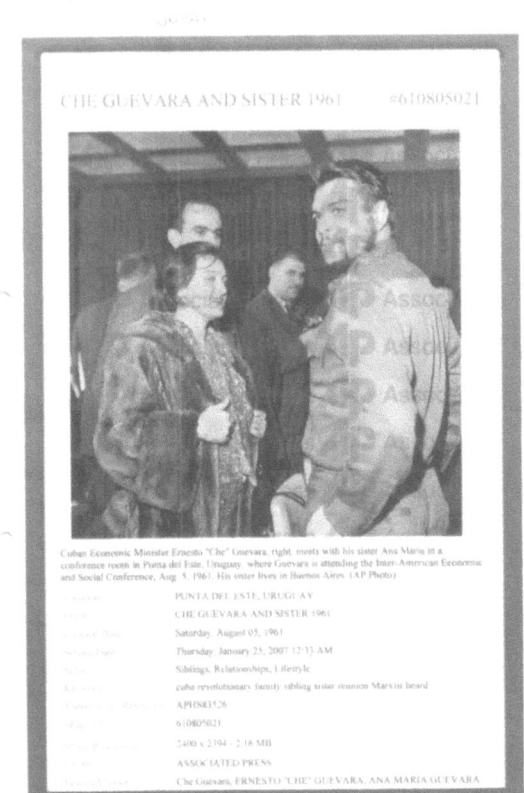

http://www.apimages.com/OneUp.aspx?st=K&id=419391&showact=results&sort=rele...20,02.2012

Siehst du Jean-luc Godard hinter ihr stehen?
Anna Karina and Jean-Luc Godard, 1960's
theredlist.com

Dieses Mal nicht auf ihren Mantel, sondern auf ihr Gesicht.

Mit diesen Fotos möchte ich Ihnen andere Möglichkeiten zeigen.
Anna ist mit ihrem Sohn Luca. Wenn ich das Internet frage, um mir Fotos von ihm zu zeigen, muss ich fragen, was ist sein richtiger Name? Ist es Franco Citti oder ist es Ettore Garfalo? Wie auch immer, ich denke, dass sein Vater Pier Paolo Pasolini ist.

Ich schreibe nicht nieder was ich denke, aber wenn sie in ihre Gesichter schauen, werden Sie verstehen, warum ich bin interessiert bin.

Anna Magnani and her son Luca. (Flag Image)
allvoices.com

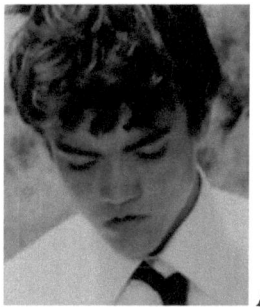 Aber er sieht aus wie der Schauspieler neben Silvana Corsini in Mamma Roma

Mamma Roma - Silvana Corsini
nuovocinemalebowski.it

Anna Magnani   Pier Paolo Pasolini   ?

Anna Magnani- Pier Paolo Pasolini-film Mama Roma. Silvana Corsini

 Silvana Corsini.
pour pauvres ?), tout cela au milieu des vestiges écroulés de la gloire ...impetueux.com

Ich fühle, das es es eine Verbindung gibt zwischen dem jungen Mann mit Blick auf Silvana! Sie können Silvana auf vielen Fotos mit der Familie Guevara sitzend finden!

Wenn Sie sich dieses Foto ansehen können Sie Silvana sehen?
Sie fragen sich, was ist die Verbindung? Eine der Verbindungen ist Mama Roma.

Fue operada por primera vez, en que se le extrajo el tumor, sin tener que ... es.wikipedia.org

Che. Celia. *Silvana*. Roberto. Martin. Ernesto. Ana Maria.
Mama Roma ist ein Film von Pier Paolo Pasolini.
Pier Paolo Pasolini spielte die Rolle eines der Inti in Teoponte 1971.
Mit den 'Inti Fotos " möchte ich zeigen wie vielseitig der Schauspieler Pier Paolo Pasolini ist. Teoponte war eine weitere Kampagne, die im Jahr 1971 stattfand (Ich habe eine Erklärung für diese Tatsache.)

Eines der beiden Gesichter des Inti in Teoponte 1971. Guido Álvaro Peredo Leigue
cerrocalvo.blogspot.com

Guido Alvaro "IntI" Peredo   Pier Paolo Pasolini
genealogiadelcheguevara.blogspot.com.
　　　　　　　　　　　　　paginecorsare.my blog.it.

Es würde Spaß machen, die Fotos zusammen zu zeigen!
Mamma Roma! **<u>Tiens donc…</u>**

[Website mit diesem Bild](#)

Marginality and eroticism coupled with violence were key aspects of ...

walterlippmann.com

Sie erfahren wie geschätzt Pier Paolo Pasolini Arbeit in Kuba war.

Carlos Barral

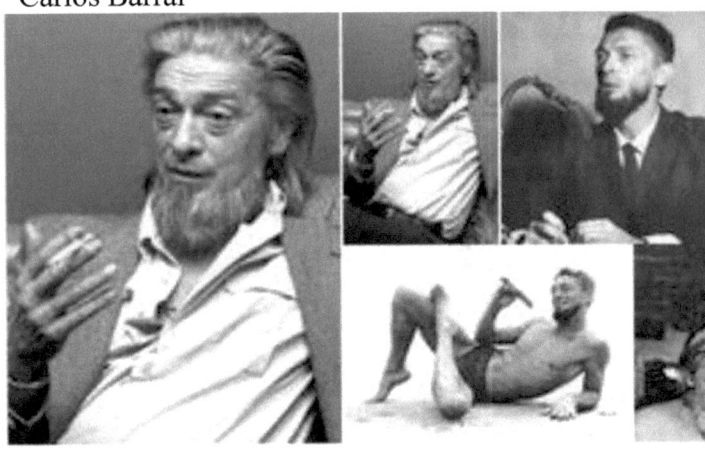

Das Bild von Carlos Barral stammt aus dem Buch "Che Guevara a Revolutionary Life" von Jon Lee Anderson. Sie sehen einen jungen Che, der auf dem Stoßfänger sitzt.

Carlos Barral hat für Pier Paolo Pasolini geschauspielert. Um zu beweisen, dass er bei der Herstellung von Che beteiligt war, gibt es ein Foto in Jon Lee Anderson Buch "Che Guevara ein revolutionäres Leben. ' Sie werden Carlos Barrals Kopf über den der anderen bemerken. Das Foto ist mit freundlicher Genehmigung von Carlos Barral. Bei der Suche nach Carlos Barral fand ich ihn unter dem Namen Carlos Boat! Er übernahm die Führung des Verlaghauses Seix Barral.

Zu bewährten Carlos Barral-Mario Varga Llosa und Gabriel Garcia Marquez Verbindung.

El escritor cita a la localidad que visitó varias veces, en su obra 'Crónica .
diaridetarragona.com

García Márquez con Vargas Llosa, Gil de Biedma, Carlos Barral y otros autores en Calafell. Foto: DT

Eine kurze Biografie

Studium der Rechtswissenschaften an der Universität von Barcelona im Jahr 1950, war Alma Mater, neben Jaime Gil de Viedma, der literarischen Generation der fünfziger Jahre. Ist Dichter einer komplexer Generation.

Nach Übernahme der Leitung des Verlaghauses Seix Barral, als Familienunternehmen für Lehrbüchern von seinen Eltern im Jahr 1911 gegründet, druckte er in eine Richtung, die ihn zu der literarischen Referenz in der gesamten hispanischen Welt führte, zur Bearbeitung von klassischer, progressive Kultur der fünfziger, sechziger und siebziger Jahren. Kreierte einen Preis für internationale Publikation, der Aufwiegler, die neue Auszeichnung Biblioteca Breve und Barral, und er war einer der Architekten des lateinamerikanischen Boom und enthüllte Autoren wie Juan Marse. Mario Vargas Llosa, Alfredo Bryce Echenique and July Cortazar.

Seix Barral war auch ein Senator von Tarragona im Jahr 1982 und MEP von PSC-PSOE. Im Jahr 1988 gewann er den Preis Comillas Tusquets Editors in der Kategorie der Erinnerungen mit Wenn die rasche Stunden. Er starb in Barcelona im Jahr 1989.

Schrieb dreißig Jahren über Zeitungen und korrespondierte unter anderem mit <u>Max Aub</u> , <u>María Zambrano</u> , <u>Camilo José Cela</u> , <u>Miguel Delibes</u> , <u>Gonzalo Torrente Ballester</u> , <u>Barn Lane</u> , <u>Caballero Bonald</u> , <u>Alfredo Bryce Echenique</u> , <u>Giulio Einaudi</u> , <u>Alberto Oliart</u> , <u>Jaime Gil de Viedma</u> , <u>Jaime Salinas Bonmatí</u> und politischen Gefangenen in Burgos. Die Akten sind in der Bibliothek von Katalonien platziert.

<u>Seix Barral</u> - Wikipedia, la enciclopedia libre
es.wikipedia.org/wiki/Seix_BarralSeix Barral es una compañía editorial con sede en Barcelona (España) que otorga anualmente el Premio Biblioteca Breve para novelas inéditas, el Premio ...

<u>Grupo Planeta : Editorial *Seix Barral* : Grupo Planeta ...</u>
*www.planeta.es/es/ES/.../Editorial-**Seix-Barral**.htm*

La literatura del descubrimiento. *Seix Barral* fue fundada en 1911, como empresa de artes gráficas, y pronto se integró en la tradición editorial de Barcelona ...
 Grupo Planeta : Editorial *Seix Barral* : Grupo Planeta ...*www.planeta.es/en/GB/.../Editorial*-**Seix-Barral**.*htm*
Literatur der Entdeckung. Seix Barral wurde 1911 als grafisches Unternehmen gegründet und wurde bald darauf in Barcelona Verlags Tradition integriert und ...Warum ihm erwähnen oder erwähnen habe ich in 'Terrousmo Subvesino er la Argentinien gelesen. "Zu lesen können Sie dieses finden, bei der Eingabe des Namens Trivino Consuelo. Er hat Kenntnis von Claire Sterling und ihrem Buch genommen "Terroristen Netzwerk." und Ciro Bustos 'Buch " **Che wants to see you** ."   Wie ich beweisen kann, das Ciro Bustos und Che Guevara ein und derselbe Mann sind, warum sollte ich überrascht sein zu sehen, das Claire Sterling aussieht wie meine Großmutter Celia de la Serna Llosa!

Gibt es eine andere Rolle die Anna Magnani gespielt hat?

"Von Claire Sterling wird gesagt, sie hatte zwei Kinder, Luck Cortona und Abibail Vazquez. Claire lebte außerhalb von Cortona, in der Nähe von Arezzo in Italien. "   Clair Sterling und Gabriel Garcia Marquez haben eine Verbindung, von ihr wird gesagt, sie ging zu seiner Schule für

Journalismus. Fühlen Sie, dass Sie rundherum im Kreis gehen?!

289 - My WN

my.wn.com/search/washington_(name)?p=28800... - *Claire* Sterling (née *Neikind*)(October 21, 1919 - June 17, 1995) was an ..... (FNPI), the journalism school for Latin-America created by *Gabriel García Márquez.*

Gabriel Garcia Marquez, Pier Paolo Pasolini, Giangiacomo Feltrinelli, Carlos Barrel-Seixs Barral--- Ich könnte weitermachen

Mairo Vargas Llosa   **Carlos Barral**

 **eldesvandelailusion.blogspot.com**

Ciro Bustos' wife again!

Con Vargas Llosa y Carlos Barral
eldesvandelailusion.blogspot.com
Carlos Barrals Verbindung zu Jean Luc Godard und Che's Schwester.

Con Joaquin Soler Serrano Viernes 22 de junio de 2012, por Caja de resonancia

Carlos Barral y Agesta (Barcelona, España, 1928-Barcelona, España, 1989) fue, además de poeta, editor e impulsor de importantes proyectos literarios o, como suele decirse, culturales en el período de la post-guerra española. Editoriales como Seix-Barral o Barral Editores fueron nutridos y administrados por él durante años, siendo Barral mismo quien en muchos sentidos "descubrió" o "confeccionó" editorialmente fenómenos mercadológicos y literarios como puede ser el así llamado "boom latinoamericano".

Las ediciones viejas de *Barral Editores* o de *Seix-Barral*, bien sea en sus colecciones *HISPANICA NOVA* (Barral) o *Formentor* (Seix-Barral), son consideradas por muchos como verdaderas perlas de dedicado trabajo editorial, gráfico y de diseño.

 Sie schaut aus-
Jean-Luc Godard por Jean-Luc Godard
Barral Editores, 1971.
Auf diesem können Sie den Namen Barral sehen
Nos interesa en todo caso destacar varios puntos en la entrevista de Carlos Barral: por un lado Tusquets editors- (One of their edtors- Nahir Gutierrez, commucrcation management for Seix Barral.)
Ich habe mir nicht die Mühe gemacht dieses oben zu übersetzen; es dient nur dazu, um darauf hinweisen, dass sie sich gegenseitig kennen.
Ihre Namen oder Verbindungen habe ich in Elisabeth Burgos-Debray Aufstellung gefunden: Ich habe mich hartnäckig durch die Namen in ihrer Auflistung durchgearbeitet; ohne sie hätte ich nie meine Großmutter gefunden, wer sie auch gewesen war.

Eine *Fußnote*

Saverio Tutino Ein anderes Mitglied!

Er wurde am 7. Juli 1923 in Mailand geboren, er war Mitglied der Rechtswissenschaftlichen Fakultät, hat sein Studium aber wegen des Krieges unterbrochen. Beteiligte sich an Aktionen des Widerstands im Aosta-Tal und Canavese. Nach dem Krieg arbeitete er als Korrespondent in der kommunistischen Presse und korrespondierte in den verschiedenen Ländern der Welt, vor allem in Lateinamerika. Er beteiligte sich im Jahr 1975 bei der Geburt der Zeitung "La Repubblica", wo er bis 1985 arbeitete. Im Jahr 1984 erstand die Idee der Gründung im Pieve Santo Stefano, ein Ort um die autobiographischen Schriften von Italienern zu akzeptieren und unverzüglich an einen Wettbewerb zu denken, um Tagebücher zu erstellen. Er war kultureller Direktor vom **Parish Award** der und der **Foundation Diary Archive**, und er hat mehrere Bücher veröffentlicht, einschließlich "Gaullist und Arbeiterkampf."
Der kubanische Oktober " und das Band mit Kurzgeschichten "Das barfüßige Mädchen" für den Einaudi. 'Der Che in Bolivien "und" Das Auge des Barracuda. '"Für Feltrinelli." Die Jahre von Kuba, "Reisen in Somalia." Von Chile "für die Ausgabe Mazzotta. 'Cicloneros' für die Gelenke und "Guevara zu der Zeit von Guevara. "für Editori Riuniti (1996).

Im Jahr 1998 gründete er zusammen mit Duccio Demetrio in Anghiari, die Freie Universität von und begann die halbjährliche Zeitschrift in Pieve Primapersona zu veröffentlichen, deren Direktor er war. Er starb in Rom am 28. November 2011 im Alter von 88 Jahren.
Saverio Tuntino hat seinen Namen auf den Elisabeth Burgos-Debray Listen und er war ein Kollege von Feltrinelli.

Kapitel dreißig
Katy Jurado.
Maria Cristina Estela Marcela Jurado.
Als ich die erste Liste erstellte, hatte ich noch nicht diese Namen um sie einzutragen -

Katy Jurado. Maria Cristina Estela Marcela Jurado. Ein Filmstar!
 Ok, sie sagen, sie wurde 1924 geboren, so dass die Leute aber über ihr wahres Alter lügen! Bevor ich im Labyrinth der Geburtsdaten verloren gehe, konzentrierte ich mich auf das, was sie gemeinsam hatten. Ich hatte mich gefragt, was Claire Sterling gemacht hatte. Claire Sterling die Terrorist-Expertin? Dass sie den Part von Celia de la Serna Llosa spielte, wäre für mich genug gewesen.
Meine Nase in das Internet halten, konnte mir eine andere Erklärung nicht bieten, bis ich ein Foto von Anna Magnani mit langen Haaren sah, sie schaut auf diesem Foto jünger aus als die anderen, die Sie unter dem Namen Anna Magnani sehen.

Anna Magnani in Mamma Roma quotesgram.com

Katy Jurado es.wikipedia

Katy Jurado in einem Promotionbild zum Film San Antone. von Wikipedia Das kleine Kruzifix. Das sagt mir auch, das sie im Jahr 2002 verstarb.

Anna Magnani Jargang 1908, war eine italienische Schauspielerin des italienischen Nachkriegskino. Sie erhielt als erste Italienerin den Oscar für die beste Hauptrolle in dem Film ‚Mamma Roma' von 1962. Sie spielt sie die Prostituierte ‚Mamma Roma', die tragisch endete.

WordPress.org
In diesem Film Anna Magnani zeigt eine bemerkenswerte Darstellerin mit der schmerzhaften...
famouspeopleinfo.com
   Achten Sie auf das kleine Kreuz das sie tragen!

In diesem Film zeigt Anna Magnani eine bemerkenswerte Darstellerin mit der schmerzhaften Empfindlichkeit zum Part mit Pina, einen Römer, der getötet wurde beim Versuch den LKW zu erreichen, auf dem ihr Mann im Begriff ist von den Nazis deportiert zu werden.

Das kleine Kruzifix, das auf der gleiche Weise um den Hals hängt, wie es es in dem gleichen Foto mit dem Namen Katy Jurado tut! Dieses Foto wird in Katy Jurado's Wikipedia verwendet. Und wieder in: Max Herre-Abserviert Lyrics on Rap Genius: rapgenius.com

Könnte dies ein Fehler sein!? Haben sie Fehler gemacht? Machen sie Fehler?

Anna Magnani: Triumph neorealist. Famouspeopleinfo.com/anna-magnani-triumph-neor- haben den gleichen Fehler, nur dieses Mal ist das Foto mit dem kleinen Kruzifix neben einer reiferen Anna Magnani verwendet worden. Celia de la Serna Llosas Grab können Sie im Internet in Buenos Aires sehen. 1965 (Gepflegt von Onkel Martin.)

Anna Magnani Körper wurde in Roberto Rossellini Familienmausoleum bestattet, Italien 1973

Clair Sterlings Wikipedia informiert mich, sie starb im Krankenhaus in Arezzo, Italien 1975.

    In der Erwägung, Katy Jurado hat diesen Planeten laut Wikipedia : im Jahr 2002 verlassen,

das ist in Ordnung für mich, sie würde in ihre neunziger Jahre bis dahin gewesen sein.
Es war nicht so bis ich anfing dieses niederzuschreiben, ich beginne zu glauben was ich schreibe. Bis jetzt wurde ich etwa wie eine einzige Wolke an einem windigen Tag hin und her geblasen. Das Wikipedia, dass das Foto mit dem kleinen Kruzifix und Katy Jurado Name benutzt, hat die interessantesten Indikatoren, wie man verwendet a- , was zu machen? Machen Sie eine Schauspielerin, eine Terrorexpertin! Eine Terroristin? Im Wikipedia habe ich in Katy Jurado's 'Frühe Jahre (1924-1943)" entnommen, es heißt, dass sie Journalismus im Jahr 1927 studierte. Hier habe ich zu fragen, trainieren sie Dreijährige als Journalist in diesen Tagen? Es war als ich sah, dass Katy Jurado Cousin Mexikos Präsident war; er startete seine Präsidentschaft im Jahr 1928.

Anna Magnani, Jahrgang 1908, war eine italienische Schauspielerin des frühen italienischen Nachkriegskinos. Sie erhielt als erste Italienerin den Oscar für die beste Hauptrolle.

In dem Film "Mamma Roma" von 1962 spielt sie die Prostituierte "Mamma Roma", die auf tragische Art an den Zwängen der Gesellschaft scheitert.

Anna Magnani: Triumph neorealist - Famous Pe

famouspeopleinfo.com/**anna**-**magnani**-**triumph**-**neor**... ▼ Di

27.03.2012 - In this film **Anna Magnani** reveals a remarkable perfo sensitivity, in part by Pina, a Roman who was killed while trying to

neorealist film "Open City" (1945) of Roberto Rossellini, With whom he had a stormy but intense love affair.

In this film Anna Magnani reveals a remarkable performer with the painful sensitivity, in part by Pina, a Roman who was killed while trying to reach the truck on which her man is about to be deported by the Nazis. Along with an extraordinary Aldo Fabrizi, Anna Magnani is the redemption of a people, through his great human qualities and moral, so that his performance will earn the first of his five belts of silver.

In the triumph of neo-realist is a must for you to outline the shape of the commoner blatant, willful, always steady and even violent in defense of the right values, through his good-natured vehemence. The apotheosis of this characterization is "Angelina" (1947) by Luigi Zampa, in which she plays a village woman "called" to make policy, to represent the interests of poor people like her.

Haben sie / sie spielen Celia de la Serna auch?

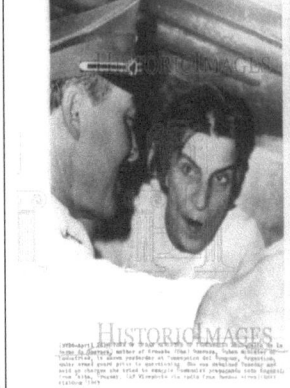

Ich konnte nicht widerstehen ihn nachzusehen, **Emilo Portes Gil** Apropos nachsehen von Namen, ich setzte auch Katys Vater Luis Jurado Ochoa und ihren Cousin Luis Raul Ochoa ein. Bei diesem zu tun, zeigte mir die fotografische Seite des Internet alte Freunde. Aber als ich Emilio Portes Gil mit seiner Frau eingab "deren Name Carmen Garcia Gonzalez en Teran war, hat mich die volle Bedeutung des Sehens alter Freunde getroffen! Emilio Portes Gil schrieb ein Buch. **'Institutional Revolutionary Party.'** Dies ist eine Familie, die viel Land verloren hatte, das später der Staat Texas wurde. Emilio Portes Gil war Präsident von Mexiko. Fidel Castro war Gast von Emilio Portes Gil im Jahr 1928. Dass er zwei Jahre alt war zu der Zeit, störte nicht, dass er ein Gast war. (Ich weiß nicht mehr genau, wo ich gelesen habe, dass Castor Emilo Portes Gils Gast war.) Als Zweijähriger wäre er nicht da gewesen, um über Politik zu reden. Deshalb muss er in der Gesellschaft von einem Vormund oder einem Elternteil gewesen sein. Mich würde interessieren zu sehen, ob es eine Verbindung zwischen dieser Familie und mit anderen gibt, welche in Südamerika aktiv sind. Gabriel Garcia Marquez lebte nicht in Kolumbien, wo er geboren wurde; er war er in Mexiko zur gleichen Zeit wie andere, die erwähnt wurden. (Nicht zu vergessen, er gründete ein Journalisteninstitut.) Da ist ein schönes Foto von ihm mit einem blauen Auge, welches er von Mario Vargas Llosa erhielt; der auch ein

Journalisteninstitut gegründet hatte, diesmal nicht in Kolumbien aber in Peru.

In der Tat ist es sicher zu sagen, die ganze Gruppe gab es; von Pablo Neruda bis ... Ich könnte Namen hinzufügen, bis ich keinen Platz mehr habe.

Kapitel einunddreißig
Mein Großvater

In dem Buch von meinem Großvater, welches er über sein Leben geschrieben hatte, im selbigen sagt er, dass Che's Mutter zu der Zeit des spanischen Bürgerkrieg in Spanien war, als Kriegskorrespondentin von der " **Critical** " Zeitung geschickt.

Celia war Korrespondentin für den spanischen Bürgerkrieg?!

www.kaosenlared.net/.../80432-enestro-''che''-guevara...

Das ist meine Interpolation von Veranstaltungen. Ein junger Mann wäre in Erinnerung für die kommenden Jahre vor allem, wenn er es so spielt, als ob er im Besitz der Stadt wäre. Nicht weit von der Wahrheit, wenn der Cousin deiner Mutter Präsident war, oder es gewesen ist. Dies ist der Punkt wo die Che Guevara Geschichte beginnen kann. Die Spieler / Schauspieler sind da. Nicht zu vergessen das Raúl Castro mit Che oft in Mexiko gesehen wurde. Wer würde wissen, dass die Eltern des leuchtenden jungen Mannes aus oder nicht aus Argentinien kamen? Würde irgendjemand

nachfragen für die Unterlagen zum Nachweis, dass er ein Arzt war? (Ich weiß dass die Frage, wo diese Papiere gefunden werden können, schon früher gestellt wurde.) (Als ich die Universität fragte ob Ciro Bustos dort studiert hatte, konnten sie diese Frage für mich nicht beantworten.) Die Geschichte hat in Mexiko-Stadt zu beginnen, weil meine leibliche Mutter dort im Trainingslager war, das dort errichtet worden war den Ball ins Rollen zu bringen für die Kampagnen, die sie geplant hatten.
Wenn sie nicht da gewesen wäre, würde ich jetzt nicht darüber schreiben.
Jede Kampagne braucht einen Helden warum nicht Che? Alles was Sie tun müssen war seine Geschichte vor Mexiko zu erfinden, erweitern sie diese danach, erfinden einen dramatischen Tod, so können Sie weiterhin die Welt beeinflussen. Warum verwenden Sie den Namen Guevara? Bis ich es besser weiß, werde ich sagen, es ist weil die Guevaras die Kontrolle über die Medien und den Filmvertrieb in ganz Lateinamerika hatten. Dieses und die Tatsache dass die Familie Guevara in der politischen Gesellschaft etabliert war. In Katy Jurado's Wikipediaeintrag steht geschrieben das sie Film-Kolumnistin, Radioreporterin und ein Stierkampf Kritiker war! Ein Stierkampfkritiker könnte erklären, warum unter einem der Namen die ich für Roberto Guevara fand, unter diesem geschrieben stand, dass er ein Matador war. Ich denke, der Name war Miguel Fenandez -Diez. Der Name an hat sich ist hin und wieder aufgetaucht.

Das beste was in Katy Jurado's Wikipediaeintrag geschrieben ist- Sie ist wie Anna Magnani. (!!!!) Es gibt ein weiteres lustiges Stückchen für mich, es ist wenn sie sagen, sie erhielt Liebesbriefe von Louis L'Amour. Er war so wurde mir gesagt, ein amerikanisches Mitglied der Familie von meinem ersten Mann! Hoffe dass ich in das Buch mit seiner Unterschrift von ihm finden kann, um dies zu beweisen. In ihrem persönlichen Leben von Katy Jurado's Wikipediaeintrag heißt es, dass sie verlassen ihre Schauspielkarriere für ein paar Jahre aufgab, aufgrund der Traurigkeit, die sie über den Verlust ihres Sohnes **Victor** fühlte.

Ich mag denken, Katy nutzte diese Zeit, um in ihre nächste Rolle als Anna Magnani zu wachsen. Es gibt keine Fotos von einer jungen Anna Magnani, aber es gibt viele junge Katy Jurado. Die Familienfotos von Celia de la Serna, ich meine Katys, wären sinnvoll bei der Herstellung einer Geschichte für Che sein. Die Namen die ich hier hinzufügen könnte, würde Ihr Haar hochstehen lassen, nur als Beweis für Ihre Verbindung zu der Welt des Films zu machen. Frank Sinatra, John Wayne und Marlon Brando. Ich mache es kurz, Ernest Borgnine und Katy Jurado gründeten die Film Produktionsstätte SANVIO CORP.

Ich addiere dieses um zu sagen, das ist, wo Claire Sterling herkommt. Ich wünschte nur ich hätte die Chance, Katy oder Anna oder Claire zu umarmen. Wow zu sagen! Was für ein Leben, das Sie hatten. Und sie / sie ist meine Großmutter. (Was für ein gutes Gefühl! Ich hatte nicht erwartet so viel

herauszufinden, so sehr gerade auf der Suche zu einem Bauchgefühl, nachdem ich ein Bild sah.)
Pietro Del Duce war der Name der als biologischer Vater von Anna Magnani vorgeschlagen wurde. Ihr Wikipediaeintrag informiert uns, als sie seinen Namen erfuhr, hörte sie auf zu versuchen ihn zu finden, sie wusste; er war Mitglied von Mussolinis Regierung und wurde von Mitgliedern ihrer kommunistischen Partei ausgelöscht.
Claire Sterlings Wikipediaeintrag sagt mir nur ihren Mädchenname; Neikind.
Bevor ich diesen Teil meiner Nachforschung schließe, dachte ich mir, ich würde noch die Namen der männlichen Schauspielern und Regisseuren über das Internet-Portal laufen lassen. Es war in meinen Hinterkopf der Gedanke entstanden, nachzusehen ob ich einen Schauspieler finden kann, der die Rolle des Claire Sterlings-Verlegers oder sogar den des Mannes in dem schäbigen Foto, so sagt es mir, er ist Thomas Sterling, welcher den Ehemann Claires gespielt haben könnte.
Meine Wahl ist Cesar Romero, oder eines seiner anderen Namen- Carlos Julio Chavez oder Cesar Julio Romero zu verwenden. Er hat einen Wikipediaeintrag der mir sagt, dass er 1907 geboren wurde und er verstarb 1994. Interessant ist, dass seine Eltern Kubaner waren. Wussten Sie, dass dieser Schauspieler das Gesicht war in Batman?
Beim stöbern durch die Liste der Schauspieler und Regisseure und Partners die meiner Großmutter zugeordnet wurden, stieß ich auf einen Artikel über

die Filmgeschichte. Susan Ward hat in Carribbean.com - Ausgabe 12 über Filme geschrieben, die nicht in exotischen Umgebungen vor dem Zweiten Weltkrieg gemacht wurden und danach nicht nur aus Mangel an Geld, sondern auch aus Mangel an Phantasie. Susan Ward sagt mir, dass Kuba einer der Orte war die Filmemacher wählten.

Susan Ward nennt Errol Flynn an kubanischen Seite der Filmherstellung beteiligt zu sein-

Errol Flynn drehte einen Film mit meiner Tante unter dem Namen der Beverly Aadland. 'Cuban Rebel Girls' und Jorge Masetti ist auch bei der Beerdigung von einer der Rebellen in diesem Film zu sehen; dieses zu lesen zog den letzten Vorhang von meinen Augen.

Ich weiß nicht ob ich Recht habe zu Cesar Romero, aber ich weiß was der letzte Absatz in Susan Wards Artikel sagt: "Im Nachhinein: das Treffen zwischen dem Revolutionär, der die amerikanischen Macht in ihrem eigenen Hinterhof in Frage gestellt hat (und wer ist noch 35 Jahre später da) und einer Reihe der angesehenen britischen und amerikanischen Stars bedeutete das Ende von mehr als einer Ära. Auch ein linker Diktator so schien es, konnte durch den Glamour von Zelluloid verführen. Politik und das Kino sind immer enger geworden, wie die Jahre vergehen. "

Ich nahm einen Blick auf die Tagebücher die angeblich von Che geschrieben worden sind. Ich durchsuchte das Internet, um mir etwas mit Che's Handschrift zu zeigen. In bookthrift.blogspot.com

gibt es eine Rezession über ein Buch zusammengestellt, geschrieben von meinem Großvater Ernesto Guevara-Lynch. '**The making of Che Guevara.**' "Das Vorwort wurde von Lucia Alvarez de Toledo geschrieben. Die nun mal die Mutter von Che's Halbbruder Jean-Luc Godard ist, unter einem anderen Namen, welchen er verwendet. Sie ist auch Herausgeber und Übersetzerin meines Großvaters. Kleine Welt, sie hat auch über Che Guevara geschrieben. Dies war nicht die einzige interessante Punkt, denn ich in der Buchkritik gefunden habe. Das sagt mir, dass der Stammvater Francisco Guevara Lynch, auf meines Großvaters Seite; Buenos Aires für Uruguay verließ, denn er wollte nicht unter der damaligen Diktatur leben. Francisco Lynch machte in Kalifornien ein riesiges Vermögen. Hinweis Kalifornien!
Juan Antonio Guevara war ein direkter Nachkomme der Gründer der Stadt Mendoza. Seine Linie der Familie lässt sich bis Chile zurückverfolgen
Es ist gesagt worden, dass Celia de la Sernas Familie sehr reich war. Das Familienunternehmen besaß riesige Ranches. Das Buch Revenuer bemerkt das sie an Politik interessiert war; sie gab Vorlesungen über die Logik der Gerechtigkeit und der kubanischen Revolution. Der aufregendste Absatz in der Buchkritik ist, wo der Schriftsteller erzählt - Che war nur ein kleiner Junge, als der Spanische Bürgerkrieg begonnen hatte. Die Familie war in der Nähe einiger der republikanischen Exilanten, insbesondere Enrique JURADO. Diesen Namen

vorher gehört? General Jurado besuchte die Guevara-Lynch-Familie viele Male, um Geschichten über den Bürgerkrieg zu erzählen.
Katy Jurado's Familienreichtum stammte aus Texas; Kalifornien ist im Bundesstaat Texas. In der Tat besaßen sie das Land das Texas wurde. Ein Großteil ihres Reichtums ging während der mexikanischen Revolution verloren, als auch war Jurado's Vater als Rinderbaron mit Orangenfarmen bekannt. Katys Cousin war ein Präsident von Mexiko. Was ich hier sagen will, kann, ist dass die ganze Familie in sehr hohen Kreisen der Gesellschaft verkehrte. Es gibt ein altes Sprichwort: "Es ist nicht wichtig was du weißt, sondern wen du kennst."

Die Reise des jungen Che war ein solcher Erfolg, dass die Idee, auch Tagebücher zu anderen Jahren herzustellen, verlockend sein musste.)
(Es ist noch ein weiteres Tagebuch auf Che zurückzuführen! Dieses Mal ist es betitelt, "Tagebuch eines Kämpfers", es kam raus am 16/6/2011. Dieses umfasst die Jahre 1956 bis 1959. Sie sagen es gibt frische Einblicke in die Vater und Sohn Beziehung zwischen Castro und Che.) Ein weiterer interessanter Punkt der aus der Buchbesprechung kam, war das Hilda, Che's erste Frau für die Vereinten Nationen tätig war. Das ist eine große Organisation, wo Sie Verbindungen benötigen um einen Job dort zu bekommen! Hilda Gadea traf Che in Mexiko, als sie schwanger war. Ich sah dies nur als das Magazin bemerkt, dass:

Handschrift von Che Guevara wurde wie die eines Arztes verglichen, sie war nicht zu entziffern. Es ist vom Freitag, dem fünften Juli 2013.

Palacio de Bellas Artes und Familie von Katy Jurado.
   Palacio de Bellas Artes ist, wo Gabriel Garcia Marques lebte -
 Im Palacio de Bellas Artes, schlug Mario Vargas Llosa Gabriel Garcia Marquez in die Augen.

Emilio Portes Gil

Die Familie von Katy Jurado - Emilio Portes Gil
britannica.com

Cousin-Emilo Portes Gil Mexikos Präsidenten 1928/1930 hatte er seine Büros in-
                    Palacio de Bellas Artes.

Godfather-Pedro Armeadariz, war er ein mexikanischer Schauspieler und Rechtsanwalt. Er hatte seine Büros in-
                    Palacio de Bellas Artes.

Godfather-Jorge Negrate war ein mexikanischer Schauspieler und Anwalt, der dazu beigetragen, die Union der
          Filmproduktion in Mexiko und der Nationale Verband der Schauspieler.
                    Er hatte seine Büros in-
                    Palacio de Bellas Artes.

Erster Ehemann von Katy Jurad-Victor Velasquez- Schauspieler und Rechtsanwalt. Er hatte seine Büros in-
                    Palacio de Bellas Artes.

Bruder von Katy Jurado- Barnabe Jurado Anwalt mit seinen Büros in-
                    Palacio de Bellas Artes.
  (Der Anwalt Barnabe Jurado verwendet wurde, war der gleiche Anwalt wie Bugsy Siegel, Jose Vasconcelos.
    Jose Vasconcelos war Anwalt der Top-Mitglieder der Mafia; Wer seine Büros in-
                    Palacio de Bellas Artes.

Uncle-Belisario von Jesus Garcia de la Garza. Im Militär und einem renommierten Musiker.

Abelardo L Rodriguez, der mexikanische Präsident
besaß das Land, das in Las Vagus stimmen würde.
Hatte seine Büros in-
Palacio de Bellas Artes.

(Aides Sullivans Familie gehörte der Santa Rosa
Ranch, sie war Abelardo L. Rodriguez Frau.)

Barnabe Jurado

Acercarce a Susana Cora,
implicaba también, llegar al hombre del
poder. esquivel-
zubiri.blogspot.com

Victor Velazquez (Katy Jurados erster Ehemann) war ein prominenter Anwalt, in der skandalösen Scheidung von Rosita Fornes und Manuel Medel; Er war Anwalt von Manuel Medel. Der Anwalt von Rosita Fornes war Barnabe Jurado.

Rosita Fornes kann man mit Mario Moreno sehen. (Wer war bekannt, dass Che Guevara doppelte gewesen.)

Rosita y Mario Moreno, "Cantinflas" gumucio.blogspot.com

All dies und mehr wird interessant, wenn Sie sagen, Katy / Anna Magnani gespielt Che Mutter-und Claire Sterling als CIA-go-between.
(Kapitel 6 & 7 in Gabriel Garcia Marquez der Schöpfer von Che Guevara.)

Kapitel zweiunddreißig.
Familienmitglieder und Verbindungen.

Ricardo Acosta Gadea war der Bruder von Che's erster Frau. Ricardo war Castros Kontakt zu dem Drogenbaron Esteban. Esteban hat sich an der Politik des Landes beteiligt, und er stand auch für das Präsidentenamt an. Er hatte enge Kontakte zu dem König des Drogengeschäfts, Fidel Castro. Katy Jurado Vetter war der Präsident von Mexiko. Sie war eine politische Aktivistin; die Filmwelt arbeitete sie mit bekannten Namen. Diese wiederum waren in politischen Fragen interessiert. Errol Flynn, wenn er so weit war Filme zu machen, um die Rebellen zu finanzieren. **Cuban Rebel Girls**, wo man Che's Schwester in einer Hauptrolle und Jorge Masetti sehen kann

Feltrinelli produzierte Buch nach Buch, Tagebuch nachTagebuch um zu finanzieren und den Ablauf zu fördern. Film nach Film ist produziert worden, um die Art wie wir denken, zu manipulieren. Cantinflas war Mitglied der Antimarxistischen Partei. Er war es, der Che Guevaras Doppelgänger in den frühen sechziger Jahren spielte. Ich denke Pierre Kalfon doubelte Che später, Pierre Kalfon war Schauspieler.

Wenn Sie denken, Cantinflas Haut war zu dunkel, könnte sich ein guter Maskenbildner darum kümmern. Die Filmproduzenten hatten jeden Trick zur Verfügung, um sie zu dem Zeitpunkt zu verwenden. Was sie nicht haben sollten waren

Kontaktlinsen
wie sie es jetzt tun, um die Augen zu verbergen, ändern Sie die Farbe, erstellen Sie eine Totenmaske. Der Autor von "Cantinflas in das Land der Feen." beschreibt Cantinflas als Steuereintreiber, faul, mürrisch und unfreundlich in die Öffentlichkeit. Manchmal ein Dichter. Seine Kritiker verdammen ihn, weil er seinen Sinn für Humor verloren hat, ausverkauft für die Bourgeoisie des argentinischen Guerillakommandanten Ernesto Che Guevara. Hätte ich nicht gelesen das Cantinflas ein enger Freund Katy Jurado's war, die Rollen von Celia de la Serna, Anni Magnani und Claire Sterling unter anderem annahm, von anderen habe ich nichts gefunden. Daran erinnernd dass Che verschiedene Identitäten benutzt hatte. Zu sagen, ich weiß nicht, den Namen meines Vaters ist wahr.

Robert Redford=*CHE'S* MOTORCYCLE FOLLIES - Guaracabuya
www.amigospais-guaracabuya.org/oagaq119.php" Ich möchte hinzufügen, dass Dr. Guevara alle seine Comic-Figuren mochte, ... Dieser Vergleich mit Cantinflas, den späteren berühmten mexikanischen Comic-Filmstar, evozierte mich ...

Cantinflas-*Cantinflas* da un discurso Nacionalista y Antimarxista Parte ...

Cantinflas and the Chaos of Mexican Modernity
books.google.de/books?isbn=0842027718 - Diese Seite übersetzen

Jeffrey M. Pilcher - 2001 - History
Der Author von "*Cantinflas* in the Land of Fairies" beschreibt ihn als "a tax ... out to the bourgeoisie, the Argentine guerrilla commander, Ernesto "*Che*" *Guevara*, ...

▶ 9:38▶ 9:38
www.youtube.com/watch?v=FmKDW-HTfQo
15.10.2009 - Hochgeladen von Restaurador Venezuela
... genial como Mario Moreno "*Cantinflas*" puede conocer más a fondo las ... Discurso de *Che guevara* ...
Cantinflas of a speech and antiMarxist Nationalist Party ...
Video zu "Cantinflas + Che Guevara" ▶ 9: 9:38 38▶
www.youtube.com/watch?v=FmKDW-HTfQo

Abschluss.
Wir wurden hinters Licht geführt.

Teil Eins-
Warum war ich auf der Suche?
Che, Ernesto Guevara war mein Vater.
und
er ist noch am Leben!

Kapitel eines.
Warum war ich auf der Suche?
Die Biographie, "Che Guevara, ein revolutionäres Leben. Von Jon Lee Anderson
Was nun?
Curtained Informationen!
Das Album.
Die drei Reisegefährten.
Omar Perez Lopez.
Che Guevara de la Serna's children.
Neunte Oktober.
Das Leben und Tod des Che Guevara-
    -Companero. Von Jorge G Castaneda.
Öffnen Sie die Augen reflektiert Licht.
Volles Haar.

Kapitel zwei.
Cuba
Omar in Cuba.
Centro de Estudios Che Guevara.
Gilberto und Halbbruder Camilo.
Abschied von meinem Bruder.
Warten auf die DNA-Ergebnisse.
Ches Bruder Ches Körper identifiziert?

Kapitel drei.
Ebays Che Guevara CD.

Che Guevara CIA- State Dept-
Dept of Defence Files.
Verdrehen Schlange der DNA.
"Der Weg zur Revolution."
Eine Liste der Namen Che ist bekannt, benutzt haben.
Monika Ertl.

          Kapitel vier.
          Schweden Malmö

Mundane Platz.
Augen.
Die blauen Karten

          Kapitel fünf.
          Die drei Weisen.

Die DNA erneut.
Wikileaks.
Die Bond-Girl wieder.
Internet Noten.
Che in Verkleidung.
Verband Grundstücke!
Ultimative Opfer
Briefe gesandt.
Chile wollte eine Revolution.

          Kapitel sechs.
          Elizabath Burgos-Debray und
          Regis Debray.

Wer weiß, Che wurde Ciro?
Archiv Chile
Christoph Röckerath.

Kapitel sieben.
Der Film Geschäftigkeit.
Ches Doppel, Cantinflas eine mexikanische Filmstar.
Ana Maria, Che Schwester
Elizabeth Burgos-Debray's news paper cuttings.
Die Biographie von Josef Lawrezki.KGB
World News- Garderen Weekly-
Ciro Rente und Gefängnis **Camiri.**

Kapitel acht.
Ihre Rechtsanwälte!
Der Drehbuchautor!
Warum gibt es so viele von Ches Familie beteiligt?
Elizabeth Burgos-Debray Dateien
Archive Chile Pagina 12.
Der Versuch, Beratung.

Kapitel neun.
Errol Flynn.
Jorge Ricardo Masetti.
Um Ciro wieder zu sehen.
Armee Advisers überraschen Onkel!
Jon Lee Anderson lebte in der Wohnung über Ciro Bustos.
Warum Ciro mein Foto in seinem Glaskasten?
Mehr Filme zu sehen.

Kapitel zehn.
Pierre Kalfon
Pierre Kalfon.
Eine Liste von wer weiß?

Kapitel elf.

Ein brasilianischer Guerilla in Bolivien.
Inty. Eins und zwei.
Luiz Renato Almeida Pires.
Kapitel zwölf.
Auf der Suche nach Beweis
Die DNA ist nicht von Nutzen vor!
Monika Ertl und Ann Wright.
Teil Zwei-
Es gibt mehr zu diesem als ich dachte.
Kapitel dreizehn.
Susan-Monica-Ann.
Gary Hart US-amerikanischer Politiker, Autor, Rechtsanwalt, Professor.
Demokratische Ernennung zum Präsidenten.
Demokratische Daniel Ellsberg.
Christoph Röckerath.
Die Kongo-Tagebücher.
Giangiacomo Feltinelli
Kapitel vierzehn.
Die Gäste des Todes Partei.
Nebenrolle Guerilla warier.
Fünfzig Millionen Dollar
Feltrinelli- Sine Weg in den Terrorismus.
-von Jobst C. Knigge.
Pier Paolo Pasolini.
Nun was! Feltrinelli and Pier Paolo Pasolini.
Feltrinelli und Pier Paolo Pasolini.
Haydee Tamara Bunke/Susan Sontag.
Ulises Estrada Lescaille.

Kapitel fünfzehn.
Die Wahrheit über die Revolution Kuba exportiert.
Juan F Benemelis.
Fidel Castro.
Rafael Munoz Rivero.
Cuban guerrilla group Guerrilleros 17group.
Ricardo Alarcon De Quesada,
  -Kubanische Minister.

Kapitel vierzehn.
Die Gäste des Todes Partei.
Nebenrolle Guerilla warier.
Fünfzig Millionen Dollar

Kapitel siebzehn.
-WATERGATE 1972-
Die Demokratische Nationalpartei.
Castro wurde Geld Inbetriebnahme ihrer politischen Partei.
Slate Magazine.
Felix Rodriguez.
Eduardo- Howard Hunt.
Cuban Museum, Inc.
Otto Reich.
Ein normaler Mensch kann nur einmal sterben.

Kapitel achtzehn.
Es kann nur ein Konto.
Es sollte nur ein Konto.
Es ist bekannt, C.I.A Männer teilten sich die gleiche Code-Namen.

Kapitel neunzehn.
Die Karte.

Kapitel zwanzig.
Briefe gefunden.

Norberto Forgione.
Jorge Denti.
Raul Lynch war Argentiniens Botschafter in Kuba.
Collective Third World Cinema.
Rodolfo Walsh Name auf dieser Liste von denen, die hatte
    gone missing-
Filmindustrie in Lateinamerika
Alfredo Guevara gesteuert Kuba Filmindustrie;
    gesteuert ganz Lateinamerika als Wille.
Mitglieder der Familie Guevara.

Kapitel einundzwanzig.
Buch meines Vaters.

Che Will you.- sehen
    Die unbekannte Geschichte von Che Guevara.
Meine Notizen.
Manuel Pineiro Losada
Tania Bunka.
Che hatte dreißig verschiedene Namen zu reisen
    der ganzen Welt mit.
Alfredo Hellman.
Lenardo Werthein.
Pampero Cordubensis. By Masetti.
Alvaro Vargas Llosa.
Mario Vargas Llosa.
Gabriel Garcia Marquez- war auch ein CIA-Agent.
Ist es meine Fantasie?
Ricardo Rojo Tochter Marta.
Pierre Kalfon verwendet Jorge Alvarez einen Editor!

Kapitel zweiundzwanzig.
Weiter Überraschungen aus Buch meines Vaters.
Celia de la Serna Llosa.
Hilda Gadea.
Julia Urqnidi.
Celia de la Serna Llosa, meine Großmutter
Froilan Gonzalez- Adys M Cupull.
Politische Publisher- 'Unfinished Lied. "
General Jose de la Serna war der letzte Vizekönig von Peru.
Cayetono Cordova Iturbara.

Jorge Edward Valde- Chili-Botschafter.
Julio Cortazar-
Kapitel dreiundzwanzig.
Andere Schriftsteller / Dichter / Journalisten!
Mit Familienmitglieder!
Lucho Loayza.
Raul Porras Barrenehea.
Jorge Luis Borges.
Guillermo Cabrera Infante.
Jose/Pepe Rodriguez Feo.
Nicolas Guillen.
Jorge Edward Volde.
Pablo Neruda.
Romules Gallegos.
Carlos Barral.
Vidadyo Telleboim.
Emir Rodriguez Monegal.
Alberto Szpunberg=Albertito.
Ein Gründungsmitglied 'Brigada Masetti.'

Ciro Algaranaz- Der Bürgermeister von Camiri.
Ricardo Gadea Acosta.
Ricardo Gadea Acosta ist Hilda Gadea Acosta Bruder.
Hilda Gadea Acosta war Che erste Frau.
Aurora Camacho Schmidt.
Cata Podesta

Kapitel vierundzwanzig.

Fidel Castros Big Guns und ihre Unterstützer
Fidel Castro.
Manuel Pineiro.
Luis Hernandez Ojeda.
Colonel Roberto Quintanilla
Giangiaccomo Feltrninelli
The Bolivian Minister Antonio Arguedas Mendieta.
Gabriel Garcia Marquez.
Tania Bunke.
Ulises Estrada.
Elizabeth Burgos-Debray.
Daniel Alarcon Ramirez 'Benigno.

Eine kurze Liste der Mitglieder.
Carlos Barral der Leiter des Verlags Seix Barral.
Alfrado Guevara.
Giangiaccomo Feltrninelli.

Kapitel fünfundzwanzig.

Meine Schlussfolgerungen an dieser Stelle.
Der Erlös ging an Revolutionäre, ihre Kämpfe in Südamerika zu finanzieren.
Fussnoten .

Wie schreibt man einen Tod Partei in Bolivien zu organisieren

                Teil drei
                Kapitel sechsundzwanzig.
                Es gibt etwas, was ich nicht erwartet hatte, um herauszufinden!
                Kapitel siebenundzwanzig.

Hand schriftliche Anmerkung Bücher und Tagebücher und andere Dinge.

                Kapitel achtundzwanzig.
                Korda Foto!

Vor Ches Tod.
50 Millionen $
Che Guevara war ein Massenmedien produziert Held.
Manuel Pineiro auch Castros Spion Meister bekannt.
Luis Hernandez Ojeda.
Jan Bühne war ein Komplize bei den Dreharbeiten von Roberto Quintanilla in Hamburg?

                Kapitel neunundzwanzig.
                Meine Grand Mother.

Cilia de la Serna Llosa.
Clair Sterling.
Anna Magnani.
Pier Pablo Pasolini.
Carlos Barral.
Saverio Tutino.

                Kapitel dreißig.
                Katy Jurado

Maria Cristina Estela Marcela Jurado.

Luis Jurado Ochoa und Luis Raul Ochoa.
Emilo Portes Gil. Der mexikanische Präsident
> Kapitel einunddreißig
> Mein großartiger Vater.

Familienmitglieder und Freunde.
Ricardo Gadea Acosta
Pablo Escobar Guviria
Mario Fortino Alfonso Mareno Reyes.
Ciro R Bustos.
> Kapitel zweiunddreißig.
> Familienangehörige und

Verbindungen.

> Abschluss